耳を傾ける技術

レス・バック 著
有元健 訳

せりか書房

耳を傾ける技術

目次

日本語版への序文

本書『耳を傾ける技術』は二〇〇七年に出版されて以来、学生たちや若い研究者たちにはかなり熱狂的に読まれてきたのですが、社会学の教授先生や「大御所」たちからはほとんど無視されてきたといってもよいでしょう。若手の研究者たちの反応には驚きました。ある研究者からもらったメールには、この本を読んでいるとすごく気持ちが盛り上がるので、それをもってロンドンの街に散歩に行きたくなり、街中でページをめくりながら人々が織りなす都市の生活を感じることができた、と書かれていました。

『イギリス社会学ジャーナル』の評者によれば、学生たちは本書をとても気に入って自分たちの親にまで読むように薦めたとのことです。[1] 社会学やカルチュラル・スタディーズを使って自分たちの生活を理解しようとする若い読者たちの想像力を、本書はなにかしら掴んだのだと思います。今このことを振り返ってみると、私はずっと若い読者に向けて書いていたのだと思うのです。だからある意味では、本書がすでに地位を確立した学者よりもそうした若い研究者に受け入れられたことは当然なのかもしれません。本書はものを考える人間として、研究者として、また書き手として私たちが行っていることにはどのような目的と価値があるのかを、あらためて問いかけているのです。私にはずっと気にかかっていたことがありました。本書は現在の学問的伝統を超えて社会学のあり方を押し広げようとする試みですが、そこには非常に個人的な内容も含まれており、ある意味では無防備な書物なのです。こうした本を出版することにはもちろんリスクが伴います。二〇〇六年に出版の最終段階まできたとき、私は一瞬怖気づきました。本当に自分の家族の親密な関係についてまで大っぴらに語りたいのだろうか、学問的・政治的な関わり方についてこれほど荒削りで無謀な主張をしてもよいのだろうか、と。

学問的著作の最初の原則として、アカデミックな読者は容赦なき批評家となる訓練を受けています。ちょうど出版に向けて原稿を提出する準備が整ったとき、不安に駆られて私はふとそれを取り下げようかと考えました。しかし結局、私は本書を世に出すことに決めたのです。『耳を傾ける技術』は私がいわなければならない唯一のことだったし、私が書かなければならない唯一の本だったからです。本書を出版することは私にとっての分岐点となりました。それは学問的そして個人的な十字路だったのです。ここで日本の読者の皆さんに、私が本書の執筆にあたってどのような問題に取り組んでいたかについて述べておきたいと思います。おそらくそのいくつかは皆さんの関心事にも関係をもつのではないでしょうか。

二一世紀が始まるころにはすでに人文主義的な社会学は深刻な異議申し立てを受けていました。人文主義の傲慢さは、ミシェル・フーコーやガヤトリ・スピバック、ブルーノ・ラトゥールといった多くの思想家たちによって異議を唱えられました。それが孕んでいたヨーロッパ中心主義やセクシズム、自然界を蔑む人間の過信などが暴き出されたわけです。また、社会調査が社会的現実を特権的に把握することができるという主張もきっぱりと却下されました。学者はその研究によって鏡のように社会的現実を映し出すのではなく、むしろそれを作り出すのだということは、もはや反駁することができないものでした。そこで残ったのは次のような問題です——社会科学における知と権力の共犯関係が脱構築されてしまった後に、私たちはいかにして学問的な研究を続けることができるのか。

『耳を傾ける技術』を執筆しているとき、こうした議論はたしかに学問的には正しいものでした。しかし、人々との会話や対話に携わる研究者としては実際のところあまり良いやり方ではないなと思われました。そこに残ったのは感情を伴わない批判的な距離を物象化する無情な社会科学でしかないように私には思えたのです。そこでは愛や喪失といった私たちの人生にとっての「一大事」の多くが、単に感情的なものとして調査の対象としては受け入れられず、捨て去られてしまいました。だから私は人生の経験、また、個人的な問題のうちに含まれる公的な問題をあらためて研究対象として認めるような本を書きたかったのです。たとえそれがただ自分自身のためであったとしても。

読んでいただくとわかりますが、本書は個人的な悲しみの時から、また私の人生が何か脱臼するような感覚の中から生まれたものです。私にとって本書を執筆することは、ロンドンの労働者階級の生活と大学のブルジョワな学問的世界の大きな社会的裂け目の間に、言葉の橋を架ける試みでした。ある意味では学者という職業が、大学という新たな生活に足を踏み入れた時に私が置き去りにした労働者階級の世界へ、あらためて結びつく手段を与えてくれたのです。本書の執筆にはそうした経験が役立ってもいるし、またそれが制約をかけてもいるでしょう。それが具体的にどのようなものかはまだ私にもわからないのですが、その事実から逃げたいとも思いません。

今振り返ってみると、本書はいくつかの「耳を傾けるレッスン」を紹介するものになっていはます。まずは政治に耳を傾けること。私たちの政治的議論を困難にしているのは物事に対する疑いではなくて、むしろ確信が強すぎることなのです。考えるということは物事を理解するために疑い（＝問い）を持ちながら生きることを意味します。何かを強く思い込んだまま無知を生きていくことではありません。誹謗中傷は思考ではないのです。敵の考え方を「バカげたもの」として退けたくなる誘惑はとても強いものです。しかしそれは二つの理由で的外れなのです。たとえば、人種差別的な考え方を戯言として斥けたとしても、それがどれほどの範囲にわたって共感を生み出しているかを測定したり理解したりすることはできません。ですから、私はもう随分と長く人種差別と闘ってきたのですが、人種主義者について「議論の余地なし」とする立場にはもはや賛成できないのです。私たちは人種主義者の議論がどのようなものであるかを知る必要があります。しかしこれは日本の文脈において、右翼団体のような組織や第二次世界大戦の歴史を修正しようとする新たな国家主義者に対して、公的議論の場での心地よい席を準備しなさいということではありません。そうではなくて、そうした人々が語る言葉を注意深く聞き取り、その内容を批判的に吟味するべきである、ということなのです。

もう一つの理由。敵の考え方をくだらないものだとしてしまうと、もはや耳を傾けることを止めてしまう立場に自らが陣取ってしまうことになります。そうなると、私たちの側の批判的思考が失われてしまうのです。敵の語ることはごみ箱に捨てられるべきものとして、もはや関心を向ける必要はないとされてしまいます。ですが私たちは忌々しく聞こえるそうした声にも注意を払わなければなりません。理解することは、賛成したり正当化したりすることではないのです。東京のコリアンコミュニティがある大久保の街に描かれている人種差別的な落書きは、日本における人種主義について何を語ってくれるのでしょうか？　あるいは、東京の公立図書館で数百冊の『アンネの日記』が破られたという事件は、極右の人々の想像力の中で起こっているどのようなことを示しているのでしょうか？　このように問うことが必要なのかもしれません。

政治家は聞くことによって私たちを脅かすことを好みます。トニー・ブレアは非常にこれが好きでした。しかし政治的な文脈でまさにこの「聞く」という考えに問題があるのは、そこに怪しいものがあるからです。「フォーカスグループ」をブレアの新労働党プロジェクトの戦略的リソースにしたのは、政治コンサルタントのフィリップ・グールドでした。(2) 政治的なフォーカスグループは、私が本書で論じている耳を傾ける行為とは関係がありません。フォーカスグループの機能は投票者の動向を知るためのものです。つまり、選挙民の中から選ばれたいくつかのグループを政治家の命令に従わせる――つまり自分に投票させる――よう操作するための、政党の政治レトリックを微整するために「聞く」のです。本書の中心にある政治的レッスンは全く異なるものです。それは、敵も味方もともにその一部であるこの世界を批判的に理解するためには、私たちは仲間の声だけでなく敵の声も聞かなければならないということです。

二番目のレッスンは、関心を向けるという単調で日常的な倫理を私たちは必死になって発展させなければならないということです。「私にとってあなたはつまらない――こんな言葉を他人に向けて言うのであれば、それは狂気の沙汰か正義に対する罪である」と哲学者のシモーヌ・ヴェーユは書いています。(3) 聞く耳を持たないというのは、無視されるその人に対してだけでなく、思考や正義に対する罪でもあるのです。コールリッジの老水夫が呪われているのは誰も彼の話を聞こうとしないからです。化学者から作家となったイタリア人プリーモ・レーヴィはこの物語が頭から離れなかったといいます。なぜならアウシュビッツから生還したとき、自分と同じような経験をした人々の物語が無視されてしまうのではないか、あるいは単に嘘だと思われるのではないかと怖れたからです。いずれにせよ、批評家や知識人の中でも耳を傾けることについては様々な意見があります。それは物欲しげな楽観主義であるとか、「手を取り合い」告解で祈りましょうというような、なかば宗教的な導きではないかといった意見もあるのです。

しかしこうした疑念は、対話の中で耳を傾けることについての核心的な部分を見落としています。つまりそれは、単に合意を形成したり賛成したりするだけではなく、関わりあうことや批判を生み出すこともあるということです。プリーモ・レーヴィはこのことを十分わかっていました。レーヴィの小説『レンチ』の主人公ファウソネは難しい人間です。彼は船員として船のクレーン操作をしながら世界のあちこちを旅していました。ファウソネの冒険は劇的なものでしたが、彼は生まれながらに語ることが苦手でした。

この小説の語り手は、彼の語りをさえぎってその口に言葉を詰め、語られる前にでもそれを奪い取ってしまいたいという誘惑にかられるといいます。そして彼は気づくのです――「まさに物語を語る技術が多くの前例と誤りを参考にして厳密に作り上げられているように、耳を傾ける技術もまた同様に古くて尊いものなのだ。だが私が知る限り、そこには何も規範がない」(4)。

物語が語られるようにするには静かにしておくという忍耐が必要ですが、それは物語の内容にも重大な影響を与えます。というのもレーヴィが書いているように、「気の散った聴衆や敵意のある聴衆を前にすると、どんな先生でも講師でも気が滅入ってしまう。逆に親しみのある人々を前にすると元気が出る」ものだからです(5)。プリーモ・レーヴィにとって聞き手の技術とは、自分が語ることを慎み、話し手の声を聞くことによって遂行されます。耳を傾けることは積極的な行為であり、習得されるべき「関心を向ける方法」なのです。

プリーモ・レーヴィに倣っていうならば、それに必要なのは私たちの耳をこれまでとは違ったかたちで調節することです。よい出発点は、互いに向かって語り合うのを止めてみることです。自分の声を聞いてそれを少しだけ嫌いになってみましょう。録音してそれを聞いてみると効き目があります。そうすることで、私たちは自分の言うことについてもっと注意深く、慎重で賢明になるでしょう。そして語ることをやめて聞くことができるようになるはずです。レーヴィの『レンチ』に登場する語り手のように、私たちはふと話したくなったり、人の口を巧みにつかって語らせたりしたくなる誘惑に抗わなければならないのです。

さて、本書で提示されている中心的なレッスンは、耳を傾けることは単なる情報収集の道具ではないということ、あるいは相談の欄にチェックを入れるようなことではないということです。あるいは、近年の自然災害／人為的災害に直面した日本の人々に向けられてきた痛ましい同情には、日本人の禁欲主義というオリエンタリズム的な意味合いが多分に付与されていましたが、それもまた、真に耳を傾けているとはいえないのかもしれません。積極的に耳を傾けることによって生まれるのは、たとえそれが一時的なものであっても新たな社会関係であり、究極的には新たな社会なのです。耳を傾けることは、自分の優れた知性を見せびらかしたい人々の鼻を少しは折るでしょうが、それでも人々を「善良に」しようとするものではありません。むしろそれは、今の私たちがそうであるところの人間に、より深く、批判的に関わっていくための一つの方法なのです。

『耳を傾ける技術』は生き生きとした美しい学問的技能を支持しています。その手法と技術において革新的であるだけでなく、社会学やカルチュラル・スタディーズが取りうる新たな形を真摯に探求するような技能。私たちの多文化的現実を表象する方法を発展させるような技能――なぜなら、この多様に結びついた世界の中で私たちは差異と共に生きることを学ばなければなりませんから。そこでは他者へと関心を向けることが一つの使命となります。私たちは自分の目の前にあるものに気づき、そこに疑問を見出すのです。

かつてジョン・バージャーは、翻訳とは一種の密輸であるといいました(6)。翻訳者は一つの言語から別の言語へと境界線を越えてアイデアと思想をこっそりと持ち出すのです。このような作業に要した時間と努力に、そして私の言葉とアイデアを日本語の中に持ち込んで皆さんに届けてくれた有元健くんの注意深く、我慢強く、緻密な作業に深く感謝します。そして本書の解説を書いてくれた小笠原博毅くんにも感謝します。この傷ついて死にそうな世界の中で、何がまだ息づいているのかを理解するという緊急の課題に皆さんが取り組むとき、本書が持つ感性が何らかのかたちで役立つことを望んでいます。そしてまたあのロンドンの学生たちのように、本書を読んだ皆さんがその有効性を試すために神戸や福岡、東京の街を歩いてみたいと感じてくれれば幸いです。

二〇一四年三月一七日

レス・バック

謝辞

本書を執筆するにあたって多くの皆さんの協力がありました。ここに感謝を述べさせていただきます。まず、ポール・ハリデイ、ニコラ・エバンス、アントニオ・ジェンコ、ジェラード・ミッチェルの写真が本書に収められています。マイケル・キースの思想と洞察には大いに助けられました。フィル・コーエン、ノラ・ラツェル、ランド・プラット、タミナ・モーラ、サラ・ニューランズとは「家路を見つける・プロジェクト」の挫折感と成果を共にしました。友人と同僚にも感謝を捧げたいと思います。ジョン・ソロモス、スティーブン・ドブソン、チェタン・バット、クレア・アレキサンダー、ヴロン・ウェア、ポール・ギルロイ、フレミング・ロジルド、マックス・ファーラー、キャロライン・ノウエルズ、ロクシー・ハリス、ヴィッキー・ベル、ガルジ・バッタチャラヤ、レズ・ヘンリー、パーミンダー・バチュ、ベバリー・スケッグス、アリソン・ルーク、ベン・ギドリー、ピート・マーチャント、ロン・ワーショー、ディス・ブラッドバリー、サイモン・リー、ティム・コンネル、ブリジェット・ネイパー、ピート・ジョーンズ。皆さんからは多くのヒントと励まし、そして音のアドバイスをもらいました。

ゴールドスミス校社会学部の大学院生にも感謝したいと思います。火曜日の午後のリサーチセミナーでは、私が教える以上に皆さんから多くを学ばせてもらいました。特に、レイチェル・ダンクリー・ジョーンズ、エマ・ジャクソン、シャルロット・ベイツ、ポリー・ヘイスト、アナミク・サハ、キンバリー・キース、ポール・ストロンジ、ジョー・デヴィル、シレイタ・ムリンス、ヤスミーン・ナラヤン、トーマス・ザカリアスには感謝しています。

また、二〇〇六年夏に私の仕事を共有してくれたゴールドスミスの同僚たちの寛容な支えがなければ本書は完成しなかったと思います。まずセリア・ルーリー学部長の支えと友情に感謝いたします。アブドゥ・マリク・シモーヌ、マイク・マイケル、シェイラ・ロビンソン、ドリーン・ノーマン、カレン・ケイティングにも感謝いたします。ジュディス・ブラットには編集者としての目と鋭い指摘に感謝します。そしてバーグ出版のハンナ・シェイクスピアとカトリン・アールの忍耐と支えにも。

最後に、私の家族に感謝を捧げたいと思います。妻のデビー、そして私たちの子どもであるステフ、ソフィー、チャーリー。私の兄妹のケンとリン、姪のヴィッキー、母のジョアン。みんな本書の執筆にとって大事な役割を演じてくれました。心からの感謝と愛を捧げます。

プロローグ　キルケゴールの策略

今日社会学は何のために必要とされているのだろうか？　ますます情報が動かす社会、そして知識を基盤とする経済において、社会学的な思考や記述はどのような場所を占めるのだろうか？グローバル化した世界の複雑さ、そして時間と空間が交差する諸々の相互関係を考えるとき、社会学がもはや不可能なのではないかと問うものさえいる。ジョン・アーリはいう。「現代の諸現象は社会科学が調査できる範囲を越えている」と。[1] 科学的権威に投げかけられる疑いは、諸事象の移動がグローバルな規模でますます急速になされているという問題をめぐるものだけではない。科学は「完全なる真実」を導き、社会を完璧にするための処方を与える（法を制定する）という傲慢な考えが、ナチスの収容所から原子爆弾にいたる産業規模での殺戮を生み出してきた。二〇世紀の科学者たちがこうした道徳的背信にかかわった事実に関して、ポール・ラビノウは「タナトスの産業と科学であふれんばかりの世紀だった」という。[2] しかし私たちは現代でも同じような事例に直面している。頭からフードをかぶせ質問を浴びせかける、キューバのグアンタナモ収容キャンプの「非合法戦闘員」に対する尋問技術は、感覚喪失に関する心理学的研究と深く結びついている[3]。知識が人間を裏切り誤用されてきたのは過去の話だけではなく、現在の状況にほかならない。社会学は人々がどのように生きるべきかを教示するために必要とされているのではないし、さらには拷問者と共謀するためのものでもない。だからこそ、社会科学が傾倒したあの確実性という信仰は、二〇世紀の自惚れが眠る墓場に安置されなければならないだろう。

本書『耳を傾ける技術』が提示するのは、〈法を制定する〉ことなく社会の解釈をおこなうという責務を担うような社会学である[4]。グローバル社会の広がりや複雑性を完全に理解することは私たちにとって難しいかもしれないが、それでも社会学者は、ともすれば通り過ぎ無視されてしまったかもしれない様々な断片や声、物語に関心を向けることができるはずだ。社会学の仕事とは、そのような声を受け入れ、それと丁寧に向き合っていくことなのだ。まさにこうした関心を向けるからこそ社会学者は、耳を傾けられることのない人々の声を聴き、過去と現在の出来事の意味に対する支配的な主張に異議をとなえることができるのである。二〇〇一年9・11のニューヨーク世界貿易センタービルへの攻撃、そしてそれに続く終わりの見えないテロとの戦いの後、これまでにも増して、注意深く耳を傾けること、そして批判的に調査することは重要な作業となっているはずである。

私たちは社会学者として、私たち自身の現実世界との関わりを再吟味し、その中での私たちの位置取りを考察する必要がある。『耳を傾ける技術』はまた、社会学的な記述がどのようなものでありうるかを伝え、同時に再考したいと強く思って書かれたものでもある。社会学という学問分野がより精巧になり理論的に複雑になるにつれて、認識論的な洗練や華麗な理論的跳躍がますます追及され、その結果伝えるという動機にますます陰りがみえるようになった。社会学はいまや秘密の、難解な言葉遣いをする学問としてしばしば批判されている。あたかもその姿は、中世ヨーロッパにおいて自分たちの閉じた世界でラテン語を操って満足するエリートさながらというわけだ。ある新聞社の主筆がかつて私にこう言った。「あなた方学者は本当に英語が嫌いなんだね」と。私がどうしてかと尋ねると、彼は「あなた方がものを書くときはいつも英語を殺しているじゃないか」と答えたのだ。だが彼は間違っている。社会学者は本当のところ言語を愛する者たちなのだから。私たちが持ち歩く小さなノートは、思考のメモ帳であるだけでなく、私たちの言語への愛、言葉との恋愛の記録でもあるのだから。問題なのは、時としてその愛のために私たちは独自の言語を作り出してしまい、その結果、伝達者としての能力を弱めてしまっているということなのだ。

一九五〇年代に社会学者C・ライト・ミルズは次のように書き残している。「学問的な文体を乗り越えるためにまず必要なことは、学問的な気取りをやめることだ」(5)。ミルズはアカデミズムの体制に対して異議をとなえることに献身したが、今あらためて彼のキャリアを再考する価値は十分にある。ミルズは一九六二年、四五歳の若さで世を去った。彼は多産な書き手だったが、決して簡単にその才能を手にしたわけではなかった。ミルズの娘たちが編んだ書簡集の中に、彼がいかに適切な言葉を求めもがいていたかを見ることができる。友人のウィリアム・ミラーへ送った告白文の中で、ミルズは、後に彼の代表作となる『ホワイト・カラー』の初期の原稿に対する不満を表明している。(6)「うまく書けないんだ。アメリカについて僕が本当に言いたいことが言えない。僕が言いたいのは、君が何かに対して失望した時に仲のいい友達に言うようなことなんだ」(7)。ミルズが社会学に求めていたことの一つは、社会生活のありふれた経験を公的な問題と結びつけることだったのである。

本書の執筆は、ある同じような真実の瞬間に結びついている。私が前作を執筆しているときだった。[8] 原稿に対するコメントを私が受け取ったとき、私の父は病に倒れ危篤状態だった。彼と同じ階級と世代に属する多くの男性がそうだったように、父もまた病院が大嫌いだった。かつてジョージ・オーウェルは、労働者階級の人々の病院嫌いは、その規律的な性質——病院は救貧院の医療版に他ならないと考えられるのだ——に由来すると書いている。[9] 私は見知らぬ人のただなかで父が亡くなることに我慢できず、その夜ずっと父のそばにいた。私は父のベッドのそばに原稿を持っていき、それを読みはじめた。それは忘れられない経験となった。父は私が書いた本を一冊も読んだことがなかった。父がそれを嫌っていたとか拒絶していたというわけではなく、ただ私の書いた本は彼の書棚に、どこか外国の見知らぬ言語で書かれたもののように佇んでいた。彼はキャンパスから送られてくるニュースの一つひとつを、当惑しつつもうれしそうに迎えてくれたのだった——「へえ、お前は自分のやってることが分かってるんだ」——いや、分かっていると思えたことはほとんどなかった。父のベッドのそばで原稿に目を通しているとき、彼の胸から乾いた音が響き、呼吸が小さくなっていくのが聞こえた。クロイドンのメイデー病院（私が生まれた病院でもある）で過ごした多くの夜、そしてこうした時間の中で、社会学的研究の価値や意義、そして社会学が何のためにあるのかについて、私の考えは変わった。あの痛切な、そして方向感覚を失うような経験がこの本の出発点であり、また本書で論じられる様々な主張の原点となっている。

セーレン・キルケゴールは『哲学的断片』の中で思考とはダンスのようなものだと論じている。「ダンスは陽気に進む。なぜなら死を考えることがパートナーであり、それは軽快なダンサーだからだ」[10]。彼にとって、思考は他者との関わりを含む必要はなく、また他者の声に耳を傾ける必要もない。引き続きダンスの比喩を用いてキルケゴールはいう。「その一方で、すべての人間はダンスパートナーとしては重過ぎる」[11]。だが、死の顔を覗き込んだ人々、本当にそれを見た人々にとって、キルケゴールの言葉には大きな嘘があるように思われるかもしれない。私も最初は確かにそう思ったのだ。とりわけ、冷酷非情な癌に苦しめられ呼吸困難となる中、生にしがみつこうと必死にもがく父の姿を見た後では。

死を考えることは、快適なダンスフロアのパートナーのような安らぎを与えてくれそうにもない。もし私たちが小さくなる呼吸の音をいつも耳にしながら生きるとすれば、それは私たちの状態が悪いということではないか? ペルーの偉大な詩人セサル・バジェホは「死にできることといえば、ただ生の上に痕跡を残すことだけである」と述べている[12]。こうして私は、社会学の意義とは、その重く、扱いにくいステップをそのまま受け入れながら生のダンスを抱擁し、それに関わることだと考え始めた。そしてそれは、私たちの腕の中に他者の経験を抱擁したいという切なる願いでもある。私たちが触れるものはつねにうつろい、予測も、何かに還元することもできず、そして謎めいたまつかみどころのないものであることを同時に認めながら。メイデー病院の病棟では、人々はただ消え去っていく。誰にも気にされず、ほとんどが労働者階級の人々である。彼ら/彼女らは、私の父のようにただ消えていくのだ。バスは走り続け、街の商店は今日もまた営業する。生は、彼らがいなくとも続くのである。「限りがあるという現実をメッキでごまかすことはできない」とかつてマイケル・ヤングはいった。[13] こうした人々の痕跡をつなぎ留めておきたいという欲望は、社会学の一つの根拠である。本書の多くの部分はそうした希望のもとに書かれている。「生の上に」残されたその痕跡を認めること、そして、そこに幾重にも堆積する生命力と呼べるようなものを記録し、書き記し、注意深く考察することが、本書の使命である。だがしかし、社会学的な生を胸に抱いたからといって、キルケゴールの策略から逃れられるわけではない。

『割礼告白』の中で哲学者ジャック・デリダは、母の病を記録しながら感じた自分の罪の意識について感動的な文章を書いている。「彼女の最後の呼吸を書き記した。さらにひどいことに、誰かがそれを文学的だと思ってくれるようにそうしたのだ」[14]。デリダの不安を引き起こしたのは、それがただの著名人による告白や、臨終の様子の暴露になってしまうことへの動揺だった。デリダは、他者の場で語ることに含まれるダブルバインドを明らかにした。そしてそれは喪の行為に限られるものではない。母について語らない選択、自分自身のためだけに語るという選択は、デリダにとって何の解決にもならない。「他なる時間の深みに彼女の死を置き去りにして、彼女のもっとも小さな足跡すら記録せず、自分自身についてここに書くだけだとすれば、私は同じように罪の意識を感じないだろうか」[15]。ふさわしい言葉を見つけることはできない。しかし沈黙もまた不可能なのだ[16]。考えること、語ること、そして記述することはいつも一つの裏切りとなる。語られているその人に対して、あるいは私たちが知っているのに語られないままである物事に対して――たとえそれが必然的な裏切りだとしても。本書もまた同じような困難にとらわれているし、それは私が提唱しようとしている社会学にもあてはまる困難なのだ。本書は社会学的に生を抱擁することを提唱しようとしている。それがいかに傷つけられた生であろうとも。だが私は、生と死との、より正確にいえば、社会的に生み出される不必要な死との関係にくりかえし立ち戻っている。キルケゴールの格言から遠ざかろうとして、たえずそこに戻ってしまうのだ。

生がどのような性質をもち、またどのように組織化されているかに向き合うためには、「死を考えること」を試みなければならない。これがキルケゴールの策略なのだ。「テロとの戦い」と銘打ってなされる戦争において、殺戮は「付随的損害」と呼びなおされるが、この言葉は、ある人々の死が他の人々の死に比べ、それほどひどくも重大でもないと定義することにどう関わっているだろうか？　ヨーロッパ諸国の国境で死に直面しながら捕えられる何千もの「不法移民」たちは、世界に所属することに階層秩序と差別があることを、私たちにどのような形で考えさせてくれるだろうか？　生と死の区別をなくすために自分自身と他者をともに殺す若い「自爆犯」を、どのように理解することができるだろうか？　思考のパートナーとして、死は、生それ自体へと導いてくれるのかもしれない。

テリー・イーグルトンによれば、私たちの生が一時的なはかないものだということを認めることによって、神経症や誇大妄想は軽減されうるという。「こうした意味で死を受け入れることは、それを病的に夢想することとは正反対なのである。さらに、もし私たちが本当に死を心に抱くことができれば、今よりずっと高潔にふるまうことができるだろう」(17)。ここでは、死を考えることが人々を別のふるまいへと導く動力だとされる。９・11後の世界において、現実の死は著作権のように憎しみに許可を与えるために、あるいは戦争の掛け声として用いられている。その犠牲者は、より多くの犠牲者を生み出すことを正当化するために利用されている。私たちは、生きている人間の行為を権威づけるために死者が呼び出されるあり方に注意を払わなければならない。

『耳を傾ける技術』は、傲慢さを捨て、開かれた心とつつしみをもって別のあり方で世界に関わることへの招待である。それはまた「うまく書く」ことの試みでもあるが、C・ライト・ミルズが描いたあの困難に何度も立ち戻るだろう。ソール・ベローはいった。「私たちが何かを見ようとするとき、死とはその鏡に必要な裏板なのだ」[18]。それはまた、私たちが話し、書くときにその背後にあるかすかな静けさのようなものかもしれない。末期患者のケアをする医者や看護師は、私たちに最後まで残される感覚は聴覚だと考えている。[19] 聞くことは、私たちが世界に関わる最後の結びつきなのだ。本書の中で私は、耳を傾けることがこのために重要であると論じる。人間の結びつきにとって聞くことは根本的な媒介なのだが、それはしばしば当然のこと、自明のことだと誤って考えられている。しかし私は、耳を傾ける能力は傷つけられてきたし、それゆえに回復が必要だと主張したい。これが社会学が必要な理由であるし、だからこそ、社会学とは聞き手の技術なのである。

序章　聞き手の技術としての社会学

私たちの文化は聞くよりも話したがる。リアリティTVから政治集会にいたるまで、聞かれたい、語りたい、注目を集めたいという欲望に満ちたざわめきが溢れている。「現実」は次々に暴き出され消費されながら、いまや暴露と覗き趣味の対象になってしまったかのようだ。本書『耳を傾ける技術』は、グローバル化が進み時間と空間が圧縮される現在の世界において、こうした現象が深刻な事態を招いていることを論じる。世界に耳を傾けることは、おのずと手に入る能力ではなく、訓練を必要とする技術である。本書で私が考えていきたいことは、この訓練がどのようなものでありうるのか、また私たちの耳が世界に向かうために社会学はどのような役割を果たしうる／果たすべきなのか、ということだ。『耳を傾ける技術』が問いたいのは、私たちはどのようにすればもっと注意深く聞くことができるのか、ということなのである。本書は様々な事例を考察しながら、多様なメディア、言語的・非言語的な表象形式が用いられているこの社会的世界との想像的な結びつきを提案していく。毎日の生活の中にある、ありふれているが本当は関心を向けるに値するような様々な事象に、もっとうまく関わっていける方法を私たちは見つける必要がある。本書が取り扱う事例は、旅客機の着陸装置に隠れて亡命しようとする命がけの密航者の物語から、失われた愛を伝えるためにタトゥーを用いる労働者階級の若者たちにいたる。

近代を錯乱の時代だととらえる批評家は多い。ゲオルク・ジンメル、ヴァルター・ベンヤミン、ジークフリート・クラカウアー、テオドール・アドルノといった批評家たちはそれぞれ、近代において人々の知覚は分散され、経験はばらばらに切り離されたと論じている。音楽鑑賞をめぐってアドルノは次のように述べている。「耳を傾けることが退行した結果、聞くことに対するある種のマゾヒズムが生まれた」と。(1) 私たちの耳は、お互いの声を聞けなくなったばかりでなく、周りの音にさえ反応しなくなったようだ。さて、この序章では本書の主なテーマを概説していくが、ここではそれとは対照的な関心の向け方を示しながら社会学の役割を考察したい。それは、隠された結びつきの足跡をたどることを可能にする、革新的な聞く行為である。それは思考と批評の新たな道筋を示してくれるはずである。

かつて小説家のユードラ・ウェルティが述べたように、一つの物語にとって、書くことは耳を傾けるというプロセスをその内に含んでいる。(2) そのように想像的に関心を向けることによって、その物語自体において何が問題となっているのか、またその物語の中にある小さな断片がどのようにより大きな問題へとつながっているのかを知ることができるのだ。社会学の諸文献を読むこと、社会学の理論がつまった道具箱に親しむことによって、こうした態度ははぐくまれる。私たちはまた仲間として人々の物語を立ち聞きする。これはたんに調査対象の肩を持つということではない。それは社会学で長く議論されてきた問題である。(3) 私たちが人々の物語を聞くということは、その責任として初めから語られる物語の側に立つことを意味する。しかし、盲目的にその物語を受け入れようとか、無批判に同意しようということではない。人間の物語に対して、その多種多様性を受け入れながら仲間の立場を取るからといって、それを批判的に考察できなくなるわけではない。精神分析の技術についてエーリッヒ・フロムは指摘している。「批判的思考は一つの特質、一つの能力である。それは世界に対する、すべての事象に対する一つのアプローチなのだ。それは敵意や否定、価値を認めないという意味で批判的なのでは決してない。反対にそれは、生に奉仕するために、私たちを麻痺させる障害物から個人的にも社会的にも生を救い出すためにある」(4)。

したがって社会学的に耳を傾けることは、たんにあちらのものをこちらに書きかえることを意味するのでもなく、また人々からノウハウや知恵を取りあげてしまうことを意味するわけでもない。フロムのいう精神分析的な聞き取りとは違って、それは一つの声にのみ耳を傾けるだけではない。社会学的に聞くためには技能を必要とする。というのもまさにそれは自明なものではなく、他者に対して自らを開く一つの形式だからである。それは巧みに練り上げなければならない技法なのであって、それによって、なかばかき消され、ものごとの背後に隠れてしまった声を聞くことができるのである。社会学はこれまでスペクタクルな問題に、いいかえるともっとも騒がしい声、もっとも大きな論争、そして最先端の社会問題に囚われるあまり、脇道にそれてしまったともいえる。スペクタクルという概念自体がラテン語の spectare(=見る)に由来する視覚的な参照点であるということを、社会学はなんとか忘れずにいる。『全体性と無限』の中でエマニュエル・レヴィナスは、彼が存在のパノラマ的開示とよぶものについて論じているが、これは社会的な出会いのなかで生み出され、他者と向き合うなかで具現化するものである。最後に彼はいう。「倫理とは一つの光学である」と。(5) だが、倫理とは見られるものだけに関わるのではない。本書『耳を傾ける技術』の中で私が論じるのは、すべての感覚を使って考えることによって、多文化社会における私たちの倫理のとらえ方が変わりうるのではないか、ということなのだ。そしてまた、「感覚のデモクラシー」を取り入れた社会調査によって、私たちの世界についてより多くのことに気づくことができ、様々な問いを投げかけることができるということも論じられるだろう。(6)

奇跡、専門家、専門的知識

数年前のこと、一人の学生からジョン・マグレガーのデビュー作『奇跡も語る者がいなければ』を貰った。この物語は、住民が頻繁に出会うにもかかわらず見知らぬ他人同士のままでいる、ある街路を題材にしたものだ。登場人物の名前も読者にはあまり明らかにされない。その小説に登場するもっとも魅力的な人物の一人は、手にやけどを負った男である。なぜこの愛すべき父親が回復できないほど大きなやけどを負ったのか、私たちには分からない。彼の妻が亡くなっていること、また物語が進むにつれていくらかのディテールは分かるのだが、彼の人生の大部分はあいまいなままである。彼はあなたが毎日窓から見かける隣人である。彼はなじみ深い人間であると同時に、まったく謎の人物でもあるのだ。小説の終わり近く、彼は自分の娘に一つの教訓を話す。

わが娘よ、と彼は言う。彼がこの言葉を発するとき、その声には彼の持つ愛がすべて包まれている。わが娘よ、お前はいつもその両の目でものを見て、その両の耳でものを聞かなければならないよ。世界はとても広くて、注意していなければ気づかないことがたくさんあるんだ。奇跡はいつも、私たちの目の前にあるんだ。でも私たちの目は太陽にかかる雲のようなもの。もし私たちが奇跡をありのままに見なければ、人生はとても色あせたつまらないものになってしまうんだよ。

奇跡も語る者がいなければ、どうしてそれが奇跡と呼ばれるだろうか?(7)

手にやけどを負ったその男には、娘が自分の言葉を理解していないことが分かっている。それでも彼はこの言葉を発したかったのだ。社会学の責務と課題もまた同じような精神のもとにあると私は主張したい。本書で取り組むすべてのテーマに通じる一つの重要なポイントは、モノや場所には気づかれない生があって、それに関心を向けるということである――権力は形式にまみれ伝統的な知識は小さなものをすぐに忘れ去るために、そうした生は隠されたままになっていたり、見えないほどに色あせてしまっているのだ。社会学は世俗的な世界がもつ光源にかかわる学問実践である。(8)文脈に逆らって世界を読み、中心的な物語の一部でありながらもそこからはじき出された物語を探し求める実践なのだ。

私はそもそも人類学者として学問を始めたのだが、どこか遠い場所よりも近所のバス停で何が起こっているかに興味があった。人類学のトレーニングから私が学んだ重要な倫理は、その場に関わっていくこと、人々の日常的な生活環境のただなかで彼ら／彼女らと出会い対話する、時としてとても不安定な空間を切り開くことであった。私は「近場の人類学」と呼ばれるものを実践してきたのかもしれない。しかし私にとってその用語はしっくりこない。なぜならその言葉には、ありふれたものを民族誌の力でエキゾチックなものにしようとするニュアンスがあるからだ。(9) 二〇〇二年ロンドン・スクール・オブ・エコノミクスでのこと。友人であり同僚であるクレア・アレキサンダーが企画した民族誌についての会議で私は発表をした。民族誌とは、観察対象の文化の中で一定期間集中して参与観察を行うという社会調査の方法である。そのとき、ある著名な社会学者が立ち上がって大胆にもこう言った――「人々は自分たちの人生の専門家ですよ！」。聴衆の中にざわめきが起こった。それは必ずしもその教授への賛同ではなさそうだった。私は思った。「うーん、確かに悪くはないな。ラディカルな表現だ。人々は自分たちの人生の専門家、か……」と。私はさらに注意深く考え、そして一つの認識に達した。要するに社会学の教授であってもまったく馬鹿げたことをいうこともありうるのだ、と。もし人々が自分たちの人生の専門家であるならば、なぜ愛の絆は断ち切られ、間違いは繰り返されるのか。なぜ人々は利益にならないようなことをしてしまったり、自分たち自身を傷つけたりするのだろうか。私自身、まったく自分の人生の専門家ではないし、いったい誰が自分を専門家だといえるのだろうか？

『社会学的想像力』の冒頭で、C・ライト・ミルズは近代における人間の生活を一連の罠にたとえている。ミルズによれば、人々は「彼らが生きる個人的な軌道に捉えられ、彼らの視野と労力は、仕事や家庭、近隣といった目の前の光景にしか向けられない。その他の環境にいるときは、彼らは何かの代理として動いているだけであり、観客のまま」だという。[10]つまり私たちは自分の人生の専門家などではなく、歴史の網の目にとらわれ、他者の期待に拘束された一人の観客に過ぎない、とミルズはいうのだ。一九五九年に出版されたその本は、感動的な社会学的マニフェストであり、社会学の希望と可能性を提示したものである。ミルズはエドワード・ホッパーの絵画の雰囲気にたとえる。ホッパーによって描かれる人物たちは一様に場所の中に固定され、ただ漠然と窓の外を眺めていたり、職場や電車の車両の中で一人孤立していたり、あるいは通りに微動だにせず佇んでいる。ミルズにとって社会学の役割とは次のことなのだ。私たちの最も身近で個人的な関心事を構成する、より大きな社会的諸力を明らかにすること、すなわち、人々の人生の中の「個人的な問題」を、歴史や社会のはらむ「公的な問題」へと描き直すことである。そのような精神を持つ人々にとっては、「なじみ深いと思っていたはずの家で突然目を覚まされるような感じがするだろう……。かつては正しく見えていた決断が、今では奇妙なほど愚かな精神の産物に見えるのだ。彼らの驚きの能力は再び活性化される」[11]。私にはミルズが論じたそのような驚きがわかる。まさにこの地点においてこそ、諸物の秩序は自然の産物ではなくて歴史の産物なのだということを、私たちは認識し始めるのである。

ミルズは権力の所在を明らかにしようとする。だがおそらく、その規模はすでに大きく変容しているはずである。世界規模になったテクノロジーの相互作用や情報の移動がますます加速する今日、かつてない複雑な罠が張り巡らされている。ジョナサンという若者の物語がそれを如実に表している。ジョナサンは南ロンドンの郊外の町、アナリーに住んでいる二五歳の男性である。かつて彼はウガンダで家族とともに暮らし、会計学の学位を取るために勉強をしていたのだが、ザイール（現コンゴ民主共和国）出身の父親が、反政府勢力への支持と密輸の嫌疑をかけられた。ジョナサンにはルワンダ出身の母親と腎臓を患う妹がいたが、父親と彼女たちは難を逃れるためフランスに渡る。しかしジョナサンは学位論文を書き上げなければならなかったので、ウガンダに残った。彼はウガンダの警察から度重なる「聴取」を受けた。繰り返される暴行や拷問に耐えて彼は学位を取り、父親から送られたパスポートを使ってフランスに渡って家族と合流した。その後、彼の両親はコンゴに戻ったのだが、そこで二人とも殺されてしまう。ジョナサンは、一五歳の妹を友人とともにパリに残し、仕送りをすると約束をしてロンドンに来た。だが、南ロンドン郊外、クロイドンの移民局は、パスポートが偽造であるという理由で彼の最初の亡命申請を却下する。ジョナサンは八カ月の間いくつもの拘留センターを渡り歩き、彼もほとんど面識がなかった——アメリカに暮らす親戚から電話番号だけ受け取っていた——いとこの友人のもとを訪ね、そこに住まわせてもらうようになる。彼女はジョナサンとは全く面識がなかったにもかかわらず招き入れたのだ。ジョナサンが拘留センターを転々としていたころ、妹の病気は悪化しすでに帰らぬ人となっていた。彼女はそのことをジョナサンに伝えた。彼はいまも部屋に閉じこもり、ときおり何日も続く意識障害に苦しんでいる。罪の意識に取りつかれた彼を包んでいるのは先の見えない現実である。調子が良い日があると思えば、また苦しみが襲う。亡くなる前に妹が彼に送った手紙を持っているが、ジョナサンはそれを開封する決心がいまだにつかない。

このような罠にかかってしまった責任のすべてが、彼の選択にあるのだろうか。おそらくそうではないだろう。この人生の物語が描き出しているのは、様々な人々と場所とのますます高まる相互関係（私たちはそれをグローバリゼーションと呼ぶ）だけではない。誰が地球を自由に移動でき誰がそうでないかを決定する人間が、はっきりと決まっているということをこの物語は示している。人々の移動、そして市民権と所属の定義を構造化するより大きな政治的諸力を理解しなければ、これらの罠を理解できないのである。こうした個人的な苦しみの中に、より大きな公的問題を考えるスペースをこじ開けるような世界規模かつ緻密な社会学的想像力がなければ、このような問題は理解できないのである。要するに、もし亡命申請の処理が異なっていれば、ジョナサンは最後にもう一度、妹の顔を見ることができたかもしれないのだ。[12]

私がいいたいのは、人々が経験する身近な世界では、洞察と理解不足、社会的な頑迷さが混在しているということだ。しかしだからといって、こうした身近な世界なんて真剣に考えなくてもよい、ということにはならない。ウルリッヒ・ベックは「化学工場のそばで飼っている牛が黄色くなってしまった牧畜民」という生きられた「副作用」に言及している。[13] これらの「副作用は、声や顔、目や涙を持っている。しかしやがて学ばなければならないのだ。確立された科学がいうことと食い違っている限り、自分たちの主張や経験には何も価値がないということを」。ベックはこう結論付ける、「近代化のリスクの中で、人々は小さく、個人的な、もう一つの専門家になる」、と。[14] すこし必要以上に論じすぎているかもしれないが、これは権威ある現場の声といったものではない。むしろ彼ら／彼女らの声は不完全な知識なのだが、それにもかかわらずそれを真剣に考えようとする人々にとっては極めて貴重なものなのだ。

まさにここからも、観察者と観察される者の関係について、そして新たな実験的手法を用いた観察について、これまでとは違ったかたちで考えることができるだろう。今やデジタルカメラやビデオ、携帯電話が幅広く流通しており、そうした再考は可能になっている。ボストン小児病院を拠点とするビデオ介在／予防所見（ＶＩＡ）はこうした新しい観察の良い事例である。[15] ＶＩＡでは若者たちにビデオカメラを与え、彼ら／彼女らが現実にどのような症状を抱えているかを医者に伝えるようにいうのである。ＶＩＡのデータ収集の目的は、「ビデオ日記」の形式で、患者の視点からみた日々の生活経験の映像記録を得ることにある。

ＶＩＡの患者はそれぞれ軽量のハンディカム・ビデオを貸し出され、「担当医にあなたの生活と状態を教えてください」と言われる。技術的に高いものではなく正直な描写がそこでは求められているので、コーディネーターは参加者にビデオの操作方法は教えても、映像制作技術や映像スタイルについて指示することはない。参加者は自分の物語を伝えることを促されるので、自分の生活や夢、成功や不満が表現されていると感じるものは何でもテープに収めるのである。こうして作成された物語が目を見張るのは、深刻な病気を抱えながら生きていくという地味な生活の細部について患者たちは豊かな洞察を加えていること、そして見る者にそうした状況を伝えたいという気持ちが、見事にその方法と結びついているということである。その映像に強く現れているのは、患者たちが「私はあなたにこれを知ってもらう必要がある」と感じていることなのだ。呼吸困難のさなか、血の混ざる咳が止まらないなか、患者たちはカメラを手にし、それを記録する。

数千時間のビデオ映像が入念に記録され、医者や社会調査員も含む多分野の専門家からなるチームがそれを分析する。担当医は患者の見解を知ることができ、それはしばしば医者の治療に変更を迫る。また同時に、ＶＩＡの責任者であるジェニファー・パタシュニックによれば、これらのビデオデータは、患者の「口にする知識とその行動」の隔たりについてしばしば問題を引き起こすという。[16]ビデオは映し出すのだ。嚢胞性線維症やひどい喘息のような症状の場合、その行動が制限される欲求不満からか、患者たちが意識的あるいは無意識的に自傷行為を行うことを。また時として、医者や医療の権威の言いなりになりたくないという気持ちから、患者たちの「間違った選択」が生じることもある。患者は専門家であると同時に素人でもある。この複雑な結びつきこそ、社会学的に耳を傾けることが真剣に向き合わなければならない問題だと私は思う。

科学者や社会学者もまた、世界の見方について実は同じような両面——洞察と盲目——を持っていることを認めなくてはならない。私にとって社会学的想像力を身につけるとは、この両方の地平を同時に見ようとし、聞こうとすることを意味する。[17]すなわち、この漠とした世界の様々な影響下に生きる人々が語る物語の中にある、洞察と盲目との両方に関心を払うこと、そして私たち自身の前提や、ともすれば時期尚早の判断を、謙虚に正直に再考していくことをそれは意味するのだ。モニカ・グレコの美しい表現をかりるなら、私たちは「自分の無知について無知になっては」ならない。[18]あの愚かな教授がいった意味では、私たちの誰も自分の人生の専門家ではない。むしろ私たちは皆、自分なりの見解と社会的なノウハウを持っている。そしてそこに含まれる理解は、不完全なのだ。おそらく教授とバスの運転手との違いは次のようなことだ。教授は完全なる権威をもって愚かなことをいうことができ、バスの運転手は素晴らしい洞察を示す権限を与えられていないということである。もちろんその違いは、二人がどれだけ物事を理解しようとしているかではなく、いかに社会的に権威が生み出されるのかをめぐるものである。バスの運転手が日々の生活を詳細に読み解くとき、そこには聞くべきことがあるだろう。しかし同様に、この観点は不完全なものであり、尚早な判断によって歪んだものでもあるだろう。教授についても同じことがいえるのだ。そうすると、物事の理解に至るために、この両者の洞察を対話させることが重要になるのではないだろうか。

ところで、C・ライト・ミルズが私たちは自身の生の見物人にすぎないといって半世紀が過ぎたが、現在では何か別の事態が生じているのではないかと思う。メディアが氾濫するこの情報社会において、私たちは他者の生の見物人になっているのである。

他者の生の見物人

これまでも多くの社会学者たちは、観察と調査がどのように統治や管理、権力に結びつくかを考察してきた。ミシェル・フーコーが論じるように、ジェレミー・ベンサムの監獄モデルがもつ権力は、彼がパノプティコン（一望監視）と呼ぶ、全体的な監視の構造に基づいている。[19] そのシステムにおいて、囚人はたえず自分が監視されていることを意識しなければならない。だがパノプティコンはまた、念入りに作られた聞き取りの装置でもある。つまり看守は囚人の声を聞き、その姿を見ることができるが、囚人は看守を見ることも聞くこともできないわけだ。フーコーの影響を受けた研究者たちが関心を払ってきたのは、いかに権力が知識や調査を通じて機能するか、また、自分自身を管理し自己精査するような自己の条件を作り上げることによって機能するか、ということであった。パノプティコンのモデルは、現代の幅広い権力技術の分析に適用されている。監視カメラ、個人を特定するために用いられる指紋測定や眼球検査といった生物測定技術などがそれである。後者などは労働党政権によるＩＤカードの法制化や移民管理の戦略の中心にあるのだ。

ノルウェーの犯罪学者トマス・マシーセンは、監視をめぐるベンサムとフーコーの強力なモデルは、もう一つまた別の構造と一致するという。「多数」を観察し、その声を録音し記録をつけている「少数」がいるだけではなく、いまや「少数」を観察し調べる「多数」がいるのである。マシーセンはこれをシノプティコン（全ての者が見る）社会と呼ぶ。もはやジョージ・オーウェルの有名な予言のように「ビッグ・ブラザー」が私たちを監視しているだけではない。私たちもまた、「ビッグ・ブラザー」を監視しているのである。リアリティＴＶや「エクストリームＴＶ」は、こうした大衆のまなざしをもっともよく表す事例だろう。一八世紀の公開処刑は「現代のテレビ画面上の（現実のあるいは比喩的な）処刑に比べるとつまらない見世物にすぎない」と、マシーセンは論じる。[20]ベバリー・スケッグスとヘレン・ウッドは次のように指摘している。これらの番組は一種の道徳ドラマのようなもので、どのような振る舞いが良いもので悪いものか、どのような趣味、夫、妻、父親、母親が良いもので悪いものかの線引きを、お決まりの専門家の助けを借りて行っているのだ、と。[21]『You Are What You Eat』のようなショーに出てくる栄養士、『10 Years Younger』の美容アドバイザー、『Family Contract』（BBC1）の心理学者がそういった専門家たちである。その専門家たちは、必ずといっていいほど相談者たちを理想のイメージに改造する前に彼ら／彼女らが泣くまで追い込んでいく。これは自我のあり方および行為の規範を断定することに大きく関わっており、そのような規範に照らして過去の行為が愚かだと判断されるのである。リアリティ・ショーが氾濫する一つの理由として、自分自身だけでなく他者をも観察したいという過剰な衝動があるということだ。

リアリティTVの番組構成を使うことで、日常の何でもないことがプライムタイムの華やかなドキュメンタリーになってしまう。その構成自体が持つ決定的な力を示す良い例が、自称政治的扇動家ジョージ・ギャロウェイが『セレブリティ・ビッグ・ブラザー』に登場したことだろう。リスペクト党の議員であるギャロウェイは、番組に先立つ二〇〇五年五月の総選挙において労働党から離反し、反イラク戦争をうたって労働党の本拠地である東ロンドンの選挙区ベスナルグリーンとボーで勝利したことで、イギリス中の悪評を買っていた。彼は『ビッグ・ブラザー』に出演すれば、検閲なしで大衆に語りかけることができると考えた。リスペクト党のウェブサイトで彼は次のように述べている。「私は人種主義について、人々の偏狭さについて、貧困について、イングランドで最も貧しい地であるタワー・ハムレットの苦境について語ろうと思う[22]」。だが、ほぼ三週間にわたる『ビッグ・ブラザー』の出演中、こうしたことはほとんど反映されることはなかった。彼について最も印象深く残ったことといえば、赤いピチピチの猫のスーツを着てのどを鳴らし、女優のルーラ・レンスカの手から卑猥にミルクを飲むまねをするシーンである。ギャロウェイの無邪気な行動について論じる中で、スチュアート・ホールは彼が『ビッグ・ブラザー』のことを勘違いしていたからこのようなことが起きたのだと述べている。ギャロウェイは『ビッグ・ブラザー』が「民衆にとって権威ある番組であり、そこに入っていけば外部へと歪曲なしにメッセージを発信できる」と考え、そして実際には「その番組構成によって彼は完全に打ちのめされた」のだ。(23) このような番組構成の中では、エゴイストな政治家やB級のセレブたちは簡単に餌食とされる。しかし、「多数が小数者を見る」ことは、さらに深刻で破壊的な問題を孕んでいる。

人々の公的な生活は変質し、ビクトリア朝時代のフリークショーのようなものになってしまった。観察者の先入見に疑問を呈すVIAの参加者のように目的のある証言とは違って、『ビッグ・ブラザー』のような現実の見世物化が生み出すのは一種の道徳的食人主義である。そこで視聴者たちは、悪行、犯罪、俗悪、堕落のイメージを消費することによって、彼ら／彼女らの道徳的誠実さを育成するよう導かれているのだ。これは、日々新聞を派手に飾るための見出しページのような現実である。ときには本当の食人の話が載ることもある。二〇〇四年一〇月七日のデイリーミラー紙を飾ったのは、「私は恋人を食べた」という見出しだった。この恐ろしい記事は武装強盗ポール・デュラントに関するもので、彼は恋人のカレン・デュレルをスペインで殺害した後、彼女の体の一部を食べたと告白した。もちろん私はその男性の暴力を過小評価するつもりはない。だが問題は、この種の記事が往々にして見出しを飾り、それが人々の日常会話の話題となって、民衆的な道徳心の留め金になってしまうということなのだ。マーティン・エイミスはこれを「生活のわいせつ化」と呼んでいる。(24)

このような事例は、公衆の精神生活についての有害な側面を示すものだと私は思う。例えばこうした風潮で私が危惧しているのは、ある種自信に満ちた確信をもって判断が行われているということだ。リアリティTVの世界では、強固な道徳的確信によって権威主義の競り売りのような状況が生み出されていて、それは大衆メディアだけでなく、政治討論にも浸透しているのだ。ある意味で、私が本書で提示する社会学的に耳を傾ける行為の一つの価値は、理解に至るために疑いをもって生きること、つまり道徳的複雑性と取り組もうとすることの重要性を示すことにある。バリー・スマートは次のように述べている。社会学的思考とは「相続された保証や安全なしに生きようとすることと、行為や合理性、価値の多様なイメージと物語とともに生きようとすることを必要とする」と。[25] 私たちはいま、迷いや疑いで苦しむ世界に住んでいるのではない。不安や懸念が世界中から湧き出る現在、その井戸を埋めようとする誤った思い込みこそ、私たちの世界を苦しめているものなのだ。[26]

道徳的食人主義が生み出すのは、最悪な事態がいつも期待されているという状況ではないかと私は感じている。「私たちの人生の白い筋は、その周りを全部できるだけ暗くしてしまえば輝いて見える（ただ目に見えるものになる）」とウィリアム・ハズリットは一八二六年に書いた。[27] ハズリットはここで憎しみの快楽について述べている。おそらくこうした理由で、今日の世界では「内部の悪者」や「望まれない余所者」が道徳的な規準と限界を定めるための暗闇の役割をなす人物像となっているのだ。亡命申請者は偽物でシングルマザーは働かない怠け者だとされる。なぜならこうした人々をけなせば自分の生活が輝いて見えるのだから。私が論じたいのは、単に人々の個人的秘密に分け入っていくということではない。それらの個人史をより大きな社会的、政治的、経済的諸関係の歴史へと結びつけ、「個人的な苦労や困難」をより広範な公的問題として、グローバルな問題として考えるということである。こうした困難の解決策は、個人一人ひとりの自己の中にあるのではなく、共有された活気ある生の領域の中にある。

以下では、社会生活のジャーナリズム的・メディア的な説明に見られる「リアリティの氾濫」を、学問的な表象や社会学的実践と比較していく。社会学的な説明は公共的に流通するそうした表象にどの程度近づいているのだろうか。そしていかに私たちは、活き活きとした力に溢れた社会学を探求することができるだろうか。

生の描写、そしてアレントの真珠採り

型にはまったマスメディアはお決まりのように社会生活の測定に執心している。選挙投票や食事のパターン、性規範の意識など、新たな「事実」が論じられ、評価され、調査される。だがそれらはまるで、貴重だと確約されたその次の日に偽造品として捨てられる宝石のようである。人々は日常生活の前線から飽くことなく最新のニュースを知りたがり、それに乗じてあまりにも過剰なデータが生み出される。もはや戦争においてさえ、軍事的戦略や作戦と同じくらい情報操作が重要なのだ。二〇〇六年五月、キューバのグアンタナモ湾に設置された米軍基地で「敵性戦闘員」とされた三人の拘留者が自殺したが、アメリカ政府はそれを「関心を引くためのPR手段」だと表現した。(28) グアンタナモで三年間を過ごしたイギリス人イスラム教徒のモアザム・ベッグがいうには、告訴も裁判もなくただ拘留された状態で監獄に入れられるというのは、囚人を「有罪判決が下った罪人よりも悪い状況に」追い込むのであって、彼らの自殺は「絶望がなさしめた行為である」という。(29) 米軍が基地内での自殺を自爆テロのプロパガンダに類する「情報戦」だと表現したことは、それ自体

が情報操作の仕組みを描き出している。

膨大なサンプルを対象に聞き取りを行う世論調査やMORIのマーケット調査のような洗練された調査技術は、こうした情報氾濫の一因となっている。C・ライト・ミルズはこうした種類の調査を「抽象化された経験主義」を生み出す「無内容な巧妙さ」と呼んでいる。(30) このタイプの調査報告には入念な方法論的装置が使われていて、統計的概略や比率の提示、クロス分類といった技法にその説明の抽象的性質が見て取れる。ミルズにとっては、こうした説明方法は哲学的にも社会的にも深い洞察に至るものではない。社会学や社会学的調査は、民衆の経験主義という剰余物と、しばしば両義的な関係に置かれる。それはふつう、全く無視されてしまうか、「短い一言《サウンドバイト》」に限られてしまうのだが。

もう一つ別の種類の経験主義をミルズの批判の定式に付け加えることができるかもしれない。それは統計表によって示される融合された図形とは正反対に、調査対象にずけずけと立ち入っていく経験主義である。この「立ち入った経験主義」はまさに調査対象の内面を知り、判断することができるという。それは研究対象の隠れた欠点を探り出し、今度は逆にそれがこの手法で調査された人々を定義するようになる。そのジャーナリズム的な暴露とリアリティTVのような民族誌は論議を呼びながら、「経験的な詳細を厚く描く」。侵入的でみだらなこの好奇心は、先ほど説明した道徳的食人主義の概念とつながっている。これらの記述はあまりにも詳細なため、結局のところ本当の問題を覆い隠してしまうのだ。そして定義上そうした記述は速成であるために、一つ一つの情報はその他の情報に押し流されてすぐに失われてしまう。この立ち入った経験主義を定義するのは次のような言葉である――暴露、細部への執着、回転の速さ、そして過剰な「データ」。抽象化された経験主義も立ち入った経験主義もほぼ非学問的に事実を作り上げていくが、学問研究はそれらに完全に免疫があるわけではない。しかしながら、学問としての社会学を苦しめているのは、一つの対抗運動なのである。

社会学という学問における社会的世界の描写は、人々の経験の細部を厚く記述できていないように見えることがよくある。その原因は様々であるが、社会理論の有用性と正確性が高く評価されるために、社会学の目的が具体的な人々の生から切り離され、概念ばかりを描くことに向かっていることがあげられるだろう。古典や現代の理論書を読み込むことを強調するメタ理論的評価によれば、図書館の外で実際に社会と関わる必要はないわけだ。こうした研究が立派なのは間違いないだろう。しかし、それはともすれば教室や学会の外にいる誰かと話したり、またそうした人々の話に耳を傾けたりせずとも、社会学者として十分やっていけるということになってしまう。理論の有用性というのは、現実の社会的世界の様々な問題に対して私たちが問いを発するよう導いてくれることにある。したがって、理論的探究と経験的調査を同程度に結合する必要があるし、それが課題なのである。社会学的権威に対して政治的、認識論的に異議を唱えることもまた、経験的な調査の不足を解消する手助けとなるはずである。

社会科学では他者を描くことについての制約があるが、それは知と権力の関係性、あるいはアンソニー・ギデンズが社会学の二重の解釈学と呼んだものについての批判とある部分で結びついている。「問題は、知るべき安定した社会的世界がないということではなく、逆にその世界についての知識が、その不安定で変わりやすい性質を作り上げているということなのだ」とギデンズはいう。(31)この批判の第一の部分は、社会学は対象を作り上げておいて、そのうえでそれを解体して分析してみせる、というものである。社会学の手法とは、たんに社会の秘密を解くための鍵ではなく、実際にはそれを理解する過程で社会そのものを作り上げているというわけだ。脱構築主義的フェミニズムやフーコー主義者も含め、様々な社会学的立場から、ピエール・ブルデューがいうところの社会学的な「全能の夢」が疑問に付されてきた。ブルデューは次のように述べる。

この全能の夢に屈しないためにはどうすればよいだろうか？　結局私は、思想が持つ力の限界について考えるだけでなく、思想が用いられる条件についても熟考しなければならないと思う。なぜなら、本来社会的経験とは地理的にも社会的にも部分的、局所的であるにもかかわらず、こうした条件のもとで、あまりにも多くの思想家たちがその範囲を踏み越えてしまうからである。(32)

私たちがどのような真実を描くことができるかという問題についてしっかりと向き合うことは良いことである反面、それによって制約がかかることも確かだ。社会的世界の姿を描こうとしてそれを固定化してしまうことは、大きな暴力のようにも見えてしまうのだ——社会の変わりゆく流れを、現実主義的な記述という霜の中にしまい込まれた凍った時間へと還元してしまうことになるから。博士論文の原稿を読みながら、私は学生たちが社会的記述について感じているある種の制約に驚かされる。そうした制約の結果、調査対象となった人々の声はページの上に忠実に転写されるだけで、それを文脈づけたり説明したりする記述がほとんどないのだ。

しばしば調査結果は、対象となった人々の言葉を長く引用する形で提示されることがある。私たちはこうした引用文がそれ自体で何かを語ってくれると考えがちである。調査に協力してくれたのがどのような人々であったのかは簡単に触れられるだけで、その社会的立場が詳細に説明されたり、彼ら／彼女らの置かれた状況を含めて描かれたりすることはあまりない。社会学的データは、生きた姿を伝えないただの引用文となってしまうのだ。上述の「立ち入った経験主義」を避けようとしてこうした事態が生じてしまうのは理解できる。しかしその時、まさに私たちが描こうとしている生の織物は平板化され、ただ注釈がそれに添えられるだけである。簡単に言うならば、調査対象となった人々が発した言葉は、彼ら／彼女らの生の活き活きとした姿をもはや伝えないのである。アメリカ人の民族誌家ミッチ・ダネイアはこのように述べる。「人々の人間性にたどり着こうとする場合、登場人物を造形し、人間をちゃんと人間として伝えようとする努力をしなければ、インタビューで対象者が語る考えを具体的に捉えることはできない。そうするためには、生きている人物をテクストに登場させることが役立つだろう」[33]。要するに、引用は人々の肖像画にはならないのであって、私たちに協力してもらい、私たちが耳を傾けてきた人々をテクストの中に生かすことが、社会学的記述の仕事なのである[34]。こうした理由から、本書において私は写真を用いている。写真という手法によって対象者の生をさらに詳しく描けるということ、そして、それは言語の外にあるものを伝えることができると考えたのである。この作業には単独の作者や写真家は必要なかったが、書くこと、表象、アイデアの呼び起こし、そして説明といったプロセスがあった。ダネイアの研究は、

社会学的な共同執筆の、そしてビジュアルな語りと言語的語りの結合の非常に興味深いモデルとなっている。(35)

より民主的な調査実践に向かおうとする身振りにはまた、倫理的な手品があるのかもしれない。今日では一般的に、調査参加者は「パートナー」とか「協力者」と呼ばれている。ここには非常に重要なことが示されている。つまり、社会調査が対話的あるいは参加的な形態に移行しているということである。調査過程を通じて参加者がエンパワーされるという主張もあるが、それは調査への同意や承諾、参加に必ず伴う不平等を覆い隠してしまう。また同様に、フィールドの内側に難なく入っていくことを主張する研究者は、自分をごまかしている。このような研究姿勢は、暗にあの「愚かな社会学者」が示したような感情に影響されているのだ。もっとも公正な研究者でさえ、分析をするという立場がはらむ支配力と社会学的な権威をしっかりと握っているのである。おそらく私たちは、ラディカルであるという見せかけを捨てるべきなのだ。そのほうがより解放的であり、民主的に調査を行うこと、あるいは共に理解し洞察を分かち合うことの限界について、より公正であることができるのだ。

対話的な方法を真剣に考えると、時にはあいまいなことが生じることがある。第二章で論じる若者たちの安全と危険の概念に関する調査でこんなことがあった。それはレイという男性に関するものである。彼はナイジェリアで生まれ、幼いときにロンドンに移り住んだ。彼はガードマンをしている父と二人でデットフォードに暮らしている。レイはこの調査に参加し、調査時の暗黙の約束事には従ってくれたが、関わるときはいつもふざけていたのである。彼は参加してくれると約束はしたが、それが本気だったとはいいがたい。何人もの研究者を前にして、彼は民族誌というゲームを転覆させたのである。私の共同研究者たちが彼と作業を共にした。最初はランド・プラット、次にサラ・ニューランズ。二人とも彼とやるのは難しいと音をあげた。レイはずるがしこいだけでなく、女性蔑視が甚だしかったのだ。彼はほぼ調査者全員にとって悪夢となった。調査チームは挙句の果てにこういったのだ――「私たちはもう彼にはうんざり。あなたがどうにかしてください！」と。

レイは私たちにとっての教訓なのである。時として自分が笑いものになっていると感じるとき、そこには研究者として真の価値がある。クリフォード・ギアーツはこれを、研究者であることの「心理学的な付加給付」の一つだという。研究者たちは他者からの、とりわけ私たちが厚かましくも描こうとする人々からのあざけりに耐えなければならないのだ。(36) 最後のインタビューを行ったのは私だった。最終セッションの目的は、この調査をまとめること、そしてその年に起きた様々な問題について語ることであった。インタビューは一九九七年の夏に行われた。レイはその会話の条件にある程度は従っていた。彼は授業を抜け出すのが楽しかったと言った。しかし彼があまりにも主題からかけ離れたことを話すために、「私たち」研究者が関心のある問題について彼がどのように感じているのか、ちゃんとした説明を得ることができなかった。対話の決まり事として、私は最後にこう尋ねた。「では最後に、何か言いたかったけど言えずにいたことはない？」少し考えて、彼は目の前にいる白人で中年の質問者を手招きし、秘密を囁くかのようにこう言った。「俺は白人が嫌いなんだ」。そして、おどけるようにして手を口にやり、「冗談、冗談」と言う。そしてまた、「白人はほんとにバカだぜ……冗談、冗談さ」。レイはトリックスターなのだ。彼はふざけながら質問者と回答者の間にある暗黙の階層秩序を破壊するのである。彼は私たちが困惑するような答えを言ってくる。同僚の女性の研究者には女性蔑視的な言葉を浴びせ、私には「白人嫌い」を告白するのだ。どちらの場合も、その言葉自体はあまり意味を持たないのだと私は思う。むしろその効果は、「インタビュー」という道徳的場面に限定されているのだ。真の対話というのであれば、次のようなことも受け入れなければならないだろう。つまりその調査に参加する人々が対話することを拒否するということもあれば、調査者にとってはなんとしても誠実であってほしい参加者が、民族誌というゲームの暗黙のルールそれ自体を転覆させるかもしれないということを。レイは私たちの手助けをしてくれたわけだ。この調査の参加型デザインについて私たちが抱いていた幻想、そしてそこに含まれる緊張関係を私たちに認識させてくれたのである。私たちは若者にカメラとオーディオ日記を与えることによって参加型の実験を行った。にもかかわらず、そのデータを生み出すのは若者たちであって、それについて書くのは私たち研究者である。結局のところ私たちは、自分たちが研究者として握っている分析の権威という問題を回避してしまったのである。要するに、調査における対話の限界を認めることが、少なくとも私たちが進むべき誠実な道なのである。レイのおかげで、調査過程をより民主的にすることに関して私たちが抱いていた妄想に向き合うことができたのだ。

社会問題をめぐる公的な議論はお決まりの言葉や「即席の思考」で埋め尽くされているが、それとは対照的に、社会学的な判断の一つの重要な部分はそれが時間をかけて行われるということである。以前は私もそれが弱さだと感じていた。その時々の公的な問題に介入するためには、素早く考えること、そしてジャーナリズムやメディアを通じて幅広く調査結果を伝えていくことが必要だと考えていたのだ。しかし今では逆の見解を持っている。もちろん、いつも時間をかけているわけではない。応用社会科学の分野では、極めて速かに社会学的な結果が生み出される。調査報告とプロジェクトの評価は、金銭的な価値を要求するクライアントにも回るのだから。同様に、ヨーロッパの大学制度における研究審査の文化や、合衆国の大学における「出版しなければ捨てられる」終身雇用《テニュア》の獲得条件などによって、私たち研究者たちは執筆を急かされ、その結果、調査に本腰を入れることが難しくなっているのである。このような速さに皆が抵抗しようとしているわけではない。メディアがもてはやす「学者先生」となる誘惑に浸る研究者もたくさんいる。私は象牙の塔に引き返そうと主張しているのではない。そうではなく、注意深く耳を傾け、そしてその声を社会学的に判断するには、時間がかかるということなのだ。最近それをよく表すことがあった。

　それは二〇〇五年七月七日にロンドンで起きた爆破事件から一週間ほど過ぎた頃だった。多くの友人や同僚が、この事件の重要性を把握しようとしていた。犯人たちが「イギリス育ち」だったこと。彼らがごく普通のイギリス人ムスリム青年だと思われていたこと。これらはメディアでの混乱を引き起こし、イギリスの多文化性が原因だと主張する人々も現れた。人種主義へと逆戻りしてしまうのではないかという恐れが差し迫っていた。偶然にも数日後にムスリムの男らしさに関する学会が開催されることになっていた。運営委員の中には、爆破事件の後というその機会に乗じてメディアの注目を集めようとするものもいた。その一方で、事件の直後に語ることに対してためらいを感じるものもいた。実際に数人の社会学者はその学会に参加しないことを選んだ。私の友人はこう言った。「この問題についてちゃんと考える時間が欲しい。イギリス社会の状態についてこれまで私が確かだと思ってきたことが、すべてぼやけてしまったから」。彼女は早計な当て推量で発言するよりも、黙って考えることを選んだのだ。この友人は学会で発表しないことを選んだ一人である。私は彼女が道義的に正しい判断をしたと思っている。もし社会学に価値があるとすれば、それは政治家やテレビのコメンテーターによるそうした事件の一方的な解釈に追従することなく、反省的な思考を行うことにある。時間をかけて研究を行っていくことは大事にされなければならない。それが確かに時間のかかる仕事で、その調査がなければ言われないままになってしまうかもしれないものごとを指し示す機会となるのであれば。「大学でなされる考察や思想についての少なからぬ価値は、そうする時間を人々が持っているということなのだ」とエドワード・サイードは述べている。(37)

要約すると、人々が社会的に営む生についての学問的説明とジャーナリズム的説明は、一対の理念型として定式化できるだろう。一方においてジャーナリズム的な説明は次のように定義される。それはしばしば立ち入ってスキャンダラスな出来事を暴露しようとする。また、細かな記述をふんだんに盛り込むが、そこに描かれる真実は短時間で失われる。他方において、現代の学問的調査は時間がかかり、慎重に考察され、理論的に推敲されることを特徴とする。慎重な社会学者は知らず知らずのうちに薄い説明だけで終わってしまう。なぜなら彼/彼女はインフォーマントの姿を描こうとして、そのインフォーマントの言葉に過度に頼ってしまうからである。この両方のスタイルにはそれぞれ長所と短所がある。ヴァルター・ベンヤミンが注釈と批評を区別したことが思い出される。注釈とは生という資料についての無批判な情報の羅列であり、批評とは神話や省略、そして生それ自体の謎を問うことである。ベンヤミンにとって、それは火葬の薪の炎に化学者として向き合うか、錬金術師として向き合うかの違いに等しい。化学者は木と灰にのみ関心を示すが、錬金術師は炎それ自体がもつ謎の力に注目する。「したがって、批評家は真実を探究する。その生きた炎は、過去という重たい薪と、これまでの経験という軽い灰の上で燃え続ける」のである。[38]

簡単にいうと、この序章で私が主張したかったことは、社会学はマスメディアに蔓延する「立ち入った経験主義」や「道徳的食人主義」から離れるべきだということである。社会学の姿勢はむしろ、我慢強さや対話的な関わり、そして慎重で反省的な真理の主張を尊ぶものだ。錬金術師にも似て、社会学の課題は生の炎と熱をその手につかむ批評の構築なのである。では、情報化社会が人々の経験を巷に氾濫させるとき、私たちは研究者としてこの大量の語りやテクスト、画像や音にどのように関わっていけばよいのだろうか？　その灰と炎に、どのように関心を向けるべきなのだろうか？　ここで浮かび上がるのは、私たちがインタビュー・データに認める分析上の重要性、あるいは私たちがどのような種類の真理を求め、聞き取ろうとしているのかをめぐる古典的な議論である。[39]だが私の関心はそれとは異なるものだ。つまり、どのように社会学的想像力の発達は、洞察の技術やさらに情報の山を移動していく技術をも必要とするのか、ということである。

ヴァルター・ベンヤミンについてのエッセイの中で、ハンナ・アレントは彼を「真珠採り」だという。「海底に潜るが、それを掘り起こして光に照らすわけではない。海底の真珠やサンゴといった貴重なものや珍しいものをぼんやりとのぞき回り、それを水面まで持ってくる」[40]。生の表層に集められた深い経験は、完全には記述しえない。それは、大量に氾濫する情報の瓦礫のただなかで、真珠採りの宝物と同じ価値を持つ「思考の断片」を発見することに他ならない。それらは海底全体を照らしはしない。だが、社会学者の技能によって姿を変えた歴史や記憶とともに輝くのである。

社会学的に耳を傾けることは、記述の技術にも結び付いている。これは、クリフォード・ギアーツが「厚い記述」という概念によって論じた、注意深く隠れた意味を呼び起こす説明の仕方である。[41]ギルバート・ライルの哲学論文を引用しながらギアーツが提唱するのは、微視的であるが、同時に「消えゆく折々から」社会的な生の内実を救いだし、「それを熟読できる言葉としてとどめる」ような記述である。[42]人々の生を厚く記述することは、そこにある現実をただ映し出す鏡のような描写ではなく、つねに解釈を伴うものだ。そこには選択眼と洞察力だけでなく、想像力と創造性が必要とされる。W・G・ランシマンは『社会理論』において、技巧に富んだ記述を重要視している。「社会学的な記述が文学的になっては良くないというのは、想像力がないのが美徳であるというのと同じぐらい間違っている」と彼はいう。[43]ここで提唱されている記述の特徴は、理論的想像力と詳細な経験的データとが相互に結び付いているということだ。概念的、理論的な研究は当事者の声が聞こえなくなるような高みへと昇るべきではない。むしろ理論的な概念や思考は、民族誌的な地平ぎりぎりを漂いながら、それを詳しく説明する語彙を提供すべきなのである。対話的な関わりを持ちながらも単に「調査対象に語らせておく」だけではない記述とは、このようなものなのだ。それは、辛抱強さや正確さ、批判的な判断をつねに伴う。社会学的に深く耳を傾けることによって生み出される厚い記述とは、描きながら理論化し、理論化しながら描いていくようなものである。

懐疑的な読者であれば、このような聞き手とはいったい誰なのか、と問うだろう。注意深い聞き手はどのような社会的背景を持っているのだろうか。ダナ・ハラウェイが権威ある腹話術師と呼ぶ、男性的な謙遜と気質、そして事実を構築する力を備えたあの慎み深い目撃者、あるいはかつての「科学者」だろうか。「彼は目撃者となる。つまり、彼は客観的であり、対象の正確さと純粋さを保証する。彼の主体性とは彼の客観性である」とハラウェイはいう。[44] ここでの聞き手とは、そうしたものではない。むしろ、社会学的関心は、偽りの謙遜の中にその権威を隠す必要はない。なぜならそれは歴史的に位置づけられており、反省的であり、反論可能であり、居心地の悪いものであり、党派的であり、そして危険をはらんだものだからである。それはとても疲れるものかもしれないし、ときには社会学者の耳が情報で一杯になることもあるだろう。また、その聞き手がしばらくの間考える時間を必要とするかもしれない。まずは社会学者や社会学の調査者がもっと耳を傾ける必要があるだろう。しかしそれは、社会活動家やジャーナリスト、アーティスト、研究者、一般の人々、そしておそらく政治家にも広げうることだ。気付かれないものに気付くこと。自明のことを根拠づけること。もっとも小さな物語の中にある問題をより大きな、世界的な規模の問題へと結びつけること。こうしたことが、その目的なのである。

個人の問題、世界的な問題——本書の要約と構成

本書の構成を紹介する前に、C・ライト・ミルズの主張、とくに彼の「個人的な問題を公的な問題へ」という言葉に立ち返ってみたい。[45] 私がいいたいのは、この二一世紀において、個人的な問題はミルズが想像しえなかった規模と特徴を備えるようになったということである。とりわけ、こ

うした問題を抱える人々の生は、安定した地域的コミュニティにも、あるいは国家の中にさえも収まるものではない。社会学的思考の課題は、いかに国家的な文脈を超えて研究を進めていくかということにある。つまり、国民国家が社会学的分析の主要な容器であり続けることはもはやないのだ。要するに、「ここ」で生じているどのような社会学的問題や個人的な問題も、必然的に国境の向こう側で起きている出来事に関係しているということである。マイケル・キースはこうした関連性を「どこか他の場所とのグローバルな結び付き」と呼ぶ。(46)だがこうした結び付きは、二〇世紀の宮廷詩人たちが想像したようには生産的でも肯定的でもない。(47)一九九〇年代になされたグローバリゼーションの議論の多くは今世紀には影が薄いものとなったが、それは、アメリカの利害が引き起こした「テロとの戦い」という名の帝国主義的プロジェクトのためである。実際に、マイケル・ハートやアントニオ・ネグリ、ポール・ギルロイらの研究が強調するのは、新たな帝国の出現だけでなく、かつての帝国の遺産が今もなお引き起こす混乱でもある。(48)「ここ」がどこかほかの場所を含んでいるように、「今」もまた過去の遺産を孕んでいるのである。

まさしくグローバル社会学の射程とは、私たちの最も身近な経験が、地球規模のネットワークや関係性の中に巻き込まれているということに関心を向けることである。社会学的に耳を傾けることが今日必要なのは、それが、排除される人々、見過ごされる人々を受け入れること、すなわち、「場違い」だとされる人々に所属の感覚を与えることを目指すからである。だがこれは、なにか早急に、気さくに、あるいはロマンチックに「世界は一つ」――そこでは哀れな人々の声が届く――と叫ぶこととも違うだろう。私が論じているのは、何かもっと困難で、ともすれば矛盾を孕むようなことである。つまり、積極的に耳を傾けるのだが、それは聞き手の先入観や立場を問い直し、言われたこと聞かれたことの内容に批判的に関わっていくようなあり方だ。それはまた、味方だけでなく敵との、困難ではあるが成し遂げるべき批判的対話に入っていくことでもあるだろう。

ある意味でそれは、個人史をより大きな社会的・歴史的諸力へと結び付けること、またその人々の生を構成する社会的、経済的、政治的諸力の中で生じる公的な問題へと関連付けることだといえる。もしその聞き取りがなければ関心を向けられなかったはずの、しかしそれでもなお注目されるべきものを、それは探す行為である。ジョン・バージャーは最近、いかに公的な討論の範囲がわずかな過去からわずかな未来に制限されているかについて述べた。[49] グローバル社会学の想像力は、過去と現在の、そして近くと遠くの関係を再構成する可能性を提供する。過去は私たちの背後というその場所にいることを拒む。それは不安定なものなのだ。同様に現在もまた、今という地点から過去の出来事を単に説明するものではない。ヴァルター・ベンヤミンがいうように、「過去と現在は一つの配置の中で一瞬のきらめきを見せる」のだ。[50] そしてそのきらめきには、洞察と社会学的な贈り物が含まれているのである。

また同じく、私は近くと遠くという空間的な関係についても再考することを提案したい。ゲオルク・ジンメルによれば、他者の立場とは彼のいう「近さと遠さの総合」によって構成されるという。ペンジからバスに乗るジョナサン。だが彼のそばに座る乗客たちは、ジョナサンの大陸を股にかけた物語を知らないわけだ。こうした近さと遠さの融合は、すべての人間関係の一部なのだともジンメルはいう。「すぐ近くにいる人は遠い。しかし彼が他人だということは、遠くにいる人もまた近いということを意味する」[51]。近いものと遠いものの間で振動すること。これが私にとってのグローバル社会学の射程である。それは単に人々と場所の問題ではなく、私たちの内面の問題でもある。私たち自身の個人史もまた、意識的であろうがなかろうが、グローバルな歴史の様々な痕跡を含んでいる。C・ライト・ミルズが半世紀前に指摘したように、私たちは自分たち自身の他者なのである。ハンナ・アレントの『理解することについて』にある以下の一節に、ベンヤミンとジンメルの両者の声が響いているのを聞くことができる。彼女にとって、私たちが自分たちの道のりを切り開くことを可能にするのは想像力であり、それはミルズの社会学的招待にもつながるものである。

想像力によってはじめて、私たちは適切な視点から物事を見ることができ、近すぎるものから勇気をもって距離を取り、それを偏見なく眺め理解することができる。そしてまた、私たちから遠く離れたすべてのものがあたかも自分たち自身の問題であるかのように、心を広くもって距離の淵を埋めることができるのである。[52]

社会学的に耳を傾けるということは、個人的なものと公的なものの境界をこのように移動することでもある。私が本章で論じたかったのは、個人的な問題がメディアの見世物になってしまうあり方や、その結果生じる冷酷な判断を考え直すことが重要だということだ。したがって、社会学的に耳を傾けるためには、そのような暴力からそれ自体を、そして私たちが聞き取ろうとする人々を守らなければならない。ナームル・プウォールはこの課題について次のようにいう。「象徴的暴力と認識論的暴力を行使する危険のただなかで、私たちはどのように耳を傾ければよいだろうか？ローカルなものをグローバルなものへと客観化、人類学化することなしに耳を傾けるにはどうすればよいだろうか？」(53)。本書の各章のそれぞれで、私はこの問題について答えようとしている。そして、音や視覚、あるいは触れることを通じて社会的世界に関わる方法を提示しようとした。おそらく、プウォールが指摘するような暴力を避ける一つの出発点は、私たちの説明はつねに不完全だという認識である。

「哲学は現実を映し出そうと虚しく望むが、現実はいつも哲学より賢い。であるがゆえに啓蒙とは、継ぎ目のない完全な教理的概念なのではなく、むしろ私たち自身が他者とともに構築しなければならない、継続的な、光を灯す対話なのである」とジャン・アメリーはいう(54)。ナチスの収容所から生還したアメリーは、それでもなお啓蒙的思考のビジョン、理性、そして論理の支持者である。ナチスの野蛮さと、その収容所を生み出した近代の倒錯を前にしてなおそうなのだ。「古典的な啓蒙主義の光は、決して目の錯覚でもなければ、幻覚でもない。それが消えそうなところでは、人間の意識も曇っている。啓蒙主義を拒絶する人は、人間の教育を放棄しようとしているのだ」(55)。感動的なのは、彼がヒューマニズムと古典的な啓蒙主義を守ろうとしていることだ。彼のラディカル・ヒューマニズムの考えを要約すれば、理性と論理を深く信奉すること、そして現在私たちがそうであるところの人間について、感傷的でない鋭敏な考察を行うことだといえるだろう。

これは、社会学がこうした教育運動の一部であるという考え、そしてその過程における学問的努力の重要性にも共鳴する。しかしながらポール・ラビノウも述べているように、啓蒙主義という大胆な光は、傲慢さと慎み深さを同時に備えている。啓蒙とは「正しいという自信たっぷりにそれが人間性を代弁する限りにおいて傲慢である。そして、その達成が未来に委ねられている未完のプロジェクトだという意味では、慎み深い」[56]。私たちはもはや、そのような確信をもって人間性を代弁することはできない。むしろ、近さと遠さの多種多様な関係性について考えなければならないし、また、確実な知識という前提を持たず、傲慢にならずにグローバルな規模で思考するとはどういうことかについて、考え直さなければならないだろう。

ジョナサン・クレーリーは『知覚の一時停止』において、私たちが見たり、聞いたり、物事に集中したりする行為は知と権力の網目に捉われており、それゆえにきわめて歴史的に特徴づけられていると論じる。彼は次のように一時停止の瞬間について述べている。「あまりにも夢中になって見たり聞いたりするとき、それは通常の条件から逸脱し、一時停止された瞬間となる。それは時間からの浮遊である」[57]。私は社会学的に関心を向けることについて同じようなことを述べたいと思う。それは時間と空間に位置づけられ、その対象に固着する。だが同時に、不安定で、流動的であり、過去から現在へと想像力の中で移動することを特徴とする。これが、私が本書で試みようとすることだ。私は耳を傾けることを強調してきたが、社会学的に関心を向けることはそれに限られるものではない。マーガレット・ミードが述べたように、それは「言葉の科学」に限定されるものでも、先に述べた単なる書き写しに限られるものでもない[58]。むしろ、社会学的に関心を向けることは、「感覚のデモクラシー」の中で、あるいはそれを通じて働く思考のあり方を含むのである[59]。こうした理由で本書の議論は、耳を傾けることを提唱しながらも、同時に視覚的な記録や声による語り、そして身体に刻み込まれた表現の間を移動していく。

社会学のありふれた美徳の一つは、それが関心を向けることよってなじみ深かったものが不思議なものとなること、あるいは自明のものを根拠づけることである。ソール・ベローの『オーギー・マーチの冒険』の主人公は自分のことを「身近な人々のコロンブス」だというが、(60) そこには社会学にも当てはまるものがあるように思われる。たしかにベローは人類学の学位も持っていた。だがさらに関連するのは次のことである。私は時間との関係や変化が把握されたり、あるいは失われたりするかもしれないような、関心の向け方を訓練することを主張したいということである。本書で描かれる生は今や時代遅れだし、また社会学的にそれを理解しようとする私の試みは、過ぎ去った世界の遺物のようなものである。その時間は——論じられ記述される人々の時間は——それを把握しようとする私の能力よりも速く進むのである。

本書『耳を傾ける技術』の各章は、それぞれが一つの問題、あるいは社会現象に焦点を当てている。それらの事例は、ほとんどがロンドンの文化的、政治的な生の営みからのものだ。本書における私の意図は、移民や人種主義、多様な愛の形について論じることに加えて、社会学的な技能を獲得する方法の事例を提供することであった。第一章では、グローバル社会学の想像力が、移民や移動に関する現在の議論に適用される。そこでは「移民」や「亡命申請者」といった概念が政治や政策のレベルで枠づけられるあり方に異議を唱えながら、国境で捕らえられる——時に命を落として——人々の経験に関心が向けられる。第二章では、若者たちが安全な場所と危険な場所をどのように位置付けているかを分析しながら、都市の境界線と排除について論じる。「家路を見つける・プロジェクト」の議論を通じて、社会調査において「観察」をどのように再考し刷新しうるかが示唆される。第三章では、労働者階級のタトゥーを事例として感情と愛がどのように身体に刻み込まれるかを探究する。労働者階級のタトゥーが表しているのは、話したり言語表現を用いたりすることなく伝えられる親密性や愛である。そこでは、社会学的に耳を傾けること、関心を向けることが、言葉で表現されることだけを対象にするのではないことが示される。第四章で論じられるのは、ロンドンのイーストエンドで行われた街角の肖像写真プロジェクトである。それは「目によって聞く」といえるかもしれない聞き取りの事例である。この章では、写真が調査の対話的形式に与えうる可能性が探究される。その調査では、まなざしと写真が調査者と参加者との間で相互に交換される贈り物となるのだ。その写真の展覧会では、参加者や写真家、社会学者、そして地域の人々など皆が、その発見についての討論に参加することができた。最終章は、二〇〇五年七月七日に起きたロンドン爆破事件のその後を論じたものだ。政治家たちはこの事件の意味、そしてそれがイギリスの多文化主義に対して持つ意味を我が物顔で主張した。この章で主に論じられるのは、社会学的に耳を傾けることが、こうした主張に異議を唱えるために果たす役割である。最後に本書の結論部分は、主な論点の要約、そして学問それ自体の性質と書くことをめぐる議論となっている。

社会学が最もうまく心に描けるのは聞き手の技術としてである、と私は本章で論じた。そして社会学の特徴をいくらか記述し、それらをニュース・ジャーナリズムや極端なテレビ番組が映し出す疑似現実と比較した。聞き手の技術を実践しようとする私の試みは、この後のページに描かれている。

第一章　空から落ちる(1)

ロンドン南部クロイドンにある移民・国籍管理部ＩＮＤ（Immigration and Nationality Directorate）では、爆弾警報は日常的なことだ。高層オフィスビル群のただなかで内務省は移民政策を執行しているが、それはこの地域の最も大きな職場の一つとなっている。一九三八年にジョージ・オーウェルはイングランド南部を「世界で最もなめらかな風景」だと述べた(2)。当時のクロイドンには郊外の落ち着きと静寂があったのだ。オーウェルは次のように思いを馳せている。

ロンドン郊外の広大な自然の静けさ。泥のような川に浮かぶはしけ。慣れ親しんだ通り。クリケットの試合や王室の結婚を告げるポスター。山高帽をかぶった男たち。トラファルガー広場の鳩。赤いバス。青い服の警官。これらすべてがイングランドの深い、深い眠りの中にある。私はもう目が覚めないのではないかと思うことがある。爆弾の唸りによってその眠りから引きずり出されることがなければ(3)。

郊外の静けさを妨げるのは、ナチスの「蟻地獄爆弾」の音だけではなかった。ブルドーザーとハンマーがその織物を引きちぎることになる。急速に進む戦後の復興と都市化によって、その風景は消し去られ、新たな形へと姿を変えたからである。

クロイドンの「再開発」は一九五六年に始まった。当時のクロイドン中心部は、一〇代の若者たちの反逆が生まれようとしていた場所でもあった。「クロイドンの若者たちは悪名高かった」とシャーリー地区に育ったジェイミー・リードはいう。

そこはギャングだらけだった。プリティ・ボーイズやコッシュ・ボーイズ、そして初期のテディ・ボーイズ。一〇代の若者が中心街とコーヒー・バーにたむろしていた。コーヒー一杯分の金額で、彼らはライオンズ・コーナー・ハウスで土曜日をまるごと過ごすことができた。彼らはよくドレープを着て通りをパレードした。ここは彼らの場所だった。だがこういう状況に歯止めがかかるのは目に見えていた。当局はたった一つの事件でそれを完全に正当化することができたんだ。(4)

その「事件」とは、クロイドンの山の手で起きた警官の殺害であった。粗末な手口で強盗を試みたのは、ノーベリー出身の二人、クリストファー・クレイグとデレク・ベントリーである。クレイグの銃弾によって警官が死亡したが、彼は未成年だったために死刑にはならなかった。一方、警官ともみ合っているときに「こいつにくれてやれ、クリス！」と叫んだベントリーは、この曖昧な言葉のために有罪判決を下され、絞首刑となった。その後に続いたのは、「若者の非行」をめぐる半狂乱なパニックだった。クレイグは銀行役員の息子だったのだ。こうして一〇代の若者たちは、その新たな中心街から「排除される」べき望まれない存在となったのだ。たくさんのアーティストやミュージシャンが集まるが、高層ビルとステンドグラスの商業施設の陰に隠れて、気づかれないことが多い。マルコム・マクラーレンやジェイミー・リードは、現代建築物のコンクリートの壁を背景に、パンクロックのデザインを描いたのだ。クロイドン芸術大学は、マイケル・ウォルツァーのいう「ひたむきな公共空間」にまさに飲み込まれたがために、こうした活動のハブとなった。[5]一九六〇年代の景気の中で、商業と金融がすべてを覆い尽くした。クロイドンの無味乾燥なショッピングセンターや公営住宅は、資本主義的モダニズムの究極の事例である。しかしそれらはまた、シチュエーショナリストがスローガンを叫び、若者のサブカルチャーがスタイリッシュに反抗する絶好の舞台でもあった。

一九六〇年代にはクロイドンに四九の高層ビルが建築され、一九七一年の春までには、中心地だけで約五〇〇〇万平方フィートのオフィス空間ができていた。[6]それは、ロンドン市街地から離れて広がり始めた商業的利益のためにデザインされたものだ。高架道路やオフィスビルを建設するために膨大なコンクリートが投入され、それによってオールド・タウンのような近隣の労働者階級コミュニティが立ち退くこととなり、クロイドン中心部の人口は減少した。また郊外にニュー・アディントンのような広大な公営住宅地が建設されると、階級による居住地のあからさまな分断が生じた。したがって人々の移動はこの風景の特徴と一体である。こうした変容はまた、人種主義の激化

写真1.1　クロイドンのルナー・ハウス、移民・国籍管理部。著者撮影

写真1.2　移民関連の文書。著者撮影

と足並みをそろえていた。というのもクロイドンは、イングランド人であることは白人であることだとする人種的排他主義者たちにとって、ある種の都市のフロンティアになったからである。

多くの海外からの訪問者や移民たちにとって、クロイドンといえばウェルスリー通りの「ルナー・ハウス」にある移民局を連想させる（写真1・1）。その高層建築はすべて宇宙飛行の時代になって建設されたものである。この建物の名前はおそらくぴったりである。たぶん月のほうがよっぽど待遇が良いだろうから。そのドアを通った人のほとんどが、そこで受けた軽蔑のまなざしを覚えているはずだ。いつ訪れても、『London A-Z』を握りしめて困惑した人々が、INDのオフィスに行こうとうろついているのを見ることができる。ルナー・ハウスはパスポートや書類をなくしてしまうことで悪名高い（写真1・2）。この問題によってルナー・ハウスは利用者の怒りを買い、地域の人々による立入調査が行われることになった。

そもそもこの問題を提起したのは、ワドンにあるセント・ドミニク・ローマカソリック教会のマリーという教区民であった。ＩＮＤは彼女のフランス人ＩＤカードをなくし、彼女は七時間も列に並んだ挙句、わずか数分で退出させられたのだ。教会のイアン・ノウエルズ神父は彼女を助けるために、どうしてその書類が失われたのかを突きとめようとした。そしてノウエルズ神父はこのような結論に達した。ＩＮＤは、「外部の批判を受け入れることができないし、〝あなた方は重要な公職に就いています。そこで私たちもお手伝いしたいのですが〟と言っている私たちのような人間と関わることもできないのです。そのかわりに「私が出会ったのは」敵意や疑いのまなざし、そして暇つぶしのゲームです。あの人たちは何をそんなに恐れているのだろう。それはひとつの文化になっています。それはジョージ・オーウェルが描いた全体主義者のようなものなんです」(7)。教会やモスク、寺院は「耳を傾けるポスト」を人々に提供していたのであり、移民局へと向かおうとする絶望の淵に立たされた人々、弱り果てた人々が話を聞いてもらえる最後の場所であった。

二〇〇五年の夏、私は、移民・国籍管理部に対するロンドン市民調査の一環としてルナー・ハウスを訪れた派遣団の一員であった。責任者たちと会う前に、私たちは隣接するビルで待機していた。待っているあいだ、一人の若いアジア系イギリス人の守衛が、証明書のチェックを行っていた。まだ七月七日に起きたロンドン中心部での爆破事件から数週間しかたっていなかった。私は彼に、セキュリティは厳しくなったかどうかを尋ねた。「爆弾警報はしょっちゅうのことです。でもほとんど心配はいりません。何が起こってるかというと、移民申請書を送ってくるときに、幸運を祈って花びらなんかを同封する人が結構いるんです。アジア人コミュニティではよくやることなので。封筒にお祈りを入れるようなものですよ」と、彼は説明した。「つまり申請書が到着するときにはその花は枯れていて、それを開けるときに、〝これは封筒爆弾かもしれない〟と思ってしまうんです」。お祈りが爆弾だと解釈されるのだ。

この逸話には、移民問題やグローバルな人間の移動をめぐる誤解と緊張について、非常に示唆的な要素が含まれている。本章では、移民問題について語る言葉がいかに帝国や人種主義の遺産によって意味づけられ決定されているかを、そして、移動という概念それ自体をどのように考え直すことができるかを論じていきたい。

移民の境界線という問題

よく知られているように、W・E・B・デュボイスは「二〇世紀の問題は肌の色の境界線《カラーライン》の問題だ」といった。(8) それから約九〇年後、著名な著述家でありポストコロニアル批評家であるスチュアート・ホールは、間違いなくデュボイスを念頭に置いて、次のように述べた。「多様性はますます現代社会の宿命となっている……私の考えでは、差異とともに生きる能力が、二一世紀の来るべき問題である」。(9) スチュアート・ホールがこのように述べて以降、別の問題が介入してきたようだ。おそらく、二一世紀の問題は「移民の境界線」の問題だという方がより正確かもしれない。確かにこれはヨーロッパの問題である。しかしそれは同時にグローバルな問題でもあって、今その一部が現れ始めたに過ぎない。

移民の境界線は、肌の色もしくは人種の境界線と同様に、政治的にも、存在論的にも、そして現実的にも複雑な問題である。実際にそれは、過去と現在の人種主義の遺産、そして市民権と国家形成の根本的な諸原理の遺産と深く関わっている。移民の境界線の問題はまた、世界の諸民族の間にどのように線が引かれるかという問題でもある。私がいいたいのは、これはいわゆる「移民」の民族的・文化的性質の話ではなく、いかに移民の人々が政治的生における「境界の人間」として位置づけられるかという問題だということである。移民の境界線は、市民権という贈り物を与えられる人々の生と、なんのとがめもなく切り捨てられる人々の生とを区分けする。だが、国家によって生きる資格を与えられる生は、国境で捕らえられる――時に命を落として――人々の衰弱した生と結びつき、関係づけられているのである。

二〇〇〇年代半ば、世界の人口は六一億人に上るとされた。それは信じられないペースで増加している。世界の人口が一〇〇年で倍になることなど二〇世紀の始まりまでなかったのだ。二〇世紀において世界の人口は四倍となり、現在も毎年八六〇〇万人のペースで増加している。こうした成長の九〇パーセント以上が世界の貧困国で生じている。そして人口移動は歴史上もっとも大規模に行われている。毎年約九〇〇〇万人がロンドンの二つの主要空港――ヒースローとガトウィック――を通過する。かつては空を飛ぶことが西洋人の想像力を駆り立てたが、今では飛行機の移動は平凡で特筆すべきことではない。[10] 飛行機はまた、スーパーマーケットに海外の食品や草花を運んでくれる。人やモノの移動がこのように活発になったために、移動は常態であると主張する政治運動もある。「私たちはみな移民である」がそのスローガンである。

だがスラヴォイ・ジジェクは次のように問う。「〝私たちはみな移民である〟と感傷的になって主張する人々は、実際には何を望んでいるのだろう?」と。(11) ジジェクによればこれは一つのアイデンティティの構築なのだ。「哀れな者への同情と慈悲深い施しを課すが、その一方では既存の階層秩序を支持する」アイデンティティである。これが導くのは、「私たち自身の苦しみは本当の犠牲者の苦しみと実のところ同じものであるという早急な主張、つまり、排除された人々の人生の誤った比喩的一般化」だとジジェクはいう。(12) ジジェクのこの指摘はたしかに重要だろう。しかし、おそらくそこには何か別のことも賭けられているのではないだろうか。すなわち、移民とホストの区別にそれは異議を唱えようとしているのである。

内務大臣が替わるたびに、労働党政府は「移民」が道徳的、政治的問題であるという考えを強めてきた。その在任中に、デイヴィッド・ブランケットは次のように主張した。国民統合の問題とは、南アジア系コミュニティが「世代間の関係を難しくする分裂症を克服するために」子供たちに英語で話しかける必要があるということだ、と。(13) その後彼は大衆の抗議を受けて自分が同化主義者ではないと主張し、「多様性における国民統合」を公言したが。ここでは誰の条件で国民統合が定義されているかは明らかである。「市民権の共有」や「共生《ミューチュアリズム》」といった言葉が表しているのは、「制御できない多文化主義」の責任は黒人コミュニティとアジア系コミュニティにあるということなのだ。同化主義者が好む新しい表現に社会秩序というのもあるが、それも白人の規範を中心に据え、それを条件として同化のゲームが行われるわけだ。

新たな国境地帯と不可触民

イギリスや米国においては、人種と差異の問題は「都心部《インナーシティ》」という社会的な容器の中に位置づけられるのが普通だ。スウェーデンやフランスは状況が異なり、「危険な他者」が連想されるのは郊外である。今日のイギリスでは大衆の心配事を描く地図に変化が生じている。マーゲートやドーバー、ヘイスティングといった海岸線の小さな町が、不法移民や亡命者をめぐる不安を駆り立てているのだ。こうした海岸線の町は、国民のイメージの中では特別な場所である。それはジョージ・オーウェルのエッセイの中で輝かしく描かれる、洒落た保養地なのである。[14] 二〇〇四年二月、ランカシャー州のモアキャンブ湾で二四人の中国人「貝採り」が死んだが、それはこの変化を表すものだ。これらの「不法労働者」は貝の養殖のためにギャングが運んできた人々であったが、ひどく危険な夜の波にさらわれたのである。同年二月一五日にモアキャンブで開かれた死者の追悼式で、ジーナ・タン修道女はこのように述べた。「良い生活ができると思って彼ら/彼女らはこの国にやって来ました。まさか海に飲み込まれるとは思わなかったでしょう」[15]。典型的なイギリス人の習慣として貝や魚介が消費されているこれらの町は、排他的な国民文化や「白人の権利」の擁護者にとって新たな境界地帯になったのである。

難民は「物乞い」であるというイメージ、そして「暴力的な犯罪」に関わっているという思い込み。そこから生じる大衆の叫び声には憎悪と未熟な思考が含まれるが、メディアはそれをいつも利用する。大きくは次のようにいうことができる。亡命申請者は貧困基準よりも貧しい生活を送っており、商品とのみ交換可能なクーポンで最近まで生き延び、そして特定の地域にまとまって定住することができないように仕向けられた分散政策に服従している。その一方で、リベラル派あるいは左派の政治家でさえも、一九九七年以降労働党政府によって導入されたこれらの政策を、「より早く、より手堅く、より公平な」ものとして正当化しようとしている。二〇〇二年の政府白書によれば、「海峡トンネルを通ったり、トラックのコンテナに乗ってやってくる人々が侵略を企てているなどということの無意味さを」明らかにする必要があるという。なぜなら「それ自体が、いかにこの国にたどり着くことが難しいかをはっきりと示しているのだから」[16]。したがって、入国が困難なことは、人種主義的デマの錯乱を静めることになるというわけだ。このような国境のセキュリティはまた、命懸けの試みを売り買いするマーケットを生み出してもいる。それは、不法な輸送手段で小銭を稼ぎ出す密航業者や犯罪者の懐を潤している。

　二〇〇一年九月一一日の世界貿易センタービルへの攻撃以降、こうした状況に新たな層が付け加えられた。難民や亡命申請者のイメージは、政治的亡命者から事実上の犯罪者へと変わり、そして今ではテロリストとなった。捜査や監視のレベルは、電子指紋認識システムや「申請登録カード」、IDカードの導入によって著しく上がった。これは多くの点からみて、亡命申請を思いとどまらせようとする欧州レベルでの移民政策の合意の産物である。現在では新労働党《ニューレイバー》によって段階的に廃止されているが、論争を呼んだ「クーポン計画」の契約はフランスの企業ソデクソパス・インターナショナルと結ばれた。これはドイツにも同様のシステムを導入した企業である。

トニー・ブレア首相はお決まりのようにイギリスの「多文化的特徴」と誇り高き忍耐の伝統について語るが、新たな移民をめぐる「境界線の問題」と、国内の定住に関して生じる人種差別の問題とは明確に区別されている。表面的には別々にみえるこの二つの問題を結び付けて政治的に対応していくことは、新労働党の政策編成の中では受け入れられないのだ。帝国のナショナリズムの遺物はいまだ影響力を持っており、アイデンティティと市民権の議論についての基準点を与え続けている。実際に、国家と市民権の概念の中心にあるのは、私たちすべてに備わるヒトとしての存在のレベルと、市民という概念に具現化される特定の人間像との区別なのだ。

ジョルジョ・アガンベンによれば、ギリシャ人には人間の生を表す単一の言葉がなかったという。ギリシャ人は、生きているという単純な事実を表すゾーエ、「個人や集団に適した形の生」を指すビオス、という二つの言葉を持っていた。[17] アガンベンによれば、「生政治的身体」の生産が主権権力のそもそもの活動だという。アガンベンの分析は、主権の言語や市民権を通じて創り出される生と、彼が「剥き出しの生」と呼ぶものをはっきりと区別する。「西洋の政治学がもつ根本的な対概念は、敵と友ではなくて、剥き出しの生／政治的存在、ゾーエ／ビオス、排除と包摂なのである」と彼はいう。[18] アガンベンはまた、この剥き出しの生がどのようなものかを説明するために古代ローマ法から一つの人間像――ホモ・サケル――を引き合いに出す。これは、犠牲者として扱われることなく殺すことができる人間である。この概念には、グローバル化された世界で移動を余儀なくされる人々の条件と深く共鳴するものがありそうだ。

名前のある人々、名もなき人々

国境地帯で捕らえられる人々の物語の中にある絶望感に、私たちは思いを馳せる必要がある。ニューヨークやロンドンが攻撃されて以来、私たちはテロの犠牲者については多くのことを耳にしてきた。だがその一方で、自由の国へ入ろうと命懸けの挑戦を試みて死んでいく何千もの人々についてはほとんど何も知らない。これは実のところ、誰に名前が与えられ、誰に与えられないかという問題でもある。哲学者であり著述家であったヴァルター・ベンヤミンは、自身もナチスドイツからの亡命申請者であり、結局は許可を与えられず命を落とすことになったが、その最後のエッセイで次のように書いている。「名もなき人々の記憶を称えることは、有名人や著名人——詩人や思想家も例外ではない——の記憶を称えるよりも難しい。歴史を書くことは名もなき人々の記憶に捧げられる」(19)。

命懸けの密航者たちは、ロンドンのヒースロー空港の航路に沿って、文字通り空から落ちてくる。二〇〇一年の夏、ムハメド・アヤズという名の若いパキスタン人が、ボーイング777の着陸装置から転落。数千フィート上空から、ロンドン西部、リッチモンド郊外のホームベース駐車場に落下した。彼はその前日、バーレーン空港の暗闇を駆け抜け、飛行機のタイヤの上に開いているくぼみに入り込んだのである。ロンドン上空にたどり着くずっと前に彼は死んでいたのだ。また、キューバからイギリスへの密航を試みた一七歳のアルベルト・バスケス・ロドリゲスと一六歳のミシェル・フォンセカは、着陸装置から転落し、ロンドンのガトウィック空港から少し外れたサリーフィールドに落ちて死んだ。時には痕跡を残さずに落ちていくこともある。二〇〇二年の夏、ガトウィック空港近くのM25道路を運転していたあるドライバーは、人間の形をしたものが空から落ちてくるのを目撃した。遺体は発見されなかった。イギリスの「緑豊かで静かな大地」がそれを飲み込んだのである。密航者は空から落ちてくるだけではない。道端に死んでいるのが見つかることもある。二〇〇六年六月、エセックス州ウィザムのA12道路の道端に、密航者とみられる人物の遺体が発見された。他の二人は深刻な脱水症状だった。イギリスの夏の猛暑の中、トラックの荷台に詰め込んで密航させた売人が、彼らをそこに投げ捨てていったのである。[20]

その一方で、イギリスの病院は深刻なスタッフ不足に苦しんでおり、世界中から看護師と医者を求めている。二〇〇六年の段階で、イギリスの病院で働いていたり一般診療を行っている医師の三一パーセントが移民であり、国民健康サービスで働いている看護師の一三パーセントが外国生まれであるという。[21] 労働力不足は慢性的で、熟練労働者の国際的な移動は重要な緊急課題となっている。熟練労働者、とりわけ医師や情報技術系の労働者、科学者などをイギリスに移住させる試みとして、イギリス政府は高度熟練労働者プログラムを導入した。高い技術を持って国際的に働ける労働者の募集は、どの先進国でも生じている。二〇〇一年には、米国は専門職や熟練労働者に対する年間の受け入れ数を緩和し、七〇パーセントの増加を行った。また二〇〇〇年八月、ドイツ政府はグリーンカード・プログラムを導入し、それによって八六〇〇人のコンピューター系、技術系の専門家がドイツに移住した。[22] オーストラリアでも同様のことが生じており、ニュー・テクノロジーの分野で専門家を移住させる試みが行われている。

大きな緊張関係を孕むのは次のことである。一方においてイギリスの人口は高齢化し、自力での回復も望めないために、グローバルな人口の流入が必要とされている。だが他方において、移民の流入については誰も語りたがらないのだ。実際、「移民」という言葉は、これまで労働力の移動が人種的な記号を充てられてきたその遺産によって意味づけられているのである。イギリスは慢性的な技術者不足に陥っているが、それと同時に新労働党は、人種主義や移民の言説がいまだに持つ影響力を恐れて、移民の流入に関する議論を避けようとするのである。しかしその大規模な増加と労働力の必要性を隠すことはできない。

ロンドン市長が立案した二〇〇四年のロンドン計画は、「いくつかの移民に関するシナリオがあるが、それによればロンドンの人口は六九万人から九六万四千人の幅で増加するだろう。最も可能性の高い「中心的」なシナリオに沿えば、八一万人の増加となり、二〇一六年までにロンドンの人口は八一〇万人になるだろう」と示唆する。(23)おそらくこうした問題に踏み込む唯一の手段は、「移民」や「移住」という言葉を捨て、より意味の開かれた語彙を用いることだ。一つのありうる代替案は、労働力の国際的な備蓄の中でのグローバルな移動の必要性について語ることである。この移動は、流動的であって永続的ではないものだ。現在ではこのような観点からの発言が、非常に幅広い範囲で、様々な政治的意味合いを持ってなされ始めている。

二〇〇三年九月号の『エコノミスト』誌は見出し記事で移民と経済成長を論じたが、その結論とは、国際的なエリートの専門家だけでなく、非熟練労働者についても移民政策を緩和すべき経済的事情があるというものだった。「貿易と資本のグローバリゼーションから、グローバル化する人々の移動を切り離すことはできない」のである。[24] 故郷から離れて仕事を求めている人々を雇えば、コミュニティの定住者がやりたがらない労働の空白部分を埋めるという経済的利益があるというわけだ。二〇〇四年の欧州連合（EU）拡大以降、旧ソビエト連邦の八ヵ国から推定六〇万人の移民がイギリスにやってきたが、そうした感情はこれらの移民に向けられるものである。二〇〇六年、EUのさらなる拡大が目前に迫ったとき――それによってブルガリア人やルーマニア人がイギリスで働くことができる――、セインズベリやBPを含む新ヨーロッパ経済グループは、イギリス政府に対し移民制限への圧力に抵抗するよう要求する文書に署名した。こうした企業にとって、二〇〇四年の拡大がもたらした大きな成果は、イギリス経済において熟練労働者が不足している分野にそれを投入できたことなのである。世界最大規模の広告企業WPPのチーフエグゼクティブだったマーティン・ソレルは次のように述べた。「ポーランド人の配管工はイギリス人の生活の愛すべき一部になった。移民は労働市場の溝を埋め、経済成長を推し進めた」[25]。移民の自由な流動という論理に従うならば、このような経済的自由主義における自由貿易のレトリックさえ小さく見える。これらの企業にとっては、移動できる労働者がいるならば最も需要のあるところに移動させ、そこで労働力を売ることによって稼がせてやればいいではないか、ということにすぎないのだ。

『エコノミスト』誌は、国境を開放することには「政治的なコスト」が伴うことをしぶしぶ認めている。だがその問題は、同化主義的アプローチによって、そして必要ならばあからさまで意図的な差別によってうまく処理できるのだと論じる。

健全な政策への同意を勝ち取るには、最も経済的・社会的利益をもたらしそうな移民を選別することが必要かもしれない……またそれは、リベラル民主主義は嫌うだろうが、これから暮らすことになる社会に適した教育と文化を持っている人々を選ぶことを意味するだろう。ヨーロッパでは、白人でクリスチャンである中央ヨーロッパや東欧出身の人々のほうが、他の宗教的背景を持つ人々や、他の地域出身の人々よりも好ましいということである。[26]

ここでは明らかに、人種主義的な論理が公然と認められている。特定の国民や民族は白人イギリス人と近縁関係にあり、他の民族はそうではないというわけだ。これは結局のところ、中央ヨーロッパ人や東欧人を共通の、少なくとも共存可能な人種的系譜に位置付ける、白人性の論理なのである。しかしこのような未来像は実のところ現在の状況を表しているにすぎない。毎年イギリスには文字通り数十万人の経済移民が気づかれることなく入国している。ジャネット・ドブソンとゲイル・マクローレンの研究は次のように結論づけている。

一九八〇年代半ば以降、先進国からの移民は全体の約四分の三を占めている。一九九五年から一九九九年にかけては、ほぼ八〇パーセントである。一般的なイメージとは異なり、外国からやってくる労働者の増加に最も関与しているのは先進国なのである。特に旧コモンウエルス（オーストラリア、カナダ、ニュージーランド、南アフリカ共和国）とEU、そしてEFTA（アイスランド、リヒテンシュタイン、ノルウェー、スイス）である。[27]

こうした移動する労働者たちは「移民」に数えられないのだ。白人であるというマスクによって不可視になっているからである。

一九九五年から一九九九年にかけて二八万二千の亡命申請が行われたが、そのおよそ半分が却下されることになるだろう。その同じ期間、先進国からイギリスへの労働者の流入は三八万一千だった。二〇〇一年に政府は亡命申請が前年比一一パーセント減だと発表した。この下降傾向は翌年二〇〇二年には反転し、二〇パーセント増と発表された。しかしそれは増加傾向の始まりではなかった。申請数は下がり、二〇〇三年以降半減。二〇〇四年には三万三九三〇まで減少した。[28] 亡命の法的権利は、世界人権宣言の第一四条に「すべて人は、迫害を免れるため、他国に避難することを求め、かつ、避難する権利を有する」と明記され、一九五一年の難民条約においてさらに細かく定められている。だがこの権利は全ての人間の生を普遍的に保護するには至っていない。むしろそれは、市民権という政治的ビオスによって強調されるそれぞれの国家の贈り物であり、またその解釈は国ごとに大きく異なる。二〇〇四年には、ヨルダンのイラク人難民の九〇パーセントが条約で定められた地位を与えられたが、亡命を許可されたのは米国の五二パーセントに対し、イギリスではわずか〇・一パーセントだった。[29] 新労働党の戦略は、「いかにこの国にたどり着くのが（ある人々にとって）難しいか」をはっきりと示すことなのだ。

二〇〇五年にブレア寄りの雑誌『プロスペクト』は、多様性の限界についての討論を掲載した。この討論はもともと一九九八年に始まったもので、その口火を切ったのは保守党のイデオローグ、デイビッド・ウィレッツだった。彼によれば、当時のイギリスの政策編成の中心には「進歩的なジレンマ」があった。価値観の多様性、さらには彼のいう「文化」の多様性を進めていけば、イギリス人は福祉対策に税金を払おうとしなくなるだろう、と論じたのである。「これはアメリカ対スウェーデンの問題なのだ。もし共通の価値観を強く持つ同質的な社会であれば、スウェーデン式の福祉国家になれるだろう」[30]。今回の討論において、デイビッド・グッドハートは彼の結論を述べる際にそれを次のように要約している。「要するに、私たちのほとんどが同じ種類の人間を好むということだ」[31]。彼は、正確には誰が「同じ種類の人間」なのかという問題についてはぐらかそうとしているが、これは本質的には排外主義的な存在論に他ならない。それは新旧の人種的思考の遺産と強く結びついているのだ。「惨事の際のメディア報道における〝親近性の計算〟はよくばかにされる。イギリス人二人の死亡記事のスペースは、スペイン人の二〇〇人分、ソマリア人の二〇〇〇人分、というものだ。しかし、日常的に私たちは、自分たちの資源の再分配について同様の計算を行っているではないか」とグッドハートは続ける[32]。彼のような人物は、多様性が問題の原因だと主張するとき、あまりにもひどい歴史修正主義に陥っているのだ。ポール・ギルロイはいう、「ヨーロッパの植民地主義や帝国主義という過去が生み出した人種主義は、ヨーロッパという要塞へ移民が入る前から存在したのである。移民を問題にしたのは多様性ではなくて人種主義なのだ」と[33]。つまり、多様性が悪いのではなく、人種主義の遺産こそが親近性と共存を妨げているのである。

「親近性の計算」は自然状態とは関係なく、むしろそれは人種という記号のついたビオスを生み出してきた遺産なのである。そこでは国民が異性愛的家族の拡張として構築される。そうすると、「文化的多様性」は、何が同化されうるかの限界点を示す概念となってしまう。「統合（integrate）」という単語の語源は、「一つの全体」にするということである。この意味で、それは社会的全体性として「同じ」にされるということである。私が論じたいのは、別のやり方で一つの政治学を作り出すことができるのではないか、ということだ。ここでいわれる親近性とは歴史の産物であり、何かそれ自体で自然に存在するようなものではない。そのことをはっきりと暴き出すことのできる機敏な政治学が必要なのだ。

グローバリゼーションは膨大な人間の移動を生み出している。現在では約一億四五〇〇万人の人々が生まれ故郷以外の国で暮らしていると推定されている。一九七五年にはその数は八五〇〇万人だった。経済的、政治的な国際エリートは意のままに国境を超えることができる。だが、グローバルな人間の移動には深刻な不安が付きまとう。ジグムント・バウマンは、「金持ちはグローバルであり、貧しいものはローカルである」という。[34]

「世界の収入格差：どうすべきか？」という記事で、ロバート・ハンター・ウェイドは地球規模の不公平な富の再分配を指摘している。[35] 最も豊かな二〇パーセントが、世界の収入の八二・七パーセントを管理し、最も貧しい二〇パーセントはその一・四パーセントしか受け取っていないという。ハンター・ウェイドによれば、この傾向はさらに強くなっており、その結果世界は二つのゾーンに分断されるだろうという。その一つは「平和ゾーン」と呼ばれる（または相対的な平和といえるかもしれない）。これは主に、環太平洋地帯、北米、西欧を中心とした情報センターとなる地域である。こうした地域では、天然資源の採掘ではなく、技術イノベーションの追及が行われる。また、これらの地域はテロの標的にもなることを付け加えてもよいだろう。もう一つが、「混乱ゾーン」である。この地域では高まる人口比率によって生活必需品の入手さえままならないが、その一方で他人がメルセデスを乗り回すのを見る。ハンター・ウェイドはいう、「多くの人々は、豊かな地域への移住こそ唯一の解決策だと考える。そして少数の者は、強者の象徴となる中心地を狙った贖罪のテロリズムへと駆り立てられる」[36]。何が飛行機の着陸装置に身を隠すという無謀な行為に駆り立てたのかを理解するためには、私たちの世界を分断する極端な経済的二極化について考えなければならない。移住の恩恵の一つが富の再配分だということは明らかになっている。世界銀行の賃金支払いと定住システム委員会によれば、移民労働者による途上国の家族への送金は重要な収入源となっている。二〇〇五年には、そうした仕送りの総計は世界全体で二三〇〇億ドルに上ると推定された。ここには約一億七五〇〇万人の移民が含まれており、海外からの送金がGDPの三分の一にまで上る貧困国もある[37]。

『エコノミスト』誌は正しくも、「豊かな世界の国境を自由に移動し定住できるパスポートを持つ人々と、トラックの荷台に隠れたり、偽造文書を持ってしかそうできない人々の間の境界線」を強調している[38]。それがどのような事態を招くかはすでに述べたが、ポール・ギルロイがいうように、今もなお続く「帝国の地政学」が、大事に保護される生を送る人々と国境地帯の剥き出しの生との階層秩序を作り出しているのだ[39]。二〇〇一年九月一一日の三〇〇〇人の死は、愛国的なゲマインシャフトの働きと文明化された怒りにおいて記憶される。その日、同じく世界貿易センタービルで死んだ名もなく、記録されることもない移民労働者たちは、私たちに良心をもっと広げるように導いてくれる。そしてそれは、今日の移民の苦境と結びつくものなのだ。

写真1．3　ピーテル・ブリューゲルの『イカロスの墜落のある風景』（1558年作）。ベルギー王立美術館（ブリュッセル）の厚意により掲載。

ヨーロッパの国境で誰にも見られず、語られることもなく死んでいった三〇〇〇人以上の人々についてはどうなのだろう？　国境に呪われた者、そして空から落ちてくる者については？

イカロスの翼

ブリューゲルの有名な作品「イカロスの墜落のある風景」が描いているのは、一人の若者が海に落ちているが、人々はいつもの仕事に明け暮れているという情景である。畑を耕す者もいれば羊の群れを見守るものもいる。彼らは少年が空から落ちてくるという悲劇には無関心である（写真1・3）。ギリシャ神話では、イカロスは父ダイダロスが作った脆い翼をつけて幽閉されていた塔から飛び立つ。

解放感に満たされたイカロスは、父の警告を無視して太陽へと近づいていく。その時、翼の羽を固めていたロウが溶け、彼は奈落の海へと落ちていくのである。

ギリシャ神話をモチーフとしているが、この絵が描いているのは一六世紀の風景である。彼が生きていたのは、ヨーロッパ全土にプロテスタントに対する迫害が起きていた暴力の時代だった。彼の絵は他者の苦しみに対して無関心な風景を描いている。イカロスの足が海に消えようとしているさなか、農夫は下を向き、羊飼いはどこか遠くを眺めている。だがこの絵は、血なまぐさい宗教迫害が猛威を振るった約五〇〇年前のヨーロッパと同じくらい、二一世紀の現在にも当てはまるのではないだろうか。今日のイカロスは太陽の光では溶けそうもない金属の翼によって空を飛んでくる。だがその飛行は、ロウの翼に負けず劣らず危険なものだ。空からの墜落は、グローバリゼーションという白熱によって生み出されているのである。

ブリューゲルの絵によって、詩人たちは人間の無関心に思いを馳せた。一九三八年に詩人W・H・オーデンは「美術館」の中で「少年が空から落ちてくるという驚くべきこと」からいかに「すべてのものが背を向けるか」について書いている。[40] 同じく、アメリカの詩人ウィリアム・カーロス・ウィリアムズは、その詩「イカロスの墜落のある風景」の最後で、つとめて穏やかにこう告発している。

水しぶきは誰にも気づかれず
イカロスはそうして溺れ死ぬ[41]

この二人の詩人が警笛を鳴らしているのは、イカロスに対して背を向け耳を閉じていた市民たちの「積極的な無行動」についてである。明らかにこうした問題は、今日ロンドン上空から落ちてくる名もなき人々に対しても当てはまる。現代のイカロスは飛行機の着陸装置に身をひそめ、ガトウィック空港やヒースロー空港へと運ばれる。そして死体となって、クロイドンのルナー・ハウス上空を通過していくのだ。だがこうして悲しくも墜落する人々の物語は隠蔽されるか、ニュースの一場面として良心のスクリーンに一瞬映し出される程度である。

一九九九年八月二日、ギニアのコナクリ発520便は、ブリュッセル・ザヴェンテム国際空港に到着した。ビジネスマンや官僚、観光客を含む二〇〇人の乗客が長いフライトを終え、すぐに機外へと歩を進めた。午前一〇時一〇分、その飛行機への燃料補給が始まろうとしていたB―40ゲートのところで一人の空港職員が立ち止まる。何かの臭いを感じたのだ。彼は梯子を使い着陸用の車輪を調べた。彼が見たのは、ぶらりと垂れた茶色の細い脚だった。その足には青と白のサンダル。彼はすぐに空港の警察を呼んだ。そこには二人の少年の遺体があった。一人はヤグイン・コイタ、一四歳。もう一人は、フォデ・トウンカラ、一五歳であった。彼らのそばにはビニール袋が見つかった。そこに入っていたのは、出生証明書、学校の通知表、写真、そして手紙の入った封筒であった。

封筒には、ヤグインの手によってフランス語で次のように書かれていた。「私たちが死んだら、この手紙をヨーロッパのメンバーと役人の方々に渡してください」。彼らのメッセージはこのようなものだ。

ヨーロッパの閣下、メンバー、役人の皆様、
私たちはこの手紙を書くことをとても名誉に感じ、皆様に信を置いております。この手紙を通じて、皆様に私たちの旅の目的と、私たちの苦しみ、すなわちアフリカの子どもたちと若者たちの苦しみについてお話ししたいと思うのです。

しかしまず初めに、最上の敬愛の念をもって、また心からの敬意を込めて、皆様にご挨拶させていただきたいと思います。そこで是非、皆様に私たちを支え、援助していただきたいのです。皆様は私たちアフリカの味方であり、私たちが助けを求めるべき方々なのです。私たちは皆様にお願いしたいのです。皆様の大陸への愛、皆様の国民に対する思い、そして皆様がご自身同様に愛しておられるお子様方への愛情を、私たちに分け与えていただけないかと。さらに、私たちの創造主である全能の神の愛と忍耐強さを。神は皆様方に世界で最も美しく素晴らしい大陸を作り出すための十分な経験と富、権力を授けたのですから。

ヨーロッパのメンバーと役員の皆様、アフリカを救う連帯と労りを授けていただけないでしょうか。私たちは多くの問題と、子どもの権利についてのいくらかの欠点を抱えているのです。

私たちの問題とは、戦争や疫病、栄養不足などです。また子どもの権利については、アフリカや特にギニアでそうですが、多くの学校があるにもかかわらずそこでは教育と訓練が欠けているのです。私立学校だけが良い教育と訓練を与えてくれますが、それにはたくさんのお金が必要です。私たちの両親は貧しく、日々の生活がやっとの状態です。また、私たちにはサッカーやバスケットボール、テニスを練習するようなスポーツ施設もありません。

こういうわけで私たちアフリカの子どもと若者は、私たちが進歩するのに効果的な大きな組織をアフリカのために作っていただきたいと、皆様にお願いしたいのです。もし私たちが命を懸けその結果犠牲になっているのを発見されたなら、その理由は、アフリカにあまりにも多くの困難があり、そして私たちは皆様方にアフリカにおける貧困問題に取り組んでいただき、戦争を終わらせていただきたいということなのです。しかしながら私たちは勉強がしたいし、アフリカでも皆様のように勉強ができるよう手助けしていただきたいのです。最後に、私たちが尊敬してやまない皆様のような立派な方々にこのようなお手紙を書いた失礼を深くお詫びいたします。そして私たちがアフリカの弱さを嘆き悲しむのは皆様に対してしかないということをお忘れにならないよう。

ヤグイン・コイタとフォデ・トウンカラ(42)

この手紙は、富と機会の世界的分割をめぐる希望のスペクトルとも、またその人的コストの証明とも読める。しかしながら、それは単に過酷な境遇にある人々への同情を求めるという問題ではない。実際のところ、先のジジェクの言葉にもあるように、同情はそれ自体有害なものにもなりうる。リチャード・セネットは別の文脈で、人を傷つける同情について語っている。同情によって押し付けられるのは、それを与える人々は寛大であるとされ、それを受け取る人々には感謝することが強いられるという図式である。(43)ハンナ・アレントも同じような警告を発している。「同情が語られるのは、世界の中の苦しみを可視化し聞き取れるようにする表現主義的な音と身振りに、直接応答しなければならないときだけである」と彼女はいう。[44]したがって、イカロスの水しぶきや、頭上を通過するジェット機の音に気付くだけではだめなのだ。

いかに「移民の網目」が負債と感謝の関係を設定するかを考えてもよいだろう。そこでは、親切に難民を援助するのが良い「ホスト」である、と考えられるのがせいぜいだ。そして「移民」は感謝を表明することを強いられる。私にとって聞くのが辛いことの一つは、難民や亡命申請者との会合でいつもなされる感謝の表明である。その役割を演じたいと思っているかどうかにかかわらず、台本はすでに決まっているのだ。その一方で、私の心に鳴り響くのは、「ホスト」の国のいたる所で出会う「新たな余所者」に対する、人種差別的な不満の声である。

そろそろ人々のグローバルな移動について違った考え方をすべき時ではないだろうか。それを語るべき新たな言葉を練り上げ、また少なくとも、移民とホストの関係を作り上げている「移民の網目」を乗り越えようとする時がきたのではないだろうか。文化や金銭、音楽、さらに想像力さえもが物理的に動かずとも移動できる今日のグローバル化された世界で、いったい誰が移民ではないのか？　そして、もしすべての人が移民であるとすれば、逆に誰も移民ではないということでもある。こうした意味で、私は先ほどのジジェクの意見に共感するところがある。「不法移民」や「偽の亡命申請者」といった言葉が力をもって流通しているのは、まさにそれらが、誰が所属し誰がしないかの境界線を提供するからなのだ。ポール・ギルロイは次のようにいう。「移民という人間像は、まさに私たち――植民地後のヨーロッパ人、黒人と白人、不確定で分類不可能なもの――を人質にしている知的メカニズムの一部なのだ」と。[45]

そろそろ移動が常態であることの正しさを主張すべき時なのだ。だが同時にそこには難しい問題もある。それは単に、左派でもそういわれるように、国境を開放し「人々を働かせ」ればよいということなのだろうか？　このような主張の危険性は、故郷を追われ弱り果てた人々が資本によって搾取されてしまうのを、無条件で認めてしまうことになりかねないということである。右派の経済分析が同じ立場に至って、得意げに「移民はおそらく裕福な人々の生活水準を上げるだろうし（ここでは外国人のベビーシッターやウエイターが想定されているようだ）、資本への収益も上げるだろう（雇用者はよりフレキシブルな政策を熱望しているのだ）」などというのを読むと、本当に恐ろしくなる。(46) 人々の権利が流動化し、個人の不安が覆う世界において、移民規制の緩和を求める議論は、無節操で搾取的な利権のために機能するかもしれないのだ。しかしながら、やむなく故郷を離れた二一世紀の人々にとって、今より悪い状況を想像するのは難しい。密航から利益を得る人々、移民局の職員の無関心、敵意に満ちた街行く人種主義者。これらの犠牲となりながら、そうした人々はグローバリゼーションの最前線に立っているのである。

おそらく、一つの経済論理の中で表明される、よりリベラルな移民規制の議論が必要なのだ。それによって、国家が容認する国境での死を終わらせることができるかもしれない。先にみたように、国境における剥き出しの生は、犠牲となることなく殺害することができた古代のホモ・サケルとかわらないのだ。明らかに経済自由主義と「第三の道」は一つのことに同意している。それは同化主義のプロジェクトの必要性である。つまり、移民は社会一般と同じようにならなければならないというわけだ。この両者はともに、都市において色や音、香りが混ざるような表層的なコスモポリタニズムを称賛する。だがどちらも、市民権や所属の条件を決める人種と国民の相互関係を問おうとはしないのだ。これは最終的には人種的思考の問題であり、ヨーロッパの国民国家に引かれた境界線を越えようとする人々に特権的なパスポートを与える白人性の問題なのである。

結論　空を見上げる

悲劇的な密航者の死体を運ぶジェット機が、クロイドンのルナー・ハウスとアポロ・ハウスにある移民・国籍管理部のオフィス上空を通過する。飛行機から落ちる前に、その死体は物理的にも、比喩的にも「移民の境界線」を越えていくのだ。こうした厳格な建物の中では、亡命というシステムの圧力が激しく感じられる。だがそのビルの名前は、宇宙飛行を称えるものである。『デイリーメール』紙や『デイリーエクスプレス』紙の見出しがデマを流すたびに、それはルナー・ハウスの中の政治的圧力や対応となって表れる。そうした状況の皮肉は、二〇〇五年総選挙キャンペーンの期間中に移民についての辛辣な議論が盛り上がったが、政府がとっていた政策は実はそれまでもずっと厳しく妥協を許さないものだったということだ。亡命申請が拒否された人々の国外退去は一九九七年以来倍増していたし、二〇〇四年には子どもを含む一万二〇〇〇人が強制帰国させられた。現在、未処理のまま第一次決定を待っている申請者は一万人以下で、この一〇年で最も少ない数字である。それが良い決定である限り、決定は早いに越したことはない。先行きが不透明なまま待たされるのも、現在のシステムが申請者に与えている苦しみの一部である（写真1・4）。移民と亡命申請者に向けられる大衆の悪評は、逆説的にも私たちのただなかの余所者について語られる言葉ではない。むしろこのレトリックは、「私たち」の姿が国民的・地域的にどのような形をとっているか、とっていくのかをめぐるものなのだ。

写真１．４　待機。著者撮影。

　移民についての大衆の喧騒の中で、注目すべき物語はその一部を覆い隠されてしまう。移民・国籍管理部は必ずしも楽しい職場ではないだろう。亡命申請を迅速に処理させようとする政治的圧力によって、たびたび間違いが起こる。二〇〇四年に独立の審査官は亡命申請の二〇パーセントを支持したが、書類やパスポートの紛失はいつものことで、判決を待つ申請者たちは大きな不安を抱えている。ＩＮＤの職員は周囲からの圧力を感じ、公務の中で最もスタッフの自殺が多い部署だという評判である。移民部署の職員さえも、Ｃ・ライト・ミルズが論じたような閉塞感を感じているのだ。[47] ルナー・ハウスで申請者の対応をしているある職員は、この不完全なシステムのために「不安でイライラし、モチベーションが保てない」という。「申請者に接するときに、不親切に振る舞わねばならず、助けてあげることもできない」から、彼女は落ち込んでしまうのだ。移民サービスの作業過程に不満な活動家やコミュニティの人々は、「南ロンドン市民」という組織を立ち上げた。その活動初期のミーティングがロンドン大学ゴールドスミス校で開催されたこともある。二〇〇四年九月、メンバーたちはルナー・ハウスの立ち入り調査を行うことを決定した。本章の初めに記述したのがそれである。またそこでは、移民局の職員と亡命申請者の双方から証拠を集めるという素晴らしい判断がなされた。ある会合では特別な瞬間があった。込み合った部屋の中で移民管理官が立ち上がり、ルナー・ハウスの失態が引き起こした窮状への対処を求めて集まっていた人々に謝罪したのである。一つの謝罪があったからといってその機関のカフカ的な作業過程が変わるわけではない、と皮肉屋ならいうかもしれない。だが、その調査は政府を追い込み、事態に気付かせたのである。実際のところ、南ロンドン市民グループが実現したのは、かつてエドワード・サイードが「その時代の国旗や戦争が与えるものとは異なるアイデンティティの実践」と呼んだものだと私は考えている。(48)

しかしながら、ルナー・ハウスの職員と利用者との同盟関係は長くは続かなかった。そして、IND職員の主要な代表機関である公共商業サービス組合は、「苛酷な移民法に関する政治的な決定」への責任を負わされるという職員の不安と恐怖を理由として、その調査に対する口頭あるいは書面での資料提供を拒否する決定をした。(49) 職員たちは、自身の経済的幸福と、そのシステムが性格上引き起こす悲しみや苦悩をめぐって、複雑な立場に置かれている。もちろん仕事を楽しみ、その職によって得られる生活を経済的・社会的に享受するIND職員もいる。また、職権を乱用する移民管理官がいることも明らかになっている。『オブザーバー』紙がルナー・ハウスの潜入調査を行い、移民管理官ジェームズ・ドウテが一八歳のタニヤというジンバブエ出身の女性に対し、セックスと引き換えに亡命受理の手助けをすると約束したことがわかったのだ。『オブザーバー』紙のウェブサイトで公表された映像やテキスト、携帯電話の証拠は、二週間にわたってその女性が――彼女

写真１．５　ルナー・ハウスには壁が立てられ視界が遮られる。著者撮影。

は祖国で強姦の犠牲者だった——手助けを押し付けられる様子を明らかにしている。ビデオカメラは彼女の証言者となった。東クロイドンのヌードルバーでは、ドウテの思惑がテープに収められた。「私はとても誠実だから約束を守るよ」と、彼はタニヤを説得しようとした。彼はホテルを予約し、まだ半信半疑なタニヤに向かってこう言ったのだ。「二人きりになったら話すよ。どうせセックスをするんだから」[50]。

もちろんこうした職権乱用の事例は極端なものだ。しかし私がいいたいのは、ＩＮＤというシステムの構造の一部として組み込まれている不公平と脆さが、こうした事件を生み出したということである。ルナー・ハウスの訪問者には二つの入り口が用意されている。「管理移民」部局は、正面のドアから訪問者を受け入れる。列に並んでいる人々の光景は、壁によって外の視線から遮断される（写真１・５）。そのビルに入っていく人々は空港のパスポートコントロールにも似た安全チェックを通過する。その一方で、亡命申請者たちは裏の簡素な入り口からビルへと入る。つまり、こうした訪問者たちは別々に取り扱われ、それは「管理された」人間存在と「必要のない」それとの分断を強めているのである。ビルの中では、訪問者たちは移民ホールの床に据え付けられた金属の椅子に座って順番を待つ。移民管理部の職員は透明なガラスの壁の向こう側に座る。二〇〇五年六月、私もその一員だった派遣団を案内しながら内務省高官がこんな冗談を言った。椅子が床に据え付けられているのは、申請者がガラスに向かって投げないようにするためなんですよ、と。こうしたあけすけな場所で、訪問者たちは亡命申請の説明をしなければならないのだ。だがそこは、祖国でのレイプや拷問、暴力といったトラウマ的な経験を含む繊細な話を聞けるような場所とはいえない。その調査に証拠を提供してくれた一人の学生は次のように述べた。「聞き取りを受ける人の席は、話を聞く職員の机からあまりにも遠く離れていました。話を聞いてもらおうと思ったら、椅子の一番前に座り、身体をできるだけ前屈みにするしかありませんでした。もし私よりちょっとでも背が低かったら、座ったままでその職員に話を聞かせることはできないと思います」[51]。申請者は文字通り席の端にいるわけだ。このシステム全体の根っこにあるのは、人間の移動は問題だという考え、そしてもし国境を横切るならばその人物は問題であるという考えである。しかしまた同時に、人々の移動は必要不可欠な生の事実である。政府と内務省を大いに当惑させたのは、「不法移民」がＩＮＤのオフィスの掃除に雇われていたことだ[52]。

移民サービスに関する論争が大きくうねる中、内務大臣ジョン・リードは二〇〇六年五月の国会特別委員会で次のように述べた。「私たちのシステムは目的に合致していない。その範囲に関しても不適切であるし、情報技術やリーダーシップ、運営システムや手続きについても納得いくものではない」[53]。こうして公に認められているにもかかわらず、グローバルな移動の必要性について、あるいは二一世紀の人口移動の複雑さを踏まえた人間的な移民システムを構築するためのインフラ投資について、公共的な討論が行われる兆しはまだほとんどない。

しかし、「南ロンドン市民」の調査は一つの風穴を開け、グローバルな感受性の発達を示唆するものである。ジグムント・バウマンはいう。「全てのコミュニティは想像されるものである。世界共同体《グローバル・コミュニティ》もまたその例外ではない……」[54]。同じくポール・ギルロイは〝地球的《プラネタリー》〟という概念によって世界共同体の感覚を再想像する方法を提示している。その概念は、移動の感覚と世界的な範囲の両方を含みこむものだ[55]。私が訴えたいのは、〝地球的な所属《プラネタリー・ビロンギング》〟の意識が現れることへの希望である。もちろん、これを書きながらも、それが非常に弱く響くことは自覚している。ジャン・アメリーによれば、私たちみなが身体の中に持つ唯一の普遍的な要素は、時間だという。「時間はいつも私たちとともにある。ちょうど空間が私たちを取り囲んでいるように」[56]。呼吸の一つ一つ、心臓の一拍一拍において私たちに積み重なっていくこの時間感覚こそ、地球的な所属という共通感覚の拍子を、私たちに与えてくれるのかもしれない。世界的な時間の感覚は、普遍的な人間性という決まり文句に訴えることなく、今を生きていくことの共通の脆さを私たちに伝える。私たちはこの共通のグローバルな時間感覚をそれぞれ生きているが、それは世界中に散りばめられた、想像できないほど多様な視点から生きられているのである。

空を見上げるとそこに何が見えるだろうか？　それは窓だろうか、それとも鏡なのだろうか？　もし鏡だとすれば、それは、私たちのイメージを、国民の偏狭な関心事を、単に映し出しているのだろうか？「私たちの頭上にある空は、もはや自国のものではない」とプリーモ・レーヴィはいう[57]。空を見上げると、もう一つの誘いがそこにあるのかもしれない。飛行機雲によって描かれたグローバルな道のりの、屈折したり逸れたりした痕跡が、地平線に向かって伸びているのを見ることができるのだ（写真1・6）。私たちがグローバル社会学の範囲を見出す場所がそこにある。地球を一つの全体として感覚できるのは宇宙からだけであり、おそらく空をじっと見つめるときにこそ、私たちは真にグローバルな人間社会のイメージをつかむことができるのではないだろうか。

もちろん単に目を空に向ければいいということではない。グローバル社会学の仕事は、個々の人生とそこに生じる問題を、よりマクロな世界的、社会的、歴史的諸力との関係において捉えることである。グローバルな過程から街角の口論へ、一万三〇〇〇フィート上空のジェット機からそのはるか下のタウンホールで行われている会合へと焦点を絞るとき――それはグローバリゼーションの名もなき犠牲者の墜落していく死体が橋渡しする距離だ――、私たちはグローバル社会学の規模を見出すのである。この一見不気味な出来事は、いかに深いレベルで所属と移動が移民の境界線によって規制されているかを示してくれる。私はここまで、「移民／ホスト」の網目を通じた人間の移動の概念が、国境地帯における剥き出しの生の運命を少なからず左右していると論じてきた。ポール・ギルロイがいうように、私たちは「不法移民」や「偽の亡命申請者」のイメージにいまだ取りつかれている。それを打ち破るために必要なのは、帝国と人種主義の遺産に正面から向き合い、それが移民をめぐる政治論争に

写真1．6　「空はもはや自国のものではない」。ジェット機はクロイドンの移民局上空を通過していく。著者撮影。

与える影響を真剣に考えることである。ここでの社会学の仕事は、その論争で何が前提とされているかを明らかにすること、現在のシステムの偽善と二重基準を指摘すること、そして無視されているものへ関心を向けることである。次章では、全く異なる角度から人種主義の遺産と所属の問題について考えていく。そこで扱われるのは、人々が人種的な融合と分断を通じながら都市の風景の中で定義され、またそこに位置づけられるあり方である。若者たちがロンドンの安全な場所と危険な場所をどのように通り抜けているかに焦点を当てながら、ホームと所属の感覚が、驚くべき、しばしば反直観的な方法で交渉され、再構成されていることを論じていく。本章では国境に注目したが、次章で理解しようとするのは、大都市の風景の中で生じる人種主義と多文化の相互作用、そしてその結果として引かれ、またかき消される境界線である。

第二章　家から離れたホーム(1)

人々は、とくに若者たちは、どのように町をホームにするのだろう。都市の様々な空間は、どのように肌の色による排除が行われる場として認識されるのだろう。そしてその境界線を越えることには、どのような危険が伴うのだろう。美しい回想記『キルバーンの奥から』において、ゲイル・ルイスは彼女が生まれ育ったロンドン近郊を、「行ってはいけない場所と行ってもよい場所のパッチワーク」として描いている。(2)そこには人種主義者もおり、時に危害を加えようとすることもあるが、一人の若い黒人女性がその殺伐とした街路をうまく通り抜け、それを安全なものに変えるやり方をルイスは描いているのである。「私はこの碁盤のようになったオンオフの境界線をうまくやり過ごしたし、それが辛いと思ったことはなかった。避けなきゃいけなかったのは、ギャングたちと、自分たちの縄張りを黒人から必死に守ろうとする人々だけだった」。(3)つまり、彼女は頭の中にその地域の特別な地図を持っていたわけだ。それによってその地域を理解し、居心地の良い場所とそうでない場所を行ったり来たりしたのである。

人種主義とは、空間的・領土的な権力形態である。それは縄張りを主張しそれを厳格に守ろうとする。しかし人種主義はまた空間上にイメージを投影するため、今度はそれぞれの場所に人種的な連想と属性が与えられるのである。「ブリクストン」や「ハンズワース」、「サゾール」といった地名の記号には、人種的に意味づけられた風景が伴う。それはエキゾチックにも危険なものにもなりながら、人種主義の地理学のA―Zのように機能するのだ。(4) こうした意味で、人種主義は地図を描く。それは場所を語りつつそれを生み出していくのである。だが、ゲイル・ルイスが示したように、場所の明暗は単純なものでも一面的なものでもない。別の物語が語られるとき、所属と安全さ、危険さをめぐる新たな地図が描かれるのである。地区とは、それについての物語が語られながらこうして作られ、また作り直される。フランコ・モレッティはこの過程が逆向きにも機能すると指摘している。「ある特定の空間がなければ、ある特定の物語は不可能である」と彼はいう。(5) こうした物語には、複数の結果が伴うものだ。というのも、それは社会的風景を開示し、潜在的な活動や行為を可能にするからである。本章の目的は、現在のロンドンにおいてこのような過程を解釈することと、そして、とりわけ若者たちが都市の空間をどのように表象し、そこに住んでいるのかを聞き取ることである。

イタロ・カルヴィーノの『見えない都市』では、物語の終わりに主人公は次のようにいう。

生あるものの地獄とは未来における何ごとかではございません。もしも地獄が一つでも存在するものでございますなら、それはすでに今ここに存在しているもの、われわれが毎日そこに住んでおり、またわれわれがともにいることによって形づくっているこの地獄でございます。これに苦しまずにいる方法は二つございます。第一のものは多くの人には容易いものでございます、すなわち地獄を受け容れその一部となってそれが目に入らなくなるようになることでございます。第二は危険なものであり不断の注意と明敏さを要求いたします。すなわち地獄のただ中にあってなおだれが、また何が地獄でないか努めて見分けられるようになり、それを永続させ、それに拡がりを与えることができるようになることでございます。(6)

ここでいわれている地獄とは、様々な容れものと区分、そして憎しみと暴力の碁盤目からなる都市に類似している。それは傷ついたホームなのだ。私が以下に記述する若者たちが使う戦術は、避難や所属が空間と結びつく契機を示している。こうした契機は政治的なマニフェストや、ストリートからの学者ぶった要求に還元することはできない。むしろそれは静かな変容を、そして差異とともに、差異を通じて生きることが実現されている束の間の瞬間を示しているのである。別のいい方をすれば、そこでは、耐え難かったかもしれないものが耐えうるものへと変容されているのだ。子どものころの経験を振り返りながら、ハニフ・クレイシは、「私にとってロンドンは快楽と狂気が混ざる地獄になった」という。(7) ロンドンは自由の快楽を追及しうる場であると同時に、憎しみ、ノイローゼ、恐怖症によって分断された都市なのだ。

以下は「家路を見つける・プロジェクト」から事例をあげて論じていく。このプロジェクトは一九九六年に始まり、ロンドンの二つの地域――デットフォードとアイル・オブ・ドッグズ――に焦点を当て、若者たちがどのように都市の空間を通り抜けているか、そして若者たちがこのコスモポリタンで多人種的な都市を、どのように自分のホームにしているかを調査したものである。アン・フェニックスは次のように論じている。今日のイギリスの現実は多文化的な未来に向かって不規則に漂っており、文化を横断する開放の契機と多文化的な対話は、全く新しい分断やかつての憎しみと並んで存在している、と。カリブ諸島からイギリスに植民地市民の移民を運んできたエンパイア・ウインドラッシュ号の到着五〇周年を念頭に置いて、彼女は「多文化や多人種の矛盾と複雑性は、ウインドラッシュ号の重要な遺産である」という。(8)

ロンドンが多文化でコスモポリタンな都市であるという事実はいまや疑いえないが、そこに保証があるわけではない。人種主義の矛盾や共約不可能性の中で生きている人々の生を私たちはどのように理解できるだろうか。私たちがよく探し、耳を傾けるなら、批判的な開放の契機は見出されるだろう。問題は、これがどのように達成されるのか、そしてこのプロセスを見たり聞いたりするとき、私たちはどのようにそれを認識することができるのか、ということである。

解釈から対話へ——家路を見つける・プロジェクト

民族誌の権威に対する批判が生じ始めたとき、ジョージ・マーカスは次のように論じた。全能の「目」という特権的な立場から文化を語ることをやめ、特定の立場に置かれたその民族誌家の「私」の視点から文化を説明することが必要である、と。(9) すなわち、彼は「観察者という人物像を作り直す」ことを提案したのである。(10) 彼はまた、「すべてわかっている」といったリアリズムの記述スタイルがもつ権威を捨てるか、あるいは少なくとも揺るがすこと、そして（「本当は世界はこのようにできている」というような）高尚な解釈ではなく、対話に向かっていくことを提案する。私たちは「家路を見つける・プロジェクト」で、若者たちにいろいろな技術と機材（写真・ビデオ・地図）を与えて自分たちの生活を観察し、それを語る（音声日記やインタビュー）ように依頼したが、それにはこのような目的があった。この対話的な表象の実験は一年にわたって行われた。この調査で分かったことを論じる前に、その方法論について記述し、調査が行われた二つの地区の背景をいくらか説明しておきたい。

このプロジェクトは、フィル・コーエン、マイケル・キース、タミナ・モーラ、ティム・ルーカス、サラ・ニューランズ、ランド・プラットとの共同研究として一九九六年に開始された。私が以下に用いる資料の多くはこの共同作業の中で生み出されたものである（本書でこれらの資料の使用を許可してくれた同僚たちに感謝したい）。もちろん、以下に論じる解釈とその欠点についてはすべて私の責任である。この研究の執筆と分析の中で、私は次の二つのことを意識した。一つは、たとえそこに不平等があるとしても、対話的な姿勢を保持すること、もう一つは、若者たち自身が生み出した表象の中で示されていることについて批判的に洞察・考察しようとすることだ。この研究は一三歳と一四歳の若者たちを対象とした。民族誌はカメラやテープレコーダー、ビデオカメラなど複数のメディアを用いたもので、ロンドン南部デットフォードとロンドン東部アイル・オブ・ドッグズそれぞれの学校の九年生のクラスの若者たちを対象とした（図2・1を参照）。

図 2.1　デットフォードとアイル・オブ・ドッグズ。GooSystem Global Corp の厚意により掲載。

この両地区はテムズ川を挟んだ両岸で近接しているが、それぞれに異なる形で多文化状況が形成され、またそれに伴う大衆の人種主義が生じてきた。こうした理由で私たちはこの両地区を研究対象とした。川の南岸にあるデットフォードはかつてのロンドン港湾地帯である。大英帝国の貿易と拡大に古くから結びつき、まさに東インド会社が設立された場所でもある。そして大衆の人種主義が台頭したのもこの地区なのだ。

一九四八年、全国海員組合はイギリスの船舶で黒人を労働させないよう扇動した。一九四〇年代から五〇年代にはすでに植民地からの移民はこの地域に定着しており、地元の人種主義者たちからの嫌がらせや暴力に苦しんでいた。一九七七年、この地域で極右による有名な行進が行われた。また一九八一年にはこの地区のすぐ南にあるニュー・クロスで火事が起こり、一三人の黒人の若者たちが死亡した。こうした出来事に対する反対運動が盛り上がった結果、今ではロンドンのこの地域に人種主義者はおらず、デットフォードは調和的な多文化地区であるという認識が生まれている。ある住民はこう述べた。誰も消したわけではないのに色褪せてしまった国民戦線が壁に描いた落書きが、この街ではもう人種主義のグループが衰退していることをよく表している、と。一九九一年には約三万人の人々がこの地区に住んでいたが、そのうちの二八パーセントが「エスニック・マイノリティ」出身だとしている。その二八パーセントの人々は自らを黒人――カリブ系黒人、アフリカ系黒人――として認識し、その他にアイルランド系が約四パーセント、中国系も四パーセント、そしてパキスタン、バングラディシュ、インド出身者が二パーセント弱となっている。(11)

一方、アイル・オブ・ドッグズはテムズ川北岸から突き出す涙の形をした半島である。その名前の起源は分かっていないが、それについてたくさんの神話がある。一六世紀にヘンリー八世が狩猟犬を飼っていた場所だという説もあれば、さらに中世の狩猟旅行にまで遡る説もある。ある狩人が殺されて狩猟犬が徘徊し、その亡霊が今もその土地に取り憑いているというものだ。いずれにしても、ロンドンが帝国の都市となり、西インド・ドック会社が建設されると、この半島地区は帝国の港湾の中心となった。こうした痕跡はその風景の至る所にある。多くの地名が海事に関連しているのだ。この地域について興味深いのは、グローバルな歴史的つながりを持っているにもかかわらず、そこには強い地域性と島国根性のようなものがあるということだ。

一九九一年の国勢調査によれば、アイル・オブ・ドッグズの人口は約一万一千人だった。民族的内訳は、白人が七八パーセント、アフリカ系・カリブ系黒人が六パーセント、バングラディシュ系（多くはベンガル系）が八パーセント、インド・パキスタン系が一パーセント、中国・ベトナム系が三パーセントであった。戦後になると、その「島」に取り憑いた中世の狩猟犬の亡霊に代わって、一連の新たな民衆的悪霊が登場することになる。フィル・コーエンの研究がよく描いているが、この地域はまた、国民と人種のポリティクスが演じられる縮図だと考えられてきたのだ。[12] クリス・ハズバンズはその重要な研究において、イーストエンドの人種主義は地域的な人種主義のカタログのようだと論じている。一九〇五年の外国人法（イギリス初の移民規制）の制定に口火を開いたユダヤ人差別。戦間期におけるオズワルド・モズレー流ファシズムの扇動。一九六八年にエノック・パウエルが行った「血の川」演説への港湾労働者たちの支持。そして一九八〇年代のバングラディシュ系コミュニティに対する非難・攻撃の高まり。こうした人種主義は最終的に一九九三年のイギリス国民党候補者デレク・ビーコンの当選で頂点に達する。[13] この当選はロンドン東部に文化的に根差した人種主義をよく表しているという人もいる。

つまり、デットフォードという地区は多文化的に変容し、そこに調和が生まれる中で「人種問題」が解決された場所だといわれ、その一方で、アイル・オブ・ドッグズは堅固な人種主義の要塞だといわれているのだ。そこでこの調査は、二つの地域のこうした表象によって、人種主義と多文化を理解することが本当に妥当なのかを、若者たちの認識を見ることによって確かめようとするものだった。この研究に参加してくれたのは、四二人のデットフォードの若者たち（女子二三人・男子一九人）と四七人のアイル・オブ・ドッグズの若者たち（女子二七人・男子二〇人）である。この若者たちは各地域の民族集団の多様性を反映している。

参加者の民族的背景は次のようなものだ。白人イギリス人が全体の三八パーセント（女性一八人・男性一七人）、アフリカ系・カリブ系黒人が一七パーセント（女性八人・男性九人）、南アジア系が一八パーセント（女性一〇人・男性八人）、中国・ベトナム系が一六パーセント（女性一〇人・男性八人）。それに加え、両親の民族的出自が異なる若者が二パーセント、そして南米出身の両親を持つ女性が一人であった。この学校の民族誌は、このプロジェクトに参加した四人の調査員によって主に最初の一年間で実施され、調査は一九九八年に終了した。

この四人の研究者は一年を通して集中的に学校での調査を行った。フィールドノートをつけ、アイル・オブ・ドッグズではいじめ対策にも協力するなど、学校の活動にも参加した。調査実践としては、単独かペアでインタビューが行われた。この調査の成功の一つはマルチメディアの方法論を用いたことである。それによって若者たちは、安全な場所と危険な場所を描き出すのに、写真や筆記、芸術作品、地図、ビデオなど様々な方法を使うことができたのだ。この調査で生み出された資料は、テープ録音されたインタビューが二五〇時間分、ビデオ録画が一一時間分であった。資料についてまず興味深いことは、どのメディアを使うかは若者たちに任されていたため、彼ら／彼女ら自身がどのメディアが最も使い易いかを見つけることができたということである。写真がよかったという者もいれば、自筆の記録やオーディオ日記の録音が一番よかったという参加者もいた。以下は、この調査で行われた写真撮影の実践と視覚的なレベルの資料を中心として論じていく。

「若者のギャング」と「大口をたたく」地域愛

公共の安全性をめぐる多くの議論が当然のように前提としているのは、「問題を起こすのは若い男だ」という考え方である。都心部にいる男性の若者たちは、ストリートで犯罪や暴力に関わる都市の厄介者だと考えられている。こうした若者たちはニュースの中で、「ギャング」や「フーリガニズム」、「人種暴動」の記号として見世物的に〝登場〟するが、実際には彼らが語ることはほとんどない。彼らは見られるが聞かれないのである。学問的な議論は、こうした描き方が本当に現状を映し出しているのか、また、彼らが生み出すモラル・パニックは実のところ他の場所に起源があるのではないか、という点をめぐってなされてきた。[14] 一九九七年以来、労働党政府が示した政策要項は、この常識的立場をそのままとることはないにせよ、そのレトリックをいくらか逆説的に用いることによって、議論のあり方を幾分変化させてきた。犯罪と反社会的行動に対する〝容赦なし《ゼロ・トレランス》〟の政策をとることで、抑制できない若者たちをめぐるモラル・パニックに対応しようとしたのである。

トニー・ブレアもまた若者の反社会的行動の問題を人種主義への対策と関連づけたのだが、とりわけ黒人少年スティーブン・ローレンスの殺害とその調査の後がそうだった。一九九八年九月の労働党大会において、彼はこの二つの問題をはっきりと関連づけた。

明日から、学校をずる休みした子どもは捕まることもあるし、通りに一人でいたら外出禁止にされることもあるでしょう。親は自分の子どもの行動に責任を持たなければなりません。四月から、反社会的行動には法廷と罰則が待っているでしょう。想像力を示し、私たちが犯罪には容赦なく対処することを支えてください。才能にあふれた一人の黒人生徒が人種主義者の暴漢たちによって殺されました。スティーブン・ローレンスの名前は知られるようになりましたが、それは彼の殺害をめぐる裁判のためではなく、むしろなぜそのような殺人者たちが街を自由に歩いていたのかを調査したからです。単に悪事が起こったのではありません。この国を強くするために必要な礼儀正しさと尊厳の絆が弱まっているのです。私たちは共に結束しましょう。(15)

政府の対策は〝リスク〟管理に焦点が当てられている。犯罪が起きやすい場所や危険な地域を特定し、そこにいつ誰がいるかを監視すること、また、子どもに門限を設定し、安全な空間とはどのようなものかを示すことが、その政策である。こうして、高度に〝ローカル化された〟ミクロな公共圏は、取り締まりと自制というかなり抑圧的な形で、新たな国家介入の焦点となるのである。またその一方で、根本的に性質の異なる様々な社会問題に対して、「コミュニティの結束」のような共同体主義的なレトリックを使っておけば何か問題が解決するかのような風潮が生まれた。そこでは白人の人種差別主義者が振るう暴力も、エスニック・マイノリティの若者の一部が周縁化されることも、そして「黒人の黒人に対する」暴力も、すべて抑制のきかない若い男たちという、根っこの同じ問題として認識されてしまうのだ。

一方で若者たちはどうかといえば、時として政策エリートの語彙を借りることもあるとはいえ、自分たち自身のやり方で語ることも心得ている。それは自分たち自身で描いた風景の中の立ち位置によって構造化された方法である。男性の若者たちは公的な討論の舞台に登場はするが語らない。けれどもその一方で、若い女性たちはそこに登場さえしないようだ。実際のところ、コミュニティの結束とか強いコミュニティといった言葉は、男性と女性それぞれにまったく異なる影響を与え、公共圏やより広くは政治的領域へのアクセスに関するジェンダー的な不平等を再生産するのである。アイリス・マリオン・ヤングは、自分が属するとされるコミュニティによって人々が拘束されてしまう「全体化の衝動」について論じている。そのような力のもとでは、コミュニティという言葉は「それぞれの主体の中にある、あるいはその間にある差異を否定する」のである。[16] そこで彼女は都市を特別な場所だと考える。それは「同化されない他者性」に開かれた、オルタナティブな差異の劇場だというのである。[17] もっと卑近なレベルでは、ここで述べられるような多文化的文脈においてコミュニティの重要性を説いたとしても、それは大人の権威が地域の中で行使されたり、政府が認可した組織によって行使されたりするようなことでしかないかもしれない。若者たちが描く表象の中に映し出される状況は、現在の政策論争が示すよりも複雑なものである。デットフォードとアイル・オブ・ドッグズという二つの地域で若者のギャングたちがどのように語られるかを見ると、そのことがよく分かるだろう。

デットフォードでは、若い男性のギャングはロンドン南部全体にそれぞれの縄張りを持って散らばっていると考えられている。ギャングの話題には事欠かないが、インタビューを受けた若者たちでギャングと何らかの直接的な関係があったのはわずか三人であった。よくあがったのが、主に黒人の若者たちが人種主義への対抗として最初にギャング集団を形成した、という意見である。これらのギャングは大多数が男性であったが、少数の女性メンバーもいた。ギャングたちは、「ゲットー・ボーイズ」、「デットフォード・メン」、「ブリクストン・ユース」といったように、シンボルとして土地の名前を付けていた。ストリートで黒人が犯罪に関わるといった大衆的なイメージや、「強盗《マギング》」をめぐるモラル・パニックとつながる人種主義的な地図の刻印をある程度担っていたのである。だが、このように空間化された刻印を用いるのは、その人種主義的な連想をあらためて意味づけなおす試みでもあった。何人かの白人の若者たちの説明では、ギャングは不安と恐怖を撒き散らす話題だと考えられていた。しかし同時に、例えば「黒人の強盗」といった言い方によって、こうした感情を人種的に定義したり、それに具体的な仕方で焦点を当てたりすることには躊躇いが見られたのである。あるインタビューでは白人の少女がギャングの怖さについてとても恐ろしそうに語ったが、最後に何か言いたいことはないかと尋ねると、少し考えて次のように答えた。「うん、ギャングのことかな。ほとんどが黒人の男の子だっていうのは本当。でも、黒人だからそうなったっていうわけじゃないと思う」。

特に少年たちにとっては、こうしたギャングの刻印の象徴的な性質は、場所の感覚と、その場所に対するアイデンティティを主張することに結びついていた。自分は「ゲットー・ボーイ」だと主張するとき、そこには好ましいアイデンティティの空間があり、そしてその場所が自分のものであるという資格が主張されていたのである。「ゲットー」と呼ばれていたのはニュー・クロスのミルトン・コート住宅地周辺で、一人の少年は「今ではゲットー出身だということが名誉なんだ」といった。人々がその土地について持つ一般的なイメージを自分のプライドの証としてあらためて意味づけ直すとき、人々や土地を犯罪と結びつける人種主義の地図の座標に変化が生じる。都市の中心地域は人種主義の恐怖とスティグマが描き込まれるキャンバスであるが、おそらくここでは、そうした描き込みが自分たち自身に向けて行われているのである。つまり地域愛は否定的な都市イメージに対する反応であり、反映であって、それを今度は肯定的に意味づけ直すわけだ。こうした主張にはしばしば男性的な自律性と、一つの風景の中にいる感覚とが示された。例えば、男性の若者たちはその地区の電話ボックスの番号をよく教えてくれたが、あたかもそれは、家から離れた彼ら自身の公的／私的なホームであるかのようだった。ギャングについて話すことを通じてこうした男性の若者たちは、彼らの住む場所が人種的にスティグマ化されるあり方に逆らって、自分自身を位置付けることができたのだ。場所を主張し、名づけ直すことは所属の地図を描き換えることである。それは人種主義的地図のA―Zにとって代わる。しかしそこから完全に自由なわけではない。その過程に含まれる遊びの部分は、彼らに力を与えながらも限定的なものである。こうした手段によって表現される地域愛は一種の男性的振舞い、すなわち、お決まりのスティグマに対して「大口をたたいて」反応する地域的なプライドなのである。その行為の中にある代償的な快楽を認めることは重要だ。というのも、上流気取りや無視に対してこのように反抗することには確かな楽しさがあるからだ。しかし、地域的プライドは「隠された傷」も併せ持つ。(18) このような言葉で語られる争いやライバル関係が実際の暴力に至ることも同様に重要である。二〇〇六年九月、かつて「ゲットー・ボーイ」だったジェイソン・ゲイルベントがニュー・クロスで刺されて死亡した。彼はペッカムを縄張りとするライバル集団のメンバーと思われる三〇人から襲われたのだ。「ギャングの語り」によって空間が奪回《リクレイム》される一方で、それは白人の人種主義的地図に含まれる縄張りの制限を受け入れるのである。要するにそれは、都市の人種主義的な連想という拘束服を裏返しにしたアイデンティティなのである。その拘束から逃れてはいないわけだ。
ある黒人の少女は男の子の友人から次のようにレッテルを貼られたことに不満を漏らした。

ある人と知り合いだから、それでギャングの一味だっていうのはおかしいわ。私のことを「ペッカム・ガール」みたいだって言ったり。そうじゃないもの！　私はゲットーに住んでいて「ペッカム・ボーイズ」は私のことを「ゲットー・ガール」だって思ってる。でも私はペッカム生まれだから「ゲットー・ボーイズ」は私のことを「ペッカム・ガール」だって思っているの。

アイデンティティ感覚を呼び起こすこのようなネーミングは、地域的なプライドの中に起源の神話を書き込むための強力な修辞的技巧である。いったんこうしたレッテルが貼られてしまうと、それを取り外すのは非常に難しい。つまりこのようなアイデンティティは避難場所でもあるが監獄でもあるのだ。興味深いことに、若者たち自身、特にデットフォードの若い女性たちはこのようにレッテルを貼られることに抵抗していた。だが、ギャングの縄張りは危険な場所だと認められている一方で、ギャングが暴力を振るう危険は低いという同意も広くあったのだ。しかしまた同時に、拳銃を使った犯罪の増加や「黒人が黒人に暴力を振るう」事件が生じているという認識もあった。ロンドン南部の文脈では、暴力やギャングの構成といった問題は、多人種からなる友達集団という文脈の中でしばしば批判的に考えられ評価されていた。人種やジェンダーについての一般化や、その地区全体にあてはめられるような主張に陥らないよう、十分な注意が払われていたのである。ギャングの構成や若者の暴力に対する評価は、批判的かつ注意深かったのである。

アイル・オブ・ドッグズの状況はこれとはかなり異なっていた。白人の若者だけでなくさらに広く浸透していたのが、この地域の主な脅威は「アジア系ギャング」だという感覚である。ここでは犯罪や暴力、危険の問題が人種的に強く色づけされ、特定のジェンダー、民族／人種カテゴリーに結び付けられていた。すなわち、ベンガル系の若い男性である。クレア・アレキサンダーはこの変化が「アジア系ギャングの急激な台頭」によるものだと考えている。新しい街の悪者が生み出されるとき、そこでは「年齢、〝人種〟、ジェンダーが複合的に交わりながら、アジア系〝ギャング〟の台頭の永続的な基準線が描かれている」という。[19]南アジア系の若い男性たちの経験はそれぞれ多様であるにもかかわらず、それらは人種と男性性についての本質主義的な考え方へと縮小されてしまうのである。こうした考え方はこの地域の白人コミュニティの活動家たちの一部で非常に強く受け入れられていた。とりわけ一人の活動家は、彼のオフィスの掲示板に、「アジア系ギャングの暴力」を伝える地方紙や全国紙の切り抜きをたくさん貼り付けていた。これを訪問者に見せているわけだ。

アイル・オブ・ドッグズでの若者による暴力を語り合う中ではっきりとしたのは、黒人と白人の若者が一方のグループ、ベンガル系の若者がもう一方のグループという区別があることだった。この区別は地域で語られるうわさやゴシップの中にもはっきりと表れていた。そのことによって白人の若者たちは、アジア系住民が暴力的だという主張を正当化するときに、大人の権威と常識の力を借りることができたのだ。逆説的なことに、ベンガル系の若い男性たちがストリートで「たむろしている」のを見られ非難されるとき、それはあるタイプの白人労働者階級の若い男性が体現している男性性をそっくり真似しているからである。しかしこのような身体化は――不良っぽい振る舞いでも、肩を揺らして歩く「ボウル歩き」でも[20]――恐ろしいものだと見なされるのだ。なぜならそれは、行為を決定するのは白人の自分たちであるという「普通の」主張に異議を唱えるか、あるいは白人たちが怖がって入れないような排他的空間を作り出すからである。白人住民のなかには「アジア系ギャング」こそ都市の暴力を一番扇動していると主張するものもいる。かつては強盗や市民の不安といった問題が黒人男性の犯罪性というイメージに結び付けられていたが、「アジア系ギャング」のイメージはそれを凌ぐところまで進んでいるのだ。それをよく表しているのが、イギリス国民党の活動家でさえ都市の暴力については「黒人と白人の若者」はともに警察の二重基準の犠牲者であると主張しているのに、アジア系の若者たちは白人への危害や暴力的な犯罪を抜け目なくやっていると考えられていることである。この推移は完了したわけではなく、「黒人の強盗」言説の残響はいまだ存在している。しかしこの地域ではこうした語りは非常に弱くなっている。

トニー・ブレアにとって白人の人種主義はコミュニティのアンチテーゼだと考えられ、礼儀と尊厳という共通の絆を傷つけるものだとみなされている。アイル・オブ・ドッグズの場合、白人の人種主義はまさにコミュニティという言葉を通じて現れる。つまりそのコミュニティとは、暗黙裡に白人性の概念で意味づけされて、そこでは「礼儀」や「公平性」が重要視されるのだ[21]。同じくアンソニー・ギデンズは、地域的な民主主義とコミュニティの発達によって都市の荒廃が食い止められ、より安全となるような公共圏の創出の重要性を指摘している[22]。ブレアとギデンズの議論の両方において顕著なのが、彼らはともに地域的な問題へのある種の介入を訴えているが、多様な地域性の中で生じている所属と包摂をめぐる複雑なやり取りやその文脈を、全く現実として認識していないのである。これまでの記述で私が示そうとしたことは、若者のギャングについての議論がこうした包摂と排除のあり方をいかに表しているかである。私は、ギャングの意味をめぐる注意深く複合的な調査と人種主義的なモラル・パニックとの対照性が安定的なものであるとか、底にある構造関係を反映しているといいたいのではない。むしろそれが示しているのは今現れつつある模様なのである。それは反復されるかもしれないが、変化する可能性もあれば、批判されるかもしれないのだ。

若者に関する社会学的研究の限界の一つは、男性の若者を中心とした派手な振る舞いに目を奪われてしまうことである。彼らが引き起こすとされる争いや暴力、犯罪に対しては多くの懸念が表明されるが、私の関心はむしろその底には何があるのかを説明することである。地味なものに注意を払うことによって、ポストコロニアルな都市における若者の立場をめぐる公的・学問的な論争の双方に宿る、安易な本質主義に異議を唱えることができるはずである。

魔法、逃避、避難場所

都市においては「象徴的な愛着が物理的なものに移植されるかもしれない」とニール・リーチはいう。[23] 今回の調査では若者たちが自分で街を写真に収めていったが、そこにはこの象徴の移植がはっきりと表れている。今回私たちは、若者たちに使い捨てカメラを与え、彼ら／彼女らが安全だと考えている場所、また危険だと考えている場所をそれぞれ写真に収めるように依頼した。そして写真が現像された後には、なぜその場所を選んだのか、またそれぞれの写真にはどんな物語があるのかを語ってもらった。ビッキー・ベルは、所属とはパフォーマティブなものだという。つまり、愛着はある特定の文脈の中で繰り返し展開される行為や儀礼を通じて形成されるという。[24] そうした行為を通じて、個々の場所は都市の織物の中に編み込まれ、都市空間におけるそれぞれの意味を生み出すのである。キャロライン・ノウルズは次のように指摘している。「人種は空間の社会的織物の中で生み出される。したがって空間の分析は、人種を存在させる社会実践の形としてその人種の文法を明らかにする」[25]。研究対象となった二つの地域のどちらにおいても、公園や路地、運動場や通路は危険だと考えられることが最も多かった場所である。これらの場所は、悪質な行為や恐喝などが起こると考えられたり、また単によく知らないし人も少ないので危ないと解釈されたりした。それは、ゲイル・ルイスがキルバーンの街という碁盤目をうまく通り抜けたやり方を描くのに似ていた。この写真撮影の実践で明らかになったのは、私たちが依頼した表象の行為が、若者たちにとっては一種の所属のパフォーマンスになったということである。撮影された写真は一目見た限り驚くようなものもあったのだが、若者たちがそれについて語ることで、危険と避難の日常的な地図に書き込まれた字幕が現れてくるのだった。写真2・2はアイル・オブ・ドッグズのあるベンガル系

写真2.2　キュビット公立図書館。参加者撮影。

写真２．３　「安全な場所」。参加者撮影。

少女が撮った写真である。この最初の写真に写っているのは、ロンドン東部キュビット・タウンの公立図書館である。この図書館は安全な場所だという。「図書館の中には人がいるから安心できる」と彼女は書いている。図書館を選ぶのは全てのベンガル系少女たちに共通していて、彼女たちにとって図書館は少年たちによる嫌がらせもなく、親や親類たちによる監視もない安心できる場所なのだ。二番目の写真は彼女の友人が撮ったもので、図書館の中でポーズを取っているその少女が写ったものだ（写真2・3）。図書館に行くのは良いことだとして大人からも認められるが、実は図書館それ自体は彼女たちにとって自由の空間となったのである。図書館に行くというのは、少女たちが友達と「つるん」だり、時には男の子たちと会ったりする場所を見つけることができる一種の「口実」であると同時に、宿題をやったり、公認の学校カリキュラムに取り組むことを意味するものでもあった。図書館はまた、インフォーマルな学習の場でもあり、若者たちはそこで自分たち自身のやり方でカリキュラムにはないことを身につけることができた。ロンドンにおいて公立図書館は自分を伸ばす場所であり、彼女たちがそれを用いるとき、そこには社会的流動性や「品位」をめぐる欲望への敏感な洞察が、あるいはより正確にいうならば、大人の権威と同年代の圧力に対する個人的な反抗が含まれていた。実際に図書館は、こうした少女たちが最も怖がる若者

I FEEL UNSAFE BECAUSE PEOPLE THERE ALWAYS MAKE RACIST COMMENTS
THIS IS OPPOSITE ARE BUILDING.

写真２．４　危険――運動場のあざけり。参加者撮影。

たちにとっては、文化的に行くことがない場所の代表であった。それは、ストリートや運動場に見られるような権威と承認を基盤とするインフォーマルな文化にとっては、立ち入り禁止区域だったのである。対照的に、三番目の写真はこの少女の家の向かいにある運動場である（写真2・4）。彼女は以前ここで、人種差別的な呼ばれ方と嫌がらせを受けたことがあったのだ。「ここにいる人たちはいつも人種差別的なことを言うから怖くなる。これは私たちの建物の向かい。」と彼女は書いている。おそらく離れたところから写真を撮るのは大丈夫だったが、その運動場は、とりわけ学校の行き帰りには十分気を付けなければならない、いつ危険なことがあってもおかしくない場所なのだ。

エスニック・マイノリティの若者たちによる説明のほとんどは、人種主義をめぐる危険度が高い空間と低い空間について、地域に即した非常に緻密な知識があることを示していた。これは一九五〇年代のロンドンで育ったゲイル・ルイスの説明に見られるパターンととても類似している。私たちはまた、所属感覚を表象し遂行する方法として、若者たちが自分で録音する音声日記とグループで街を歩くビデオ撮影を用いた。この調査でも人種的に虐められる危険を減らすための警戒の戦略が明らかになった。こうした若者たちは、そ

写真２．５　「私たちの踊り場」。参加者撮影。

れまでの観察、語られる物語、記憶、感情の大きな蓄積の中を移動していくのだった。その結果、彼ら／彼女らが描く地域の地図は変わりゆくイメージの網目からなり、それは人々を場所に結び付け、安全と危険をめぐる複雑に織り込まれた振舞いを生み出していた。その若者たちがこうした象徴的な風景を横切っていくとき、地域全体を「人種主義的」だとか「多文化的」だとするような乱暴な決めつけは行われず、彼ら／彼女らが通過するストリートや公的／私的空間についての、はるかに緻密で戦術的に有用な地図が生み出されているのである。

　居住と排除のこうしたパターンを説明するためには、ジェンダー、人種、社会階級の相互関係を理解する必要がある。しかし、社会的差異を生み出すこうした要素の相互関係は、機械的でもないし単純なものでもない(26)。アブター・ブラーはこれらの要素の結びつきを理解するために包括的な理論図式を探し求めるのは生産的でないという。「それは歴史的に偶然そうある関係として、また文脈に依存した関係として解釈されるべきである」と彼女は論じる(27)。まさにこうした歴史的に偶然で文脈に依存する関係においてこそ、構造と行為主体の相互作用が見いだされうるのである。

写真2・5はアイル・オブ・ドッグズの三人の白人少女を写したものである。三人は一見寂しい場所にいるが、彼女たちはそこを「私たちの踊り場」と呼んだ。彼女たちにとって家とストリートの間にあるその空間は安全な場所である。冬にそこに集まって友達になり、壁に名前を落書きして自分たちの場所だと主張しているのである。ビデオ撮影をしながら街を歩く調査では、彼女たちは私たちをこの踊り場に連れていき、付近のストリートで「白人」と「アジア系ギャング」のグループ間で起きた暴力沙汰について語ってくれた。この踊り場は彼女たちにとっての避難場所なのだが、それは親の支配からの逃避でもあり、男の子集団からの逃避でもあるのだ。白人少年とアジア系少年のグループ間の喧嘩が怖かったことはあるかと尋ねると、彼女たちは「いいえ。だって彼らは私たちのこと知っているから」と答えた。この少女たちは暴力をよしとしなかったが、同時に自分たちは顔見知りだという地域的な認識のコードによって危害を加えられないと感じてもいた。ここでもまた、白人であることの複雑性が明らかとなった。この「白人の少女」たちは人種差別に反対だったが、別のレベルではその白人性によって守られたのである。彼女たちはアイル・オブ・ドッグズに所属するものとして認められ、認識されていた。そして、その包摂と排除の条件や変数に賛成しようがしまいが、白人のテリトリーに投げ込まれていたのである。この事例では、白人性、社会階級、ジェンダーが交差しながら、危険や現実のリスクのレベルを算出する暗黙の変数群を生み出していた。都市の織物に縫い込まれる愛着は、文脈や時期に依存している。すなわち、同じ物理的な構造であっても、非常に異なる文化的・象徴的な関係性や文化的地図を持ちうるのである。こうした文化的地図がどのような特徴をもっているかは、それを作成する個人の社会的プロフィールに

かかっているのだ。
写真2・6は階段の吹き抜けを写したものだが、これはロンドン南部デットフォードに住むリーという名のベトナム系少女が撮ったものである。この踊り場とアパートの外のエリアは、急いで通らなければならない危険な場所だとみなされている。「これは私の部屋から下りたところで、一番嫌いな場所」と彼女は書いている。それは安全な家にたどり着くためには通らなければならない危険な場所なのだ。インタビューの中で、彼女は隣人から受けた嫌がらせの恐怖や、アパートの周辺がいかに怖いかを語ってくれた。そこではベトナム系の家族がきまって嫌がらせを受けるのである。調査に参加した若者たちは、写真を撮ることによって遠くから危険な場所を記録でき、あるいはこの事例のように、その中に写りこむことによって一時的にこの場所を自分のものにすることができた。リーがこの最も嫌いな場所で、カメラに微笑みながら楽しそうにリラックスして写真に写っているのは印象的である。

写真2．6　リーの踊り場。参加者撮影。

ある意味で、この調査は所属のパフォーマンス——この事例ではカメラの前でのポーズである——が生み出される文脈を提供したといえる。その写真は一つの恐怖の歴史とこの場所で怯えた感情とを映し出している。しかし同時に、写真による表象行為それ自体が、存在の主張となっているのだ。

若者である彼女自身が管理し実行した観察という行為によって、彼女は好きではなかったはずの場所への所属を主張できたのである。

ナイジェル・スリフトは、何らかの風景の特徴を理解するためにはそれを時間の中に位置づける必要があると論じる。(28) 都市の風景の特徴は夜と昼とで変化し、この時間の地理学は男性と女性、(29) 若者と高齢者(30)では異なる結果を持つというのだ。私たちに協力してくれた多くのインフォーマントにとって、特定の場所に結び付けられるリスクはそこを一日のどの時間帯に通過するかと深い関係があった。例えば公園は、日中は安全だが夜には危険が伴う。そこで危険視される人物は麻薬使用者とアルコール中毒者だ。また同じく、若い女性たちは夜にパブやクラブ周辺で中高年の男性から脅かされたり性的な嫌がらせを受けたりしたことを報告している。こうした場所のジェンダー的特徴には人種の問題も絡んでくる。例えば、デットフォードで参加してくれたほとんど全ての黒人少年は、もし自分たちの縄張りの外に一人でいたら危ないと主張した。特に圧倒的に白人中心の場所ではそうである、と(近隣のエルサムやウェリングがそうだ)。こうした説明にはスティーブン・ローレンスの殺害がその証拠としてよく使われた。一九九三年、スティーブン・ローレンスは友人のドゥエイン・ブルックスと帰宅途中に白人のグループによって殺害されたのだ。ところでこのような回答をしてくれた黒人少年たちは、同じ状況でもし黒人少女であればそうしたことは起きないだろうともいうのだ。しかし、若い黒人女性たちはこのような意見に反論した。彼女たちのうち一人は実際にエルサムで追いかけられ嫌がらせを受けていた。

若者たちの説明はこの二つの地域の一般的なイメージのいくつかを壊すものでもあった。地域内のレベルでは、参加者たちは大人の地図には載っていない人種差別のミクロな空間配置を明らかにしてくれた。それによって、こちらの地域・地区は「人種差別的」であちらの地域は「多文化的調和」のある避難場所だといった見方はあまりにも単純だということがわかった。デットフォードの若者たちによる説明の中でも、その地域では人種差別を経験することは非常に少なく、多民族的な友人グループは普通だと頻繁にいわれた。しかしながらこうした説明の中にも、異文化間の対話や友好を壊すような複雑な人種主義の存在が見て取れた。一人の白人少女は両親から受けたプレッシャーについて聡明に語ってくれた。彼女の両親は多人種の友人グループから離れることをすすめ、そして黒人のボーイフレンドを作らないようにいったのである。彼女の祖母は黒人男性と付き合っており、また父は同じく異人種間の関係を経験していたにもかかわらず、こうしたことが生じたのだ。異人種間の関係に対するこのような非承認は、ストリートのような公共空間でも見られるものだった。

彼女は地元で機械工として働いている年上の白人男性について次のように語った。

彼はハイ・ストリートで働いていて、おばちゃんの家に行くにはどうしてもそこを通らなくてはならないの。いつも私のことをじろじろ見ながら立っていて、「黒人好き《ニガー・ラバー》」とかそんなことを言ってくる。彼も黒人の人たちといることもあるのに、それでもそんなことを言うの。私は三人の黒人の友達と出かけたことがあるけど、彼は四、五人の黒人少女と一緒にいたはず。でも彼は私を「黒人好き」って呼ぶの!

このような説明は多文化的調和といった単純な概念にひびを入れる。黒人との親密性は、ジェンダー化された人種主義と手をつないでストリートを歩いているのだから。黒人との付き合いをやめるようにという彼女へのプレッシャーは明白だったが、それによって友人グループの中にできていた信頼と連帯の規範もまた壊れてしまうのだ。ここではまた、人種のカテゴリーがジェンダーによって壊れていく様子、そして人種差別に反対する感情と人種差別的な感情とが複雑に結びついている様子も見て取ることができる。

彼女にどこを「ホーム」だと考えているか尋ねると、彼女は自分が住んでいたデットフォードの地区ではなく、近隣のブロッカリーやオナー・オーク・パーク、フォレスト・ヒルだと答えた（実際には彼女はそこに住んだことはなかった）。なぜならそれらの地区では人種間の友人関係や恋愛関係は問題にならないと彼女は感じていたからだった。想像という行為によって、彼女がホームと呼んだ場所が、あるいは〝家から離れたホーム〟とみなされるべきものが生み出される。彼女はそこに住んだことはない、しかし彼女にとってそれは、大人や同年代からの監視と否定から逃れて彼女自身でいられる場であり、さらに人種をめぐる矛盾と二重基準が交差する家庭の空間から離れた場所でもあるのだ。

〝家の外側に〟ホームを作るというこの行為は、平凡なことであるが同時に注目すべきことでもある。ジャン＝ポール・サルトルは『情動論素描』の中で次のように述べている。

目の前に立ちはだかる道程があまりにも困難な時、あるいは道が全く見えないとき、私たちはそのような苛酷で困難な世界に耐えることができなくなる。全ての道が閉ざされていても私たちは行動せざるをえない。だから私たちは世界を変えようとする。つまり、事物とその潜在性の関係を支配しているのは絶対的な過程ではなく魔法であるかのように、私たちはその世界を生きようとするのだ。(31)

「家から離れたホーム」を作るというプロセスはこの魔法の一部だと私は考えている。通常の意味では、この表現は家を別の場所に複製することを指すだろう。ここで私が指摘したいのは、家は家庭や地元の冷遇の中にあるということなのだ。したがって、「家から離れたホーム」を作るという行為は、複製や模倣ということではなく、新しい空間を作り出すことでもあるのだ。

調査対象となった二つの地域において、場所、アイデンティティ、資格の結びつきはそれぞれの配置があった。大きく見ると、アイル・オブ・ドッグズの若者コミュニティには同級生グループの形成やデート、付き合い、余暇活動に人種的分断がみられた。また同時に、ベンガル系の若者たちは緻密な戦略を用いて、この表面的には白人が中心の人種差別的な場所を通り抜けたり住んだりすることができる空間へと変容させていた。そこには一連の「安全な隠れ場所」を作ることが含まれていた。図書館やユース・クラブ、あるいは安全な道へとつながる都市のくぼみなどがそれである。

しかしながら、アイル・オブ・ドッグズのベンガル系の若者たちもまた、若さやジェンダーというアイデンティティの要素が交差することによって複雑な立場にあった。もちろんこれは、若い女性たちにとって特に深刻な問題だった。彼女たちがホワイトチャペルやポプラー周辺のベンガル系コミュニティにいるところを見られると、それは大人たちのゴシップの対象になるかもしれなかった。これらの場所は同じ民族の人々が多いために安全が保証されてはいるが、同時に日常的な監視にさらされる場所でもあった。したがって、ベンガル系少女のグループがアイル・オブ・ドッグズの外に出て、「人種差別的な場所」という噂のある地域をぶらつくのも驚くようなことではない。なぜならその地域が白人中心だということは、とりもなおさず、そこに大人たちの詮索の目が届かないということだからである。もし安全だと思われる場所にいても快適でなければ、他の場所で快適さを探すだろう。たとえ人種差別のリスクがある場所に行くことになろうとも。

デットフォードでは、多文化的調和という浸透した語り口が、資格と所属を主張する別の種類の資源となっていたようである。調査期間の中で唯一公然と人種差別的な呼び方をしたのはデットフォードの外部出身の中流家庭に属する少年であったが、このことはそれをよく表している。ひどい揉め事が続いた後、多人種からなる男子グループの中の一人が、その少年に立ち向かって彼の人種差別的発言を咎めたのである。ここでは、同年代の人種主義を取り締まることによって、「調和」を修辞的に主張することが強められたといえる。しかしながら、人種差別のない若者の公共圏を安全にしようとする主張や試みは、つねに部分的で一時的なものである。生まれ故郷は、若者の考えを認めようとしない大人と疑い深い警官の圧力で満ちていた。こうした意味で、デットフォードの「多文化的調和」の概念の安定性は、その地域内外の人種主義の存在によって脅かされていたのである。黒人のボーイフレンドがいて様々な人種の友人がいることで「家から離れたホーム」を作らざるをえなかった白人少女の事例は、人種主義の不均質さと多文化の複雑性をよく表している。

結論　傷ついたホームとまだ見ぬ場所

私が出した最初の問題に戻ってみたい。若者たちはどのようにポストコロニアルな都市をホームにしているのか。これに直接答える前にまず、この概念に含まれる別のイメージについて考えてみよう。ジョン・バージャーによれば、ホームの概念は様々なタイプの道徳主義者たちが追及しているものだという。一方において、権力を掌握するために、ホームという概念を定義する資格は自分たちにあると主張する道徳主義者がいる。「ホームの概念は家庭内の道徳規則の要となり、家族の財産（女性を含む）を守るものとなった。同時に、祖国《ホームランド》の概念は愛国心への忠誠の第一項となり、男たちに戦争で死ぬよう説得したのだ。その戦争から恩恵を受けるのはほとんどの場合少数の支配階級だけだったにもかかわらず」[32]。こうした意味での祖国《ホームランド》は、二〇〇一年の9・11以降の世界における私たちの現状、そして起こりつつある戦争と深く共鳴している。バージャーはしかし、ホームの意味のもう一つの解釈を示唆している。それによると、ホームとは「世界の中心である。しかし地理的な意味ではなく、存在論的な意味においてそうなのだ……つまり世界がそこから創出される、そのような場所である」[33]。

若者たちは都市をホームにする。世界の中心に場所の感覚を備え付けるような、一種のホームの現象学を生み出すことによって。どこが安全でどこが危険かを記録するために若者たちが生み出す地図は、民族カテゴリーやジェンダーアイデンティティとある場所の社会的特徴との間の類型学や単純な相互関係に還元できるものではない。個々の若者たちは入手しうる様々な社会的知識を結び付けて、地図を想像し、抜け道を見つけているのだ。これはドイツ語でいうUmwelt、つまり私たちの欲望、必要、行動からなる世界に近いものを名づけようとする試みである。サルトルがいうように、この世界には「何本ものまっすぐな細い小路が走っている」のである[34]。

これらの風景は複雑である。それは時間と空間を切り開く。だが居住地と居住の実践の相互作用もまた複雑なのだ。同様にそれは、文化的・〝人種的〟な移植による都市風景の意味づけによって生み出されるし、またそのように意味づけられた地図を人々が日常生活の中で描き直すあり方によっても作り出されるのである。フラン・トンキスは次のようにいう。「日常生活のランダムで壊れやすいつながりと断絶、記憶の短絡、行き止まりや私的な冗談。これらは主体を空間へと導くが、まさにその都市のたくさんの地図のようなものである。それは何度も描き直され、乱雑に折り曲げられており、お決まりの手順に委ねられることもあれば、進みながら描かれることもある」[35]。そしてそのような行為によって、常識を裏切るような注目すべき出来事が生み出されることもある。「家から離れたホーム」を作るために「人種差別的な場所」に行った若いベンガル系少女や、公衆電話の番号を「家の窓口」として私たちに伝えた若者たちが行ったのはこうしたことなのだ。私たちはこれらの注目すべきことを認識するために、そしてそうしたことを観察し記録する新たな方法を見出すために、注意深く耳を傾け、まなざしを向けなければならないのである。「家路を見つける・プロジェクト」はそのような実験であった。もちろん明らかな失敗もあったのだが、少なくともこの方法において——不完全ではあるが——参加者たちは観察者となり、自分自身の生活の地図を描くことができた。都市の内部には目に見えない沈黙した街がまだ数多く存在する。それは〝まだ見ぬ〟空間を与える場所である。アイデンティティや、単一で安定した自己からなる場所ではなく、現代の都市生活という地獄のただなかで、そこへの所属を演じ、主張する空間なのだ。権力と排除という都市の幾何学が与える傷にもかかわらず、若者たちは避難場所と都市風景を通り抜ける道を見出す。そうする中で、ホームは家から離れた場所で作り上げられていくのである。

次章では所属とアイデンティティの形成、ホームのテーマを取り上げるが、そこでは記憶と感情の構造が人間という枠の中に刻み込まれるあり方に焦点を当てていく。人々がどのように自分たちの身体を飾るかを調べることで、社会的風景がその徴を肌の上に刻み込むあり方を、そして愛と喪失が言葉で語られることなしに伝えられる姿を見ていこうと思う。

第三章　愛を刻み込む（1）

移動の中で過ごした彼の人生の道程がその肌に刻み込まれている。彼は今、身動きもせず、声もなく、安らかに病院のベッドに横たわっている。看護師は彼の身体が発する「バイタルサイン」を読む。海で遭難した船から送られてくるモールス信号のように、その身体の内部で生じている闘いがそこに記されている。彼の内側でどのような努力がなされていても、それは表には現れてこない。そしてその年老いた男性はどうしてここにたどり着いたかを語ることはできない。彼は横になり、その身体は彼の生涯の地図を描き出している。

彼の両腕と胸を覆うタトゥーにはともに地名が刻まれていた。ビルマ、シンガポール、マレーシア。そこには彫られた年も記されていた。彼は船員として世界中を旅していたのだ。彼の右腕に彫られていたのはインド人女性である。彼女は頭上で両手を結びながら踊っているが、彫師のインクでその肌は黒ずんでいた。初老期になり、この青白いキャンバスに描かれた絵は深い青色へと変わった。左腕にはその旅の終わりを示す刻印があった。ロンドンのタワーブリッジ、そしてその下には

「ホーム」の文字。それは錨のようにも見えた。(2)

その声なき患者は音を用いることなく語った。そのタトゥーは彼が訪れた様々な場所とその間の航海の物語を語り、世界中の彫師たちとの親密さを暗示していた。この船員はインドやビルマにおいてその土地の芸術家を十分に信頼し、血を流しながら消すことのできない刻印を彫らせたのである。この衰弱していく身体の表面には、その船員のメトロポリタンな故郷と貿易や帝国の辺境地との関係の歴史が刻まれていたのだ。その関係――帝国という中心と植民地という周辺地域――の浸透性が、その死にゆく身体の多孔な皮膚の上に記されていたのである。

イギリスや西洋におけるタトゥーの歴史について最もなじみ深い説明は次のようなものだ。この風習はヨーロッパの探検家たちが南太平洋とポリネシアのタトゥー文化と出会った一八世紀に持ち込んだものだ、というものである。ジェームズ・クック船長の航海によってタトゥーという言葉が英語に付け加えられた。彼は一七六九年七月にタヒチでこの風習を観察した。(3) それはポリネシアの言葉で印とか打撃を意味する tatu あるいは tatau に由来する。(4) 二度目の世界航海の時、クックはオマイという人物をロンドンに連れ帰った。タヒチに近いライアテア島から来たこの男性はロンドンで好奇の対象となったが、それはクックが以前に記述していたポリネシアのタトゥーを刻んでいたからでもあった。(5) クックの船からそこに積み込まれた「見本」が荷揚げされたのは、テムズ川南岸、冒頭に述べた船員が横たわる病院のベッドからわずか数マイルのところである。

だが、ポリネシアのタトゥー文化との出会いが強調されたために、イギリスやヨーロッパでそれ以前に行われていた身体への刻印の歴史が埋もれてしまったことは確かだ。とりわけギリシャ人やローマ人、ケルト人たちの間でタトゥーと罰則や財産権が結びついていたことは多くの歴史家が指摘している。(6) また、ローマ帝国の初期のキリスト教徒たちは、キリストに対する信者の奉仕の証を身体に刻印していた。(7) さらに、巡礼とタトゥーにも関係がある。近代初期のパレスチナへの巡礼者たちは、エルサレムでキリスト教のシンボルをタトゥーとして刻印された。巡礼者たちは刻印された身体を神聖な旅の証拠として持ち帰ったのだ。この風習は一六世紀イタリアにおけるロレト寺院への巡礼者たちの中でも行われた。すなわち、旅とタトゥーには強い結びつきがあるというわけだ。アルフレッド・ジェルは、西洋においてタトゥーに結びついたスティグマは「民族的他者」と「階級的他者」という二重のイメージに由来するという。(8) タトゥーは船員たち自身の文化や日常生活の中に、そして彼らが作り出す文化的世界の中に取り込まれた。歴史家のマーカス・レディカーによれば、海上での生活はその印を労働者階級としての船員たちの身体に刻み込むという。

今も昔もタトゥーによって彼らの腕はよく飾られる。「エルサレムの十字架」や他の人気のあるデザインが、「皮膚を刺し、インクや、より頻繁には火薬を使って擦ることで」彫り込まれる。船乗りの仕事はまた別の、望まれない判別印を身体の上に残す。太陽に長時間さらされ、海からの激しい反射を受けることで、彼らの皮膚は日焼けして黒くなったり赤くなったりし――「金属の色」になり――、若くして皺だらけになるのである……こうして船員たちはいろいろな意味で印づけられた人間であり、王家に仕える船員を求めて港町を探索する水兵徴募隊にとって、それは喜ばしいことであったのだ。(9)

レディカーはここで重要な逆説を明らかにしている。労働者階級の生活においてタトゥーは身体を取り戻し美学化する一つの方法である。だが同時に、この刻印は「階級的他者」を表すものでもあり、水兵徴募隊であれ、法制局の役人であれ、今日のブルジョワ階級の道徳主義者であれ、上流社会が見分けてスティグマを貼る対象となったのだ。

あのタトゥーを入れた船員はもう他界した。その人生が終わったことが記録され、薄っぺらな証明書が発行された。その人生が終わったことが記録され、彼の人生の潮は引いてしまったのだ。彼の死は戸籍吏によって書き記された。その人生が終わったことが記録され、薄っぺらな証明書が発行された。彼の身体の刻印は、ずっとなくならない印を刻もうとする試みだった。しかし彼が属していたのは、公的な記録にはほとんど残ることがない人々の階級であった。パトリック・モディアノはいう、「彼らはほとんど痕跡を残すことのない人々なのだ」と。[10]だがぞっとするような例外もある。それはロンドンのガイズ病院の標本室に保存されている。そこにはタトゥーが彫られた皮膚の標本が、ツンとした臭いを発するホルマリンの瓶に保存されているのだ。その剥がされた皮膚は、その持ち主であった名もなき男性の唯一の痕跡なのである。そのタトゥーは〝希望と錨〟そしてキリストの磔を描いたものだった。その皮膚は医学研究のために剥ぎ取られたか、盗まれたかしたものだった。[11]これは今でも行われており、今日の国民健康サービスにおける「進歩」といえば、前金を要求できることである。例えばロンドンのウォータールー出身のジョック・ブローニングは、ほぼ余すところなくタトゥーが彫られた身体を「科学に」提供した。その見返りに彼が受け取ったのはわずか三〇〇〇ポンドだった。[12]

タトゥーを彫ること、あるいはピアスを入れることは、痛みと癒しを伴いながら境界線が破られる契機となる。それは根本的に身体的な経験である。皮膚を突き刺し、出血し、痛みがはしり、かさぶたができ、傷が治る。そしてこの切開と閉合のプロセスは目に見える痕跡を残すわけだ。それは内と外の境界線を穿つことも意味する。それによって内が外となり、外が内となるのだ。タトゥーそれ自体は様々な比喩によって解釈されることが可能である。例えば行為主体と支配、永遠と短命、トラウマと癒しの関係といったものだ。こうした結びつきは決して単純なものではないし、単に個人の選択であることもめったにない。アルフレッド・ジェルがいうように、「見た目は自分の意志で入れたタトゥーであっても、それはつねに他者によって誘われたものであることがわかる」(13)。

政治的領域としての身体

身体が文化的・政治的操作の場としていかに機能するかを最も明晰に分析したのは、おそらくミシェル・フーコーであろう。『監獄の誕生』の中で彼は次のように述べている。「身体はまた、政治的領域に直接的に取り込まれている。権力関係は身体を直接掌握し、それに投資し、刻印をし、鍛え、苦しませる。また、強制をもって身体を働かせ、儀礼を行わせ、記号を表出させるのである」(14)。また別のところでは「身体は出来事が刻印された表面である」とも述べている(15)。フーコーにとってこれは「私」というアイデンティティが歴史と権力によって構築される過程でもあり、同時に絶え間ない分解の場でもある。このような意味で身体は「完全に歴史によって書き込まれている」のである。[16]

フランツ・カフカは短編小説「流刑地にて」の中で、フーコー的な規律訓練の恐ろしい事例を描いている。この物語では刑務所の規則は新奇なタトゥー彫刻機によって強制される。その機械は生綿の付いたベッドでできており、その上に製図屋と呼ばれる金属の棒が付いていて、どれも黒ずんだ木製タンスのようである。製図屋とベッドの間を往復するのは、馬鍬と呼ばれる鉄のリボンに装着された彫具である。流刑地の役人はこの処罰の方法をこのように説明する。「どのような命令であれ、もし囚人たちがそれを破ると馬鍬によってその身体に書き込まれるのです。例えばこの囚人は……」――と一人の囚人を指し――「身体にこう書かれております。〝目上のものを敬いなさい！〟」[17]。囚人たちは自分の判決について知らされない。役人はその理由をこう説明する。「それを伝えたところで意味はないのです。いずれ身体がそれを知るのですから」[18]。この恐ろしい物語は、タトゥーが処罰の道具として用いられていたその内実からそれほど離れてはいない。ナチスの強制収容所に連行されたユダヤ人やその他の人々が彫られた数字のタトゥーを考えてみればよい。そこではタトゥーは管理や支配、そして収容所という世界への通過儀礼の手段だったのである。収容所からの解放後も、生存者たちは永遠の備忘録としてこの刻印を持ち続けなければならなかった。プリーモ・レーヴィはその卓越した著作『休戦』の中でアウシュビッツからの帰還を記録しているが、ドイツを通過するとき、「私の腕に刻まれた数字が古傷のように燃えるのを感じた」と書いている。[19]

今日の刑務所でもタトゥーは続いている。だが今や、タトゥーを彫るのは囚人たち自身である。スーザン・フィリップスは暗黒街のタトゥーに関する優れた研究の中でこの点を指摘している。

投獄する側の人間たちが囚人たちにタトゥーを彫ったり、烙印を押したりすることはもはやない。今や囚人たち自身が刑務所というスティグマ化された世界の中に入った永遠の印を刻む。タトゥーは権力者たちによって奪われることのない永遠のアイデンティティ表現であり、否定だらけの環境にあって自己の肯定性を表象しているのである。たとえ囚人たちが服を剥ぎ取られ、髪を刈られ、ちっぽけな房に押し込まれ、他の囚人や看守によって傷つけられ血を流すことがあっても、タトゥーは彼らの過去を語り、その絆の強さを示し続けるのである。[20]

タトゥーを彫ることは米国の刑務所では禁止されている。それは今や、そのコンクリートの建物から囚人たちの身体に及ぼす支配力をはぎ取る手段となっているのである。フィリップスはガロと呼ばれる彫師について述べている。彼は八年間刑務所暮らしであったが、その間ずっと彫師として稼いでいたという。それが看守に見つかり、結局半年の刑期延長をくらう。ガロの身体は暗黒街のタトゥーで覆われていたが、それによって彼はその地区との絆を刑務所の中に目に見える形で持ち込んだ。そのタトゥーによって彼は守られサポートを受けることができたのである。塀の外では、彼のタトゥーと外見は逆説的な魅力を備えていた。一方で、その魅力によって彼はハードコアポルノ映画への出演を依頼された。ポルノ映画の製作者にとって、タトゥーを入れたギャングは、その危険なエキゾチシズムのイメージによって視聴者を性的に刺激する手段となるわけだ。しかし同時に、そのタトゥーによって警察はガロをマークしたのである。フィリップスと連絡が取れなくなったとき、ガロは軽薬物所持容疑で再び逮捕され、懲役判決を受ける間際だった。[21] つまりガロのタトゥーは生の肯定でもあり破滅への呪いでもあるのだろう。欲望と同時に嫌悪をそれは駆り立てるのである。

ガロの経験とイギリスのタトゥーにはいくつかの関係がある。メディア表象において、タトゥーを入れた男性は暴力とサッカーのフーリガニズムに結びつけられる。また同様に、タトゥーを入れた労働者階級の女性はつい最近まで性的逸脱や売春、犯罪と結び付けられていた。ある新聞では、イングランド南部の労働者階級コミュニティが「タバコとハンバーガーとタトゥー」の場所だと報じられた。[22] これらの属性はすべて何らかの形で身体的なののしりへと結びつく。二〇〇四年、〝チャブ（Chav）〟という言葉が、白人労働者階級の中でも特にみすぼらしいとされる人々の呼び名となった。若い女性たちにとって、チャブスタイルの特徴は次のようなものだった。大きな金のループ型イヤリング。〝うわべ〟だけキラキラの宝石。バーバリーやアディダス、ナイキ、ティンバーランドのようなブランド品。そして、髪の毛を後ろでしっかりとポニーテールに結ぶスタイル――これは「クロイドンのフェイスリフト」という呼び名がある。[23] ジュリー・バーチェルはこのような階級的ステレオタイプを「社会的な人種差別」だという。[24] また、チャブスタイルの反カリスマ的なカリスマ性を楽しむ人々もいて、ウェブサイトではその美徳や悪趣味、文化的習慣や特質が誇らしげに激賞されることもある。[25]

チャブという言葉の由来にはいろいろな説がある。アングロ系ロマの言葉で子どもを意味する〝charvi〟が訛ったものだというものもいれば、「チャサムの少女 Chatham girl」に由来するというものもいる。多くが同意しているのは、グロスターシャー州のチェルトナムが発祥だという説である。そこでは地域の労働者階級の若者たちが、彼ら／彼女らを嫌うチェルトナム女子大学に通う中流階級の学生とその親たちから「チェルトナム並 Cheltenham Averages」と呼ばれていたが、この表現が後に「チャブ」に短縮されたというものだ。悪意に満ちた評判の本『チャブ！　イギリスの新支配階級ガイド』では、タトゥーを見せることがチャブたちにとって夏の到来を告げるものだという。「この人たちのほとんどは一番最近のパートナーや子どもたち、亡くなった祖父母の名前を彫っています。〝浪費しなければ窮乏せず〟に従って働きながら、この機知に富む種族はいつも前年のパートナーの名前を今年のもので隠そうとしています。そうしてどんどん派手になっていくのですね」(26)。チャブ現象は、まずもって身体文化とスタイルによってはっきりと定義されるような階級的偏見を助長してきたのである。

こうしたことは、長きにわたって存在してきた階級的に形成されるスティグマの最近の現れ方にすぎない。私が本章で行おうとするのは、階級的に形成される身体化や感情、親族関係、そして愛の形にしっかり目を向けることである。そしてさらにそこから、身体と言語、記憶の関係について一連の問いを発してみたいと思う。いかにして身体は、所属や感情の構造が表現されるような媒体となるのか、あるいはそれらがその上に表現されるようなキャンバスとなるのだろうか。洗練された言語を信頼することによって、白人労働者階級の文脈に保持されている感情や愛着、愛、喪失についての表現形態が覆い隠されてしまうが、そこにはどのような意味があるのか。「名もなき人々」が痕跡を残さずに生き、そして死んでいくというだけではないのだ。こうした人々が生きる感情の複雑さが失われ、無視され、軽蔑されているのである。

本章のプロジェクトは、特にロンドンのテムズ川南岸、インナーシティから郊外にいたる白人労働者階級コミュニティが持つ、記憶と文化、歴史の考察である。本章はタトゥーという媒体によって「名もなき人々」の個人史を捉えようとするものであり、写真家のポール・ハリデーとともに取り組んできた肖像写真のプロジェクトがその基盤となっている。私たち二人は一緒に写真撮影を行ってきた。私たちは何らかの理由でタトゥーを彫った人々にアプローチした。参加者たちは友人であったり家族であったり、皆私たちと親しい関係だった。初めから私たちはこのプロジェクトが一つの交換の行為であることを望んでいた。それは出来上がった写真を渡すということに加え、対話として感情や記憶が書かれ、見せられるという意味での交換でもある。物語の大部分が語られたのは、まさにタトゥーが見せられている時だったのだ。

話すこと、見せること

特にフェミニズムや反人種主義の政治的プロジェクトを掲げるラディカルな社会学の中には、次のような衝動を明らかに抱いている流派もある。それは、市民としての権利を剥奪された人々が、自分自身で語るべきだという期待、そして欲望である。本書の初めに指摘したように、これは社会学にとって切実な課題であるのだが、しかし最終的には偽りの希望である。というのも、その考え自体が、調査対象者の声が与え返されるような相互関係のあり方を前提としているからである。例えば、社会学的インタビューは巧みなコミュニケーションの語彙を優先的に拾い上げるが、それは多くが階級的バイアスのかかったものである。晩年のバジル・バーンスタインが論じたように、階級差は言語使用に反映する。労働者階級の話し言葉を忠実に、そのまま慣用的にページ上に書き写すと、しばしば読み手を不愉快にさせる。その文章はまるで、ディック・ヴァン・ダイク演じる陽気なロンドンっ子なまりのように見えてしまうのだ。バーンスタインによれば、労働者階級の人々が持つ限られた言語コードから生まれる区別とは、比喩的にいえば舌にタトゥーが入ったようなものだという。(27) こうした意味で、労働者階級の人々は言語以外の手段によって自分たち自身を表現しているのである。

かつて予言的な哲学者シモーヌ・ヴェイユは、「不幸」——彼女によれば物質的であるとともに精神的な概念である——とは本質的に言葉にならないものだと論じた。ヴェイユはいう。

不幸な人々は耳を傾けられない。そうした人々は、舌を切り落とされたがその事実を時として忘れてしまう者のようである。その唇を動かしても、それが発する音を聞く耳はない。やがてこの人々は言葉を使わなくなっていく。というのも、聞かれていないことがはっきりしているからである。

だからこそ、行政官の前に立つ浮浪者に希望はないのである。その心に届けとばかりにどもりながら叫び声を上げようとも、行政官ばかりか民衆もそれを聞こうとはしない。その叫び声は音を発さないのである。(28)

この行政官のような状態に陥らないために、私たちは人々が言語にとどまらない様々な文化形態によって自分自身を表現していることを認識する必要がある。ジグムント・バウマンはいう。「人間の生にとって最も重要なことがらがすべて語られても、一番大事な物事は語られないままなのではないか」と。[29]

ポールと私は写真を使って身体化されたコミュニケーション形態を捉えようとしてきた。もちろんこれまでにも、カメラのレンズによって「現実」の定義が測定され統制されるあり方について多くのことが語られてきた。[30] しかし、レンズが一方向しか見ていないと考えるのは間違っていると私は思う。これはジョン・バージャーが提起した「誰が誰を見ているのか?」という問いをあらためて示すものだ。[31] この問いに対する一つの答えは、精神と身体、主体と客体とを区別するデカルト的二元論に異議を唱えたモーリス・メルロ＝ポンティの哲学的著書の中に見出すことができる。彼は感覚的な理解の発達の重要性を主張し、「私たちは身体を通じてこの世界に存在する」ことを強調する。[32] そして主体と客体を区別するかわりに、相互関係、あるいは交差配列《キアスム》を重要視するのである。彼にとって「まなざし」は距離、すなわち見るものと見られるものの隔たりを生み出すものではない。むしろそれは一つの関係を生み出す。まなざしは潜在的に双方向的な、メルロ＝ポンティの言葉では「可逆的な」存在に開かれているのである。「それは、見ている身体の上に見えるものを巻き付けること」だと彼はいう。「私はそれに自分の身体を貸し与えるのである。そうすることでそれは身体に書き込まれ、私にはその類似物が与えられる。そしてこの折り目、私の視覚であるところの見えるもののこの真ん中の穴、見ているものと見えるもの、触るものと触られるもののこうした二つの鏡の配置……」[33]。この相互関係のプロセスは、見るものと見えるものが関係を持つ瞬間に生じる。それは日々の舞台でも生じているが、また時間との特別な関係を持ってもいる。カメラの口径が開く一瞬の中に、時間の薄い断片が保存される。そしてそこに見るものと見られるものの関係が、写真という場所を与えられながら捉えられ、保持されるのである。

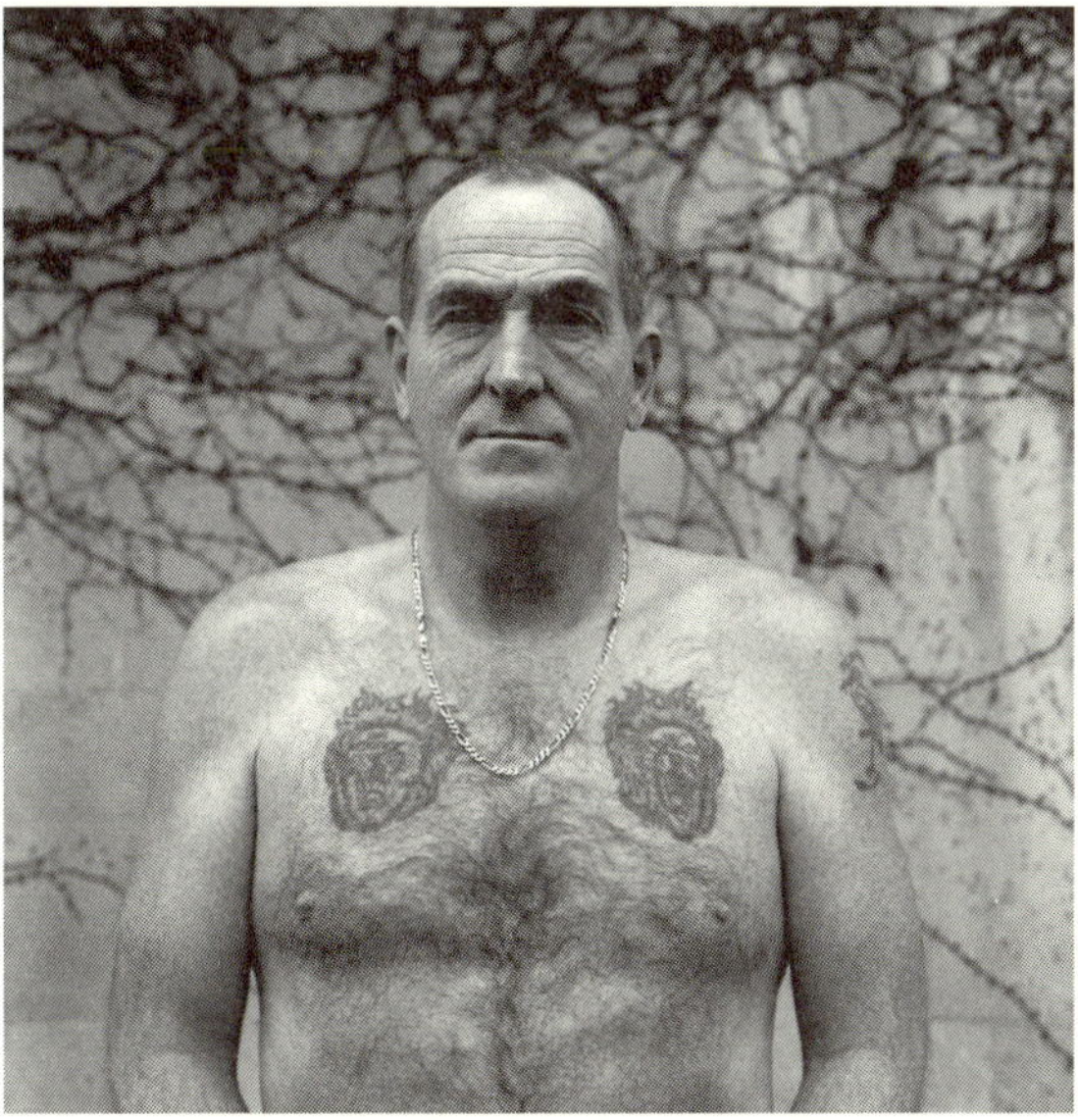

写真3.1　ミックとライオンの顔。ポール・ハリデー撮影。

ライオンの顔

ミックはレンズの向こう側から私たちを見つめかえす（写真3・1）。そのまなざしによって彼は私たちに語りかけるが、私たちはそれを耳だけでなく目によって聞き取らなければならない。ミックは一九五一年ルイシャムに生まれ、幼少のころはロンドン南部フォレストヒルのペリーベイルで過ごした。ミックは胸に彫った二頭のライオンを私たちに見せる。それは敵も味方も「ザ・ライオンズ」として認識している彼のサッカーチーム、ミルウォールFCのエンブレムである。大衆的なイメージの中では、ミルウォールはイングランドのサッカー文化における嘆かわしい要素――暴力、頑固、嫌悪――を全て象徴する存在である。ミルウォールとその歴史について秀逸な研究を行ったガリー・ロブソンは次のように書いている。

ミルウォールという言葉は、現代英語において最も人々の感情を呼び起こす言葉の一つだと思われる。それは凝縮された象徴として機能しており、そもそもの意味の範囲を大きく超えて、行動や経験の全域についての様々な概念や感情を表現するために、所構わず幅広く用いられている。それはとりわけ、群衆の暴力的行為、抑制できない男性性、暗く見通しの悪い都市文化、そして労働者階級の「ファシズム」を表す代名詞となった。(34)

しかしこうした戯画化は、クラブから所属と親密さの感覚、情熱と愛を受け取る献身的なファンの現実を映し出しているとはいいがたい。というのも、この「凝縮された象徴」の中には、ミルウォールのファンをファシストのサッカーフーリガンだと性急に非難するジャーナリストや政治家たちがほとんど無視してきた都市の歴史の痕跡があるからだ。ミックの祖母はアイルランドのドネガル出身で、叔母はアイルランドの別々の場所に住んでいる。彼は九歳の時にミルウォールを追いかけ始めた。その時代のサッカー文化の楽しさと熱狂的な雰囲気を彼は次のように語る。

最高の時代だったよ。アウェーの試合を観に行くのは特別だったんだ。金曜の夜から興奮してアドレナリンがいっぱいさ。昔からやってるパブに行って、酒を飲んで、なあ。年齢なんて関係なかったよ……誰でもこっそり入れてやったし、俺もこっそり入れてもらったんだ。でもなあ……まあほら、金曜の夜からアドレナリンがいっぱいなんだ。とりわけ金曜の夜に移動なんてなったらな。ほら、あの時代には高速道路なんてなかったから、一晩かけて行くんだよ。カーライルやバロウ、ワーキントン……夜通しでドライブだよ。それでさ、まあ、ほんとに楽しかったよ、な、バーっと行って、俺たちが到着するのを他のやつらが見るんだよ。そこに行ってさ、そんな遠くまで行ってミルウォールのプレーを見るんだよ。それでさ、それで、一番盛り上がるのは試合が終わった時なんだ、ほら……勝った時なんていうのは、ほら分かるだろ、もう月にも上る気分さ、な。それで負けたらそりゃすごく落ち込むんだ、だってまた長いことドライブだからさ、だろ？……そんな風になあ、ほんとに良い時代だったよ。(35)

ミックは一九七〇年代初期に「パノラマ」チームによって制作された悪名高いテレビドキュメンタリーで撮影されたことがある。それはミルウォールに焦点を当ててフーリガンを暴き出そうとした番組である。その結果ミックの顔は、お尋ね者となっている「ミルウォールのフーリガン」たちの顔写真とともに不当にもサッカー場に張り出されることになったのだ。ミルウォールの同胞愛を定着させたのは、伝説的な人物たちだった。ジンジャー・ボブ、レイ・トリートメント、ハリー・ザ・ドッグ、タイニー（黒人のミルウォールファンで最も尊敬されている一人）、そして「傘男」のシド。

ミックは次のように説明する。

試合を見に行くだろ、それで、トラブルが起こった時にシドがそこを歩いてたんだ。シドはいつも傘を持って歩いてて、べつにトラブルを起こすつもりもなさそうなんだけどな。サポーターがバーっと走ってくると、シドは相手の首をつかんで傘でほら、ククク、そりゃ面白かったよ。悪いことだってのはみんなわかってるんだけど、その当時はさ、そこにいて一緒にやってるんだから、そりゃ面白かったよ。(36)

この男性たちにとっては、こうした世界は家と労働との間の公共圏を作り上げているのである。それは彼らによって管理され、楽しまれる場所であり、独特の感情と興奮を与える場所なのだ。ミックが胸にライオンを彫ったのは一七歳の時、ウーリッジのリンゴ・タトゥー店であった。それはクラブへの愛情を表す究極の身振りであった。「これで血の中まで入ってくるんだよ。ちょうどあの時期にタトゥーを入れて、ライオンを身に付けたんだ。ミルウォールよ永遠に、ってやつだよな」(37)。

ミックはライオンの像を収集して部屋を飾っている。ある時などはシェバという名の大人しいライオンを飼っていたぐらいだ。ベックスリーヒースにそれを飼って、試合の日にはミルウォールのホームグラウンドであるザ・デンまで連れて行ったことも何度かある。クラブへのこのような愛情は、余暇のスポーツといったレベルを完全に超えている。それは場所の感覚、そして世界の中に自分が存在する感覚に関わるものだ。それは、身体において、また身体を通じて表現され、遂行され、感じられるアイデンティティ形成のあり方なのである。だがそれを言葉にすることは、ミックにとって、また彼のような人生を送ってきた者たちにとって、簡単なことではない。

俺はさぁ……ミルウォールを応援してきたし、ん〜、よくわからないなぁ、ただ俺たちの地域だってことだと思うけど……地域にそれがあって、それがミルウォールで、そういうことなんだよな。それは、それはそこにあって、（咳をする）さっき言ったように、それが、ミルウォールっていうのはそういうもんで、だから、ミルウォールがあって……こう、輝いてるわけさ。レス、わかるだろ？　それはそこにあって、そこで輝いてるんだよ。つまり、みんながミルウォールを見て、みんながミルウォールを見てだな、みんながミルウォールを夢に見るってことだよ。(38)

究極的には、言葉は必要でないのだ。この情熱と愛情は私たちの目に示される。しかしミックはタトゥーに「ミルウォール」という言葉を彫らなかった。彼にとってはその二頭のライオンたちが、ミルウォールとロンドン南部に結びついている感覚をはっきりと示す象徴となっているのである。だが一方でそれは、素人たちの非難めいたまなざしからは部分的に隠されたままなのだ。

この写真が撮影されたとき、ダレンはゴールドスミス校のポーターだった（写真3・2）。ミックと同じくダレンはロンドン南部で育ち、ずっとミルウォールファンである。多くの人々と同じように家賃の高騰が主な原因となってロンドンから出ることになった後、彼はケント州ウォルダース

写真３．２　ダレンのミルウォールのライオン。ポール・ハリデー撮影。

レイドで家族とともに暮らしていた。彼はニュークロスの職場まで毎日七〇マイルを往復して通勤した。ダレンの腕には闘うライオンが彫られており、その上にはクラブの名前、下にはクラブのイニシャルがある。これはミルウォールのシンボルの中でも最も愛されているものだ。一九九九年まではクラブのエンブレムだったが、クラブはそれを捨てる決断をした。メディアにおいてミルウォールが暴力やフーリガニズムと結び付けられるのを避けるためである。だがこの決定にもかかわらず、ロンドン南部のタトゥー店でこの図柄の人気が下がることはなかった。ダレンはその腕のタトゥーを誇らしげに身につける。そのそばには、最近ヨーロッパやアメリカで流行っている図柄が彫られている。これらは「タトゥー・ルネッサンス」と呼ばれるものだ[39]。この写真が撮られた二〇〇一年にはこの二つのスタイルが並んでいたし、あるいはそうであるように見えた。だが五年後にあらためて見てみると、ライオンとユニコーンの間にある角張った塊のタトゥーは「カバーアップ」で、それ以前に彫ったものを隠しているのかもしれない。

サッカーのタトゥーはクラブへの愛情を証明するものだが、それはまた、自分がある場所に根差していることの印でもある。サッカーのグラウンドがいかに神聖な芝地となるかについては多くが語られてきた。[40]サッカーファンの中には、この「土地への信仰」[41]を文字通りに捉え、ピッチ上で結婚したり、ゴールマウスに遺灰を撒いてくれと頼んだりするものもいる。ロンドン南部や他の場所でもそうした約束を叶えるために夜中にこっそりと――しばしば違法に――グラウンドに立ち入り、非公認の葬式が執り行われるのである。しかしタトゥーは逆の機能を持つ。それは個々人の皮膚の上に場所やコミュニティ、歴史の感覚を具現化するのである。マンチェスター・ユナイテッドの熱狂的ファンである三四歳のスティーブ・スコールズは、その背中にオールドトラフォード・スタジアム全体のタトゥーを彫っている。それは上空から見たグラウンドの詳細な図柄で、すぐそばに「夢のオールドトラフォード劇場」と彫られている。彼は『サン』紙に「もう建物をいじらないで欲しい」と述べている。[42]こうした場所の感覚がそこへのつながりとともに身体の上に置かれるわけである。物理的には様々な場所に行くことになっても、あるいは時が流れても、その人はそれを基準として人生が方向づけられるのである。

タトゥーによって身体に書き込まれるのは集合的な忠誠心だけではない。労働者階級のタトゥーが持つ特徴の一つは、家族や恋人の名前が肌の上に書き込まれるということである。これは労働者階級のタトゥーに特徴的な現象だといえる。現代の「モダン・プリミティヴ」なヨーロッパのタトゥー・サブカルチャーを担うのは大部分が中流階級であり、家族の名前が彫られることはめったにない。(43)それが示しているのは、このような習慣が階級に特殊なものだということである。白人労働者階級の文化においては、タトゥーとして彫られた名前は、親子の愛や親族関係の身体化になっていることがよくあるのだ。

『愛について』の中でベル・フックスは、「私が出会った男たちは〝愛〟という言葉を軽く使うことを怖がる奴らばかりだった……どうして怖がるかというと、女性が愛を重んじすぎると考えているから」だという。(44)彼女はとても重要なその本において、愛することを難しくしているのは、愛の意味があいまいだからだと結論づける。彼女にとって愛とは意志と行動、選択の問題なのだ。そしてそれは教育の問題でもある。「真に愛するためには、私たちは様々な要素を混ぜ合わせることを学ばなければならない——気遣い、愛情、承認、尊重、関わり合い、信頼、そして誠実で開かれたコミュニケーション」。(45)しかし、ここでいわれているのはどのような形態のコミュニケーションなのだろうか。男性一般が感情をうまく言葉にできないことについては、そしてとりわけ労働者階級の男性がそうであることは、多くの作品が示してきた。私が思いつくところでは、ゲイリー・オールドマン監督の映画『ニル・バイ・マウス』がそれを最もうまく、最も激しく表現した作品である。(46)この映画の中で主人公が病院に収容されている父親の様子を語るシーンがある。彼のベッドの上には「ニル・バイ・マウス（口からはだめ）」という言葉が貼られている。これはその父と息子の関係を象徴しているのだ。

愛を気軽に語ることはその価値を貶めることにもなりうる。ジュリー・バーチェルは、感情を表す言語には階級的次元があると論じる。(47) 辛辣で論争的なジャーナリストであるバーチェルによれば、中流階級の家庭では愛の告白は速やかに行われ、それが感情的な問題に対する無味乾燥な軽薄さを生み出しているという。この批判には的を射ているところがある。私たちは暴露話のトークショーやリアリティTVの時代に生きている。そこでは様々な感情が見世物となっている。感情的なトークや暴露話はいまや巨大産業になっているのだ。「衝撃の事実」を映し出す番組の視聴率やゴシップ雑誌の発行部数がその事実を証明している。労働者階級文化においては感情が饒舌に語られることは少ないが、それが示しているのは、愛の別の形なのである。

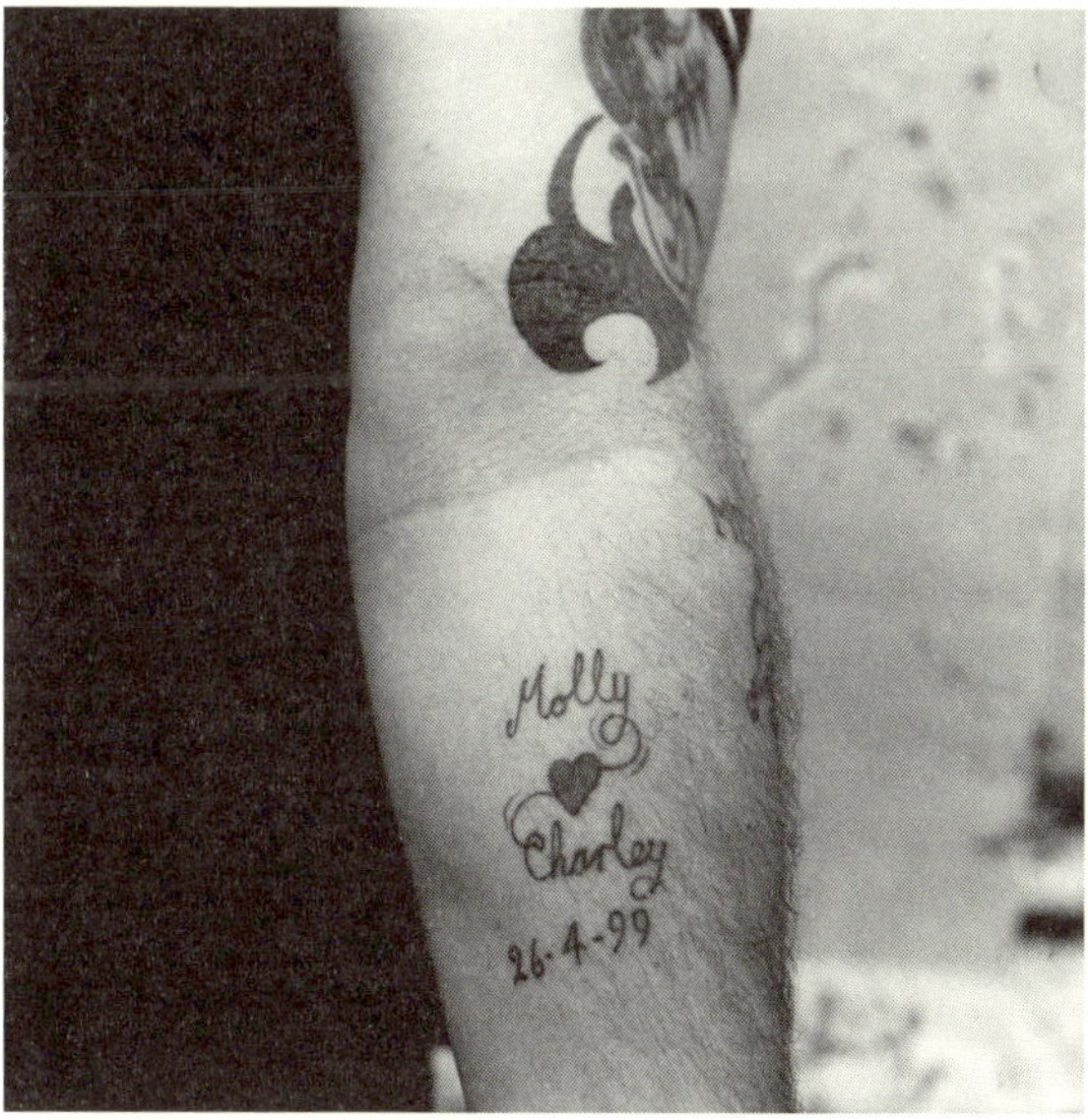

写真３．３　ダレンの双子の娘。ポール・ハリデー撮影。

　ダレンの腕の内側には、ミルウォールの獰猛なライオンから離れたところに別のタトゥーがある（写真3・3）。そこにはハートでつながった二つの名前――モリーとチャーリー――と、その下には一九九九年四月二六日という日付がある。これは彼の愛する双子の娘たちが生まれた日である。親の愛を示すこのタトゥーには美しく感動的なものがある。愛は名前を与えられ、その愛は身体の上に現れる。しかしこうした愛情は巧みに言語化されることはない。それは記述されるのではなく遂行されるのである。それは一種の発話行為的な愛、すなわち、饒舌に語られることなく表現される愛なのだ。

私はここで、ブルジョワの道徳主義者がこうした複雑な感情や愛の表現に対して無関心であることを単に批判したいのではない。マイケル・コリンズやジュリー・バーチェルのような人々は労働者階級を嫌悪する感情こそ上流社会の最後の偏見だとみなすが、こうした観点から導かれるような被害者学は、階級の分断が与える傷に対して真面目な関心が払われることを妨げてしまう。(48)ロマンチシズムとノスタルジアは成功を収めた労働者階級の少年や少女に限られたことではなく、左派にもこの長い伝統がある。労働者階級の人々は階級的不平等によって高尚になるのではなく、それによってしばしば傷つけられるのである。例えば支配的秩序における強者が、経済生活や消費行動についてであれ、国民的近親性や所属についてであれ、自分たちのイメージの中で労働者階級を作り上げようとすることもその傷にあたる。こうした傷の性質にこそ目を向けなければならない。たとえ真剣な努力をもって真実に向き合おうとすることが、別のレベルでは、私たちが耳を傾けようとする当の人々を裏切ってしまうことになることがあろうとも。

ダレンのタトゥーについてまだ語られていないことがある。それはこの写真が撮影された後に起こったことだ。二〇〇四年、かつてミルウォールのライバルクラブであったロンドン東部のウエストハムがプレミアリーグから降格し、同じリーグで競い合うことになった。ダレンはかつての自分の姿に誘惑された。ウエストハムがミルウォールのホームグラウンドに乗り込んだとき、すべての「旧派」のファン集団が現れた。警察がファンたちを引き離しており、「フーリガン」のライバル集団たちはロンドンブリッジのふもとで対決するようあらかじめ決めていたのだが、結局それは実現しなかった。そこで彼らは携帯電話を使ってストラトフォードのパブで落ち合うことに決めたのだった。ミルウォール側は「凶暴な」二五人の屈強な男たちだった。パブは崩壊した。窓からは看板が投げつけられた。ダレンはストラトフォード駅のプラットホームで逮捕された。

裁判の準備期間中にダレンはアルコールに溺れた。そして飲酒運転で逮捕され、免許証を剥奪された。彼はますます世間を恨むようになり、メドウェイのある町で国民戦線の集会にいるところを撮影された。彼の妻は去り、双子の娘とも引き離された。本書を書いている時点で、ダレンはサッカー関連の暴力に対する判決に従ってコミュニティサービスの活動をしており、またアルコール中毒の治療を受けている。彼はゴールドスミス校に復帰することもできたのだが、それを選択しなかった。もちろんダレンの物語は階級的な傷をめぐる単なるたとえ話ではない。そして、ミックの物語との対比が示しているのは、人生の他の道筋も開かれているということである。人種主義とルサンチマンの存在、そして地域愛とプライドが持つ両刃の性質がダレンの物語の中で作動している。そして同じようにそれは、ロンドン南東部の白人労働者階級の生活に広くいきわたっているのである。社会学的に耳を傾ける作業とは、この道徳的、政治的複雑性に注意を払うことなのである。そしてその際に、人種主義の弁解者になってしまうこと、あるいは逆に、そのような人生を絶対的な悪とか暴力行為へと矮小化することも避けなければならないのだ。

マイケル・ヤングは日々の生活に真摯に耳を傾ける非常に優れた大衆的知識人であった。社会学の古典である『ロンドン東部における家族と親類関係』の共著者（ピーター・ウィルモットとの）であった彼はオープン・ユニバーシティの設立者であるが、それに先立つ一九四五年に戦後のイギリス福祉国家体制の礎となる労働党の歴史的マニフェスト『未来に立ち向かおう』を著したことで知られる。二〇〇二年に彼が他界した時、息子のトビーは感動的な追悼文を書いた。若い頃トビーは父の奇妙な行動に怒りを覚え、父の信奉する社会民主主義政治に反抗していた。あるクリスマスの朝、マイケルは家を出てイーストエンドの墓地に向かった。今は亡き愛する者の魂がこの日この場所に戻ってくるのを、イーストエンドの孤独な住民たちが集まって迎えると彼は耳にしていたのである。マイケル・ヤングが家に戻った時にはクリスマスの夕食は台なしになっており、家族はみな怒り心頭だった。トビーは次のように回想している。「父は私たちの怒りが静まるのを根気強く待った。そして貧しい人々について語り始めた。彼が見たのは、未亡人たちが最後の〝クリスマスの一杯〟を分かち合うために、夫の墓の上にお茶を注いでいる姿だった。数分もしないうちに、私たちは皆涙があふれていた[49]」。

この逸話は私の想像力を捉えた。社会学的に関心を向けるあり方をヤングが示しているということ、そして、愛する夫の墓にお茶を注ぐ女性たちの一見奇妙にも見える光景において何が問題なのかを見抜く彼の直観。ヤングが設立し研究の基盤としたコミュニティ・スタディーズ研究所（現在は彼の名を記念しマイケル・ヤング財団と改名）を通じて、私は『インディペンデント』紙に彼が寄稿した記事についての参考資料を見つけることができた。残念ながら、死者と生者が分かちあったお茶のことについては書かれていなかった。ヤングの民族誌的リアリズムはそのような空想的な出来事を許容しなかったのだろう。むしろそのニューハムの墓地はモダニズム民族誌の慣習通りに描かれている。

誰も作業を急いでいるようには見えなかった。というのもそこにいる人々の多くが行っている作業だからである。人々は静かに、枯れたり色褪せたりした花や葉っぱを取り除き、墓石を洗い流しては磨き、花を植え、菊を花受けに差し、古くなった造花を取り換える。埋葬が比較的新しいところでは、白い花を犬の形に刈り取った装飾や、〝父〟〝息子〟〝ケン〟のような名前を型取ったリースの形を整えている。(50)

この事例がどのように本論に共鳴するかは後に示すが、私はここでヤングの耳を傾ける能力とその優れた社会学的直観を強調したいと思う。見る目を持たない人であれば、粗末な花で追悼したり、造花で墓石を飾ったりする光景を見てただばかにしたことだろう。だがヤングは、労働者階級の生活感情や思い出の儀式において、名前が持つ力を見抜いたのである。私が主張したいのは、タトゥー彫師のインクによって皮膚というキャンバスになされる愛の刻印の中に、同様のプロセスが存在するということである。

『階級とジェンダーの形成』において、ベバリー・スケッグスは身体及び身体的傾向がいかに社会階級の特徴を表すかを論じている。彼女の研究に登場する女性たちは、自己の改善の手段として身体に焦点を当てる。回答者の一人ジュリーが述べるように、「身体だけが本当に自分のものだといえる唯一のもの」だというのだ[51]。こうした女性たちにとって「ありのままでいること」は、自分たちの置かれている階級や社会的な移動性の欠如、女性に課せられる制約といった様々な拘束に服従することを意味するのである。もう一人の回答者テレーズは次のように観察する。「あの人たちが街を歩いているのを見るでしょ。すごく太って、髪もベタベタ、服は臭うし、子どもたちも汚いの。クリンプリン製のパンツなんか履いてる人たちね。あの人たちは全然気を使ってないの。絶対あんな風にはなりたくないわ」[52]。階級を上昇できるという空しい約束にしがみつくことが、健康な食事をとること、スリムな体型を保つこと、運動をすることを意味するようになっているのだ。スケッグスの結論はこうである。「脂肪が指し示す労働者階級の身体は、〝改善〟の希望をあきらめた身体である」[53]。ベバリー・スケッグスは労働者階級の女性性の複雑さをめぐる議論の中で、タトゥーがどのような意味を持つかについては言及していない。だがもしそれが登場していれば、労働者階級の女性の身体に結び付けられる不名誉な属性の一つとして追加されていただろう。比較的最近まで若い女性がタトゥーを入れていると、乱交や売春をやっている「淫乱」で「ふしだら」な女だという中傷を受けていた。だがここ一〇年のタトゥー・ルネッサンスによってこの状況はある程度変化し、ますます多くの女性たちがタトゥーをするようになり、このスティグマは緩和されてきたといえる。

ヴィッキーの肩には天使のタトゥーがある（写真3・4）。彼女は顔を写してほしくないといった。そのタトゥーの反対側、左の肩にあるのは「小さな悪魔」である。彼女の家族は、これら聖邪の番人が競い合いヴィッキーの性格に影響を与えていると考えている。ヴィッキーは私の姪でニューアディントンに住んでいる。それは第一章で言及したロンドン南部郊外のクロイドンにある大きな公営住宅地だ。そこは都市と田舎がノコギリの刃のように入り組んでいる場所である。約三万人がこの住宅地に暮し、一万九〇〇〇人の子どもたちがいる。一九五六年、英国祭の建築ディレクターだったヒュー・キャッソン卿はこの住宅地について、「切断されている。クロイドンやロンドンからだけではなく、生活そのものからも切断

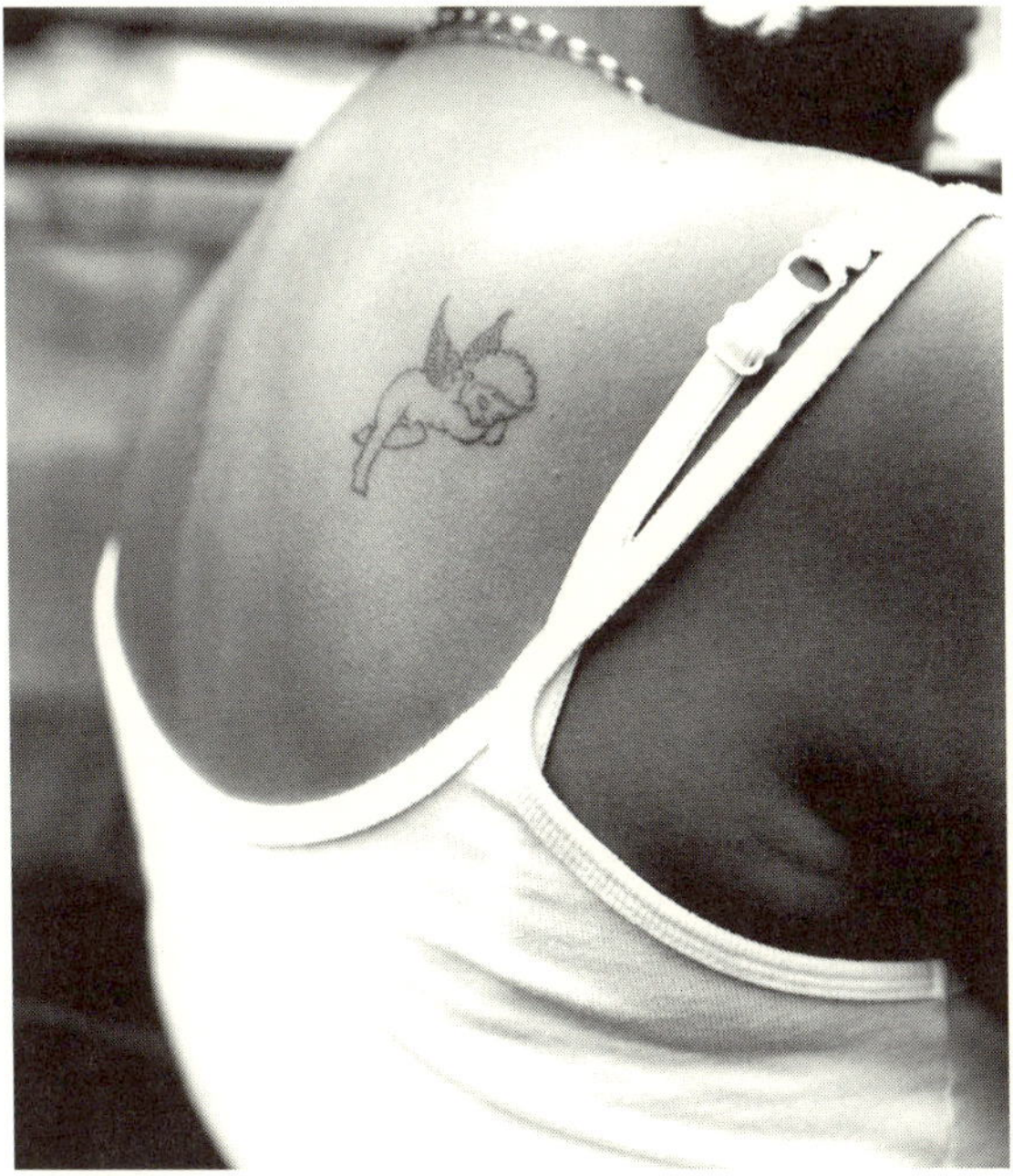
写真３．４　ヴィッキーの天使。ポール・ハリデー撮影。

されている」と述べた。[54] 初期の居住者たちはそれを「リトルシベリア」と呼んだ。丘の上にあって風雨に晒されているからである。一九七〇年代初期、セックス・ピストルズのデザインを担当したジェイミー・リードは『サバーバン・プレス』という政治雑誌を出版し、一九七二年にはニューアディントンに焦点を当てて居住問題の特集を組んだ。その論説の結論は時代を先取りしていた。

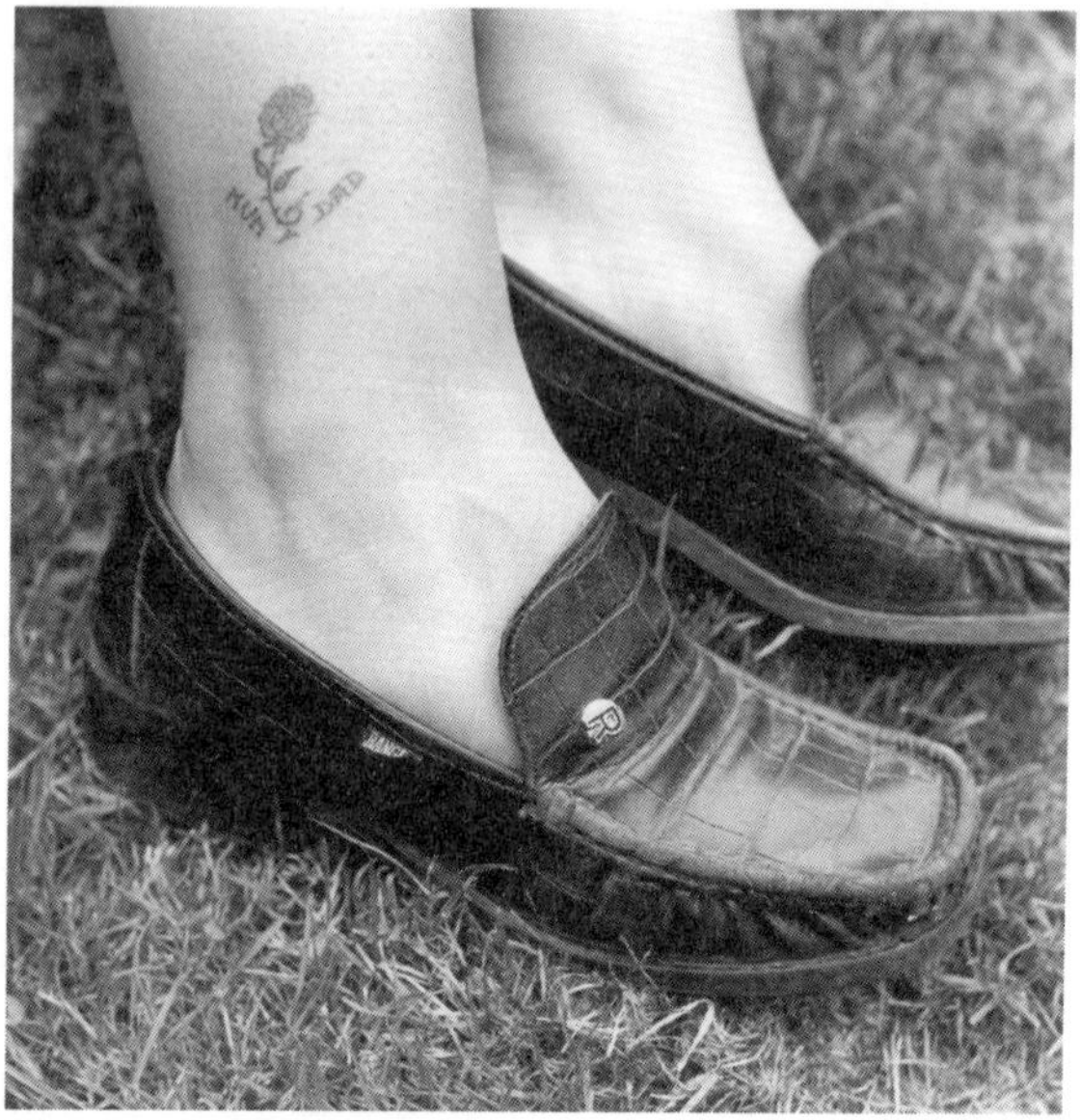

写真３．５　発話行為的愛。ポール・ハリデー撮影。

ニューアディントンはクロイドンの中で労働者階級の廃棄場となっている……アディントンのような住宅地から抜け出すには、自分の道を買い取るしかないのだ。中流階級の生活を目指してせっせと毎日働く。そうすると他の誰かがあなたの家に引っ越してきて、また出世しようと励むわけだ。圧倒的に中流なクロイドンにとって、ニューアディントンのような住宅地に「労働者を隠しておくこと」は理想的なのである。[55]

ジェイミー・リードは、マーガレット・サッチャー率いる保守党政権下の一九八〇年代に生じる事態を正確に予測していたのである。サッチャーは金銭的余裕がある人々に公営住宅を「買う権利」を与えたが、その結果最良の住宅ストックは売り払われ、おおよそ賃貸の難しい物件のみが公共セクターに残ってしまったのである。今日、地平線に見えるのはカナリーワーフを構成する三つの高層ビルである。それは逆さまになった巨大な電気プラグのようである。ロンドンはこれらのビルによってグローバリゼーションという経済の電源に接続されているわけだ。デジタル時代において、「ロンドンっ子」を定義するのはボウ教会の鐘の音とともに生まれたことではなくて、カナリーワーフの光景なのである。

ヴィッキーは二〇歳で、この写真は彼女がスーパーマーケットの仕事から帰ってきたときに撮影したものである。最近女の子がタトゥーを入れることに対して何らかのスティグマがあるかどうか私は尋ねた。「いいえ」という答え。「今はみんなタトゥーを入れてるわ。いろんなもの。イルカとか、そんなの。安いしね」。幾らぐらいか尋ねると、「行く場所で違うけど、小さいのだったら大体二〇ポンドから三〇ポンド」[56]。ヴィッキーは足首のタトゥーも見せてくれた（写真3・5）。彼女はワークシューズを履いていた。彼女の足首には小さな赤いバラがあり、その横には「お母さん」と「お父さん」という文字が書かれている。発話行為的愛である。

ヴィッキーは手を見せてくれた（写真3・6）。金色のジュエリーの一つ一つには逸話がある。左手の薬指にはめている指輪は、一〇年前に他界した母方の祖母が着けていたものである。その金

写真3.6　手の中の人生。ポール・ハリデー撮影。

色のバラの隣、中指にはめているのは父方の祖父が着けていたのと同じ「お守りの指輪」で、これはヴィッキーの一三歳の誕生日に祖父母から贈られたものである。右手の指輪もまたそれぞれ同じような絆と愛情を表している。人差し指に着けたダイヤ型の格子の指輪は、母方の祖父が他界した年にその祖父からもらったお小遣いで買ったものだ。薬指の金色の指輪は一六歳の誕生日に父方の祖父母から贈られた。右手の中指にある大きなソブリン金貨の指輪は、一八歳の誕生日の記念に父方の祖父から贈られたものだ。ヴィッキーが一八歳になるわずか二カ月前にその祖父は癌で他界したのだが。

彼女のネイルはプロによってマニキュアが施されている。豪奢な付け爪のそれぞれには中央に石が装飾されているが、これはロンドンの黒人や白人の少女たちの間で最近流行っているスタイルである。「金まみれ」という表現は労働者階級の女性たちを嘲る手段として用いられている。それは若い女性たちや〝にわか成り金〟を生意気で派手なチャブだと位置づけ、趣味や階級的区別の序列の中で劣っているとみなすためもので、[57]階級的な侮蔑の語彙の中でもありふれた表現である。ヴィッキーが身に着けている装具のそれぞれは、ブルジョワ的な無視と偏見にはとらわれない意味と絆を表現している。人生の中で過ぎ去った瞬間、近しい人々への愛や類縁関係の証、亡くなった者の思い出を、それは象徴しているのである。彼女のこれまでの人生の物語はその手に収められているのだ。

ヴィッキーの左手首、金色のブレスレットのそばにもタトゥーがある。現代風のシンプルなものだ。金のジュエリーの下にそのタトゥーがあることは、過去から現在に続いている文化的痕跡を表している。産業革命の初期、労働者たちは肌の上に装飾を彫り込んでいた。彼らが所有するものはほとんど何もなかったが、それでも「自由労働」といえば彼らが自分たちの身体を自分のものにしていることを指していた。階級とヴィクトリア朝のタトゥーについて研究したジェームズ・ブラッドリーは次のように論じている。「タトゥーはジュエリーや他の所有物の代用となった。それは感情を表現する手段であり、また身体と自己と他者の間に愛情を生み出す手段であった」[58]。金のジュエリーとヴィッキーのタトゥーは様々な要素が過去と現在との間を揺れ動く連続性を生み出している。労働者階級の嗜好と経験を装飾する「感情の構造」（とレイモンド・ウィリアムズが呼んだもの）の中で、その二つは寄り添っているのである。[59]

ヴィッキーの祖父は――すなわち私の父だが――癌との長く激しい闘病の末に一九九九年に他界した。彼が最初の手術を受けた後に、私はクロイドンのメイデー病院を訪ねた。病棟は父と同年代の同じような背景を持つ人々でいっぱいだった。皆喫煙者で同じ病を患っていた。五〇年にわたる工場労働によって、マメだらけで固くなった父の手にはひびが刻まれていた。一日一〇時間も機械の前に立ち続けたために彼の踵は分厚く、膝は弱くなっていた。工場労働の体制が労働者の身体に残した痕跡は見た目には分かりづらいが、その病室で弱り切った身体を目の当たりにするとあまりにも明らかだった。エンゲルスの有名な社会的殺人の概念のように、この病棟で見つかる病気は、同様の世俗的な加害者の仕業によるものだ――劣悪な労働環境、粗末な食事、そして父がいうところの「癌の棒」を売ることで利益を上げる産業である。

父が若い頃は、まったく違う生活だった。彼はちょっとした悪童として己惚れており、ロンドン南部のギャングの世界とスタイルになじんでいた。彼の母親のテラスホームの裏庭で偉大な友人ジョニー・グラハムとポーズを決めた写真が何枚もある。二人はダブルのスーツ、シルクのネクタイ、ロングカラーのシャツで着飾っている。父とジョニーはいつもイーストクロイドンから電車に乗り、ソーホーのジャズクラブやボクシングジムに行ったり、オールドケントロードのパブに立ち寄ったり、キャトフォードのドッグレースに行くのだった。父はいつもユーモアに溢れ、これらの場所で過ごした時間を愛していた。

父は海軍に入隊したが肌の上に旅の経路を刻み込むことはなかった。私も兄もタトゥーを入れたいと思っていたが、父はそれを禁じた。彼はラカン的な意味で象徴秩序の「法を定めた」のである。だが父にとってタトゥーは自己の堕落と階級的スティグマを意味するものであり、また戦後の社会的上昇への希望を挫く行為でもあった。(60) 当時の多くの人々がそう思っていたように、彼もまたロンドン郊外の、より良い居住環境が約束された巨大な公共住宅地に移り住むことが「上昇」だと考えたのである。このコンクリートの要塞の中では、労働者階級文化は根こそぎにされた。だがその場所でさえも労働者階級の身体には過去の遺産が刻印されたのである。[61]記憶が社会的に生き残るとき、それは必ずしも意識的に保持される必要はない。[62]むしろ記憶は感情の構造を提供しうるし、その当事者でさえはっきりとは捉えづらいものであり続ける。私たちの父は社会的上昇についてのどんな不満も許さなかった。彼にとってそれは単純なことだった。家族にもっと良い生活をさせたかったのだ。晩年、孫娘のヴィッキーが毎月のように新しいタトゥーを入れるのを見て、彼は当惑の表情を浮かべていた。

父の死後、私と兄は全く異なる形で圧倒的な喪失感に襲われた。ヴィッキーの父親であり私の兄であるケンにとって、父の死は彼自身の将来を暗示するようなものであった。ケンは板金工であり、父の家の隣にある工場でかつては長く働いていた。現在はロンドンを回りながら鉄筋を修理したり、セキュリティゲートを設置したりしている。フォーディズム的な生産の産業構造はロンドンでは急速に衰退し、二〇〇六年の報告では二〇〇二年から二〇一六年の間に製造業の雇用数は二八万五〇〇〇から一九万九〇〇〇へ三〇パーセント下落すると推定された。[63]ケンの日々の仕事を見ると、いかにロンドンの経済が推移しているかがわかる。今や彼の仕事は、マクドナルドのようなファーストフード店舗のキッチンの修理から、デザイナー事務所やIT企業のための倉庫や集合オフィスにセキュリティゲートを設置することまで幅広い。[64]二〇〇四年には首相の政策ユニットがロンドンプロジェクト報告書を作成したが、そこでは首都の経済が「人的能力に基づいており、知識ベースのクリエイティブ産業及び観光を含む文化産業によって表現される」ものだと定義されている。[65] 二一世紀の首都は知識やデザインを生み出す場所であって、それを製造する場所ではないというわけだ。

父の死後、ケンはしばらく父の服や、眼鏡さえ身に着けている時期があった。彼は文字通り、父の不在の中に宿ったのである。着る者のいなくなった父の服に自分の身体を通し、それを着てまったく父と見間違えるような振る舞いや態度をとったのである。父と息子は、ブルデューが共有された〝身体的語彙〟と呼んだものを分かちあっていたのだ。[66]

ロンドンの家族にはよくあるように私たちもイギリス南岸に小さなトレーラーハウスを持っており、一九五七年から家族は夏休みにそこに戻ることにしている。一九八〇年代に私の両親がノーマンズベイに中古のバンを購入していたので、父の死後数カ月の間たびたびそこを訪れた。しかしそこにいるのはとても辛かった。全ての場所が、今は亡き父の存在を呼び起こすのである。砂浜、海、そして防波堤。父はそこに立って煙草を吸いながら波を見ていた。そして潮風が彼の白くなった髪をなびかせる。ある暖かい夏の午後に、ケンは私に見せたいものがあるといった。彼はシャツの袖をまくる。そこには、彼の肩の上には、タトゥーが彫られていた。それは絵で表されたイマーゴで、飛んでいる燕がくちばしに巻物をくわえている。そして兄の皮膚でできたその巻物には、〝父（DAD）〟という文字が刻み込まれていた（写真3・7）。

そのタトゥーは発話行為的愛の対象を名指している。アルフレッド・ジェルが指摘するように、この一見個人的な選択は実際のところ他者によって誘発されている。ケンの場合、その他者とは彼

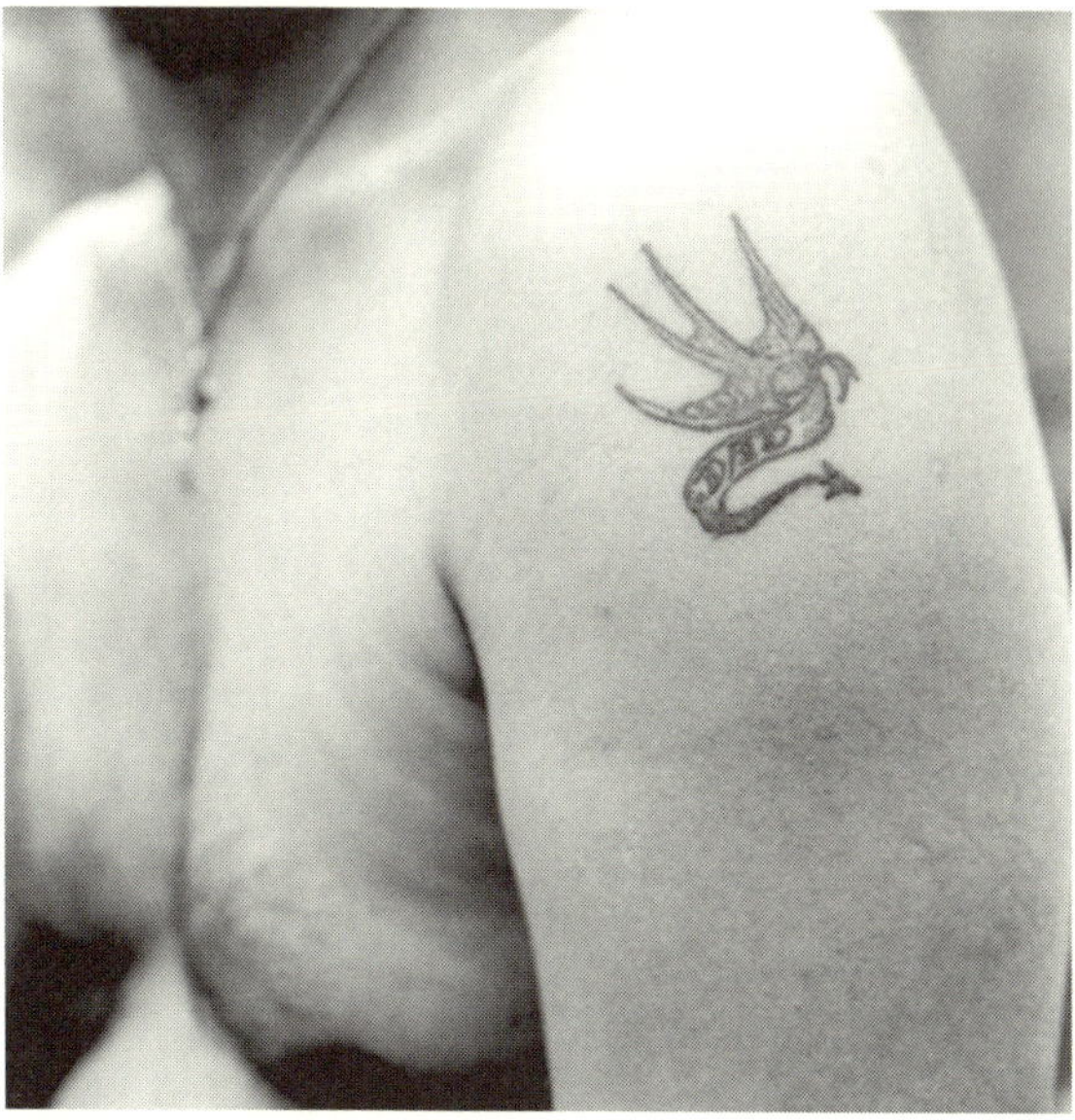

写真3.7　ケンの想い出。ポール・ハリデー撮影。

の家族であり、彼に一番近い者たちであり、父の幻影である。それはめったに言語化されることがなかった愛を象徴するが、しかしそれは名づけられている。それはその名である。精神分析家ジャック・ラカンによれば、子どもたちはまさに人生の初期から父との特別な関係にあるという。これは、出産と育児によって形成される母との直接的な身体的結びつきとは対照的である。子どもたちは母との身体的な関係を発達させるが、その一方で父親との関係は言語や言葉を通じて習得される。ダニエル・シュウォーツは、「こうして子どもに対する父の関係は言語や婚姻及び類縁システム——名——を通じて確立されるが、それが今度は全てのことがらに対する規則の基礎となるのである」と結論づけている。[67] こうした議論の信憑性はここでの問題ではない。というのも、ラカンが私たちに注意を促したのは、父の名の象徴的な重さなのである。父は父性や愛だけでなく、社会秩序や道徳秩序を表象するのである。

ケンの肩に刻まれた「父」という文字は、その道徳秩序が孕む複雑さを映し出している。彼の父がそのようなタトゥーを禁じていたことを思い出してほしい。だがケンは、この禁じられた一線を越えることで父を記憶に留めようとしたのである。ケンのタトゥーは父の思い出を伝えるが、同時に父の権威の否定でもあるのだ。こうして父の記憶は、ある部分では子どものころ「私たちに定めた」法が破られることによって留まるのである。私たちの父は時として激怒することも厳しくあたることもあり、必然的にケンは父の課す規律に反抗した。そうして彼のタトゥーは愛と反抗を共に含んでいるのである。

父の死後五年が経ち、ケンはますます父に似てきた。身体的特徴ではなく、また表面的な見た目の感じでもない。ケンの思考や行為、振る舞いの中には見えないタトゥーがいくつも刻み込まれていたのだ。私にとってこれは何か奇跡でもあり慰めでもある。このことについて二人で話したのは、私が自分の仕事を家庭に持ち込み、いわば家族の民族誌家になってからである。父との死別によって示された全ての感情、身近に触れられる支えと愛は、決して名づけられていなかったのだ。私はこうしたことが家族の問題を超えた事象だと主張したい。この事例は、しばしば無関心や無表情、感性の欠如として捉えられる労働者階級の生活感情が、実際は複雑であることを表すものだと考えられるだろう。

白人労働者階級においては、女性もある程度そうだが特に男性は、過度の馴れ馴れしさについて何か言葉が出るのを止めるロープのようなものがあるようだ。これはロンドン南部やその周辺地域に当てはまるが、その地域の歴史とそこに定着した階級文化に特徴的なものかもしれない。これは「自分をなだめる」行為とも、あるいはクリフォード・ギアーツがジャワの事例で生き生きと描いたような感情の内面的・外面的な揺れ動きを均す行為とも違う。(68) むしろそれは、どのように口数多く話そうとしてもその前に必ず居座る仮面のようなものである。過度の馴れ馴れしさを示したり、簡単に愛情を見せたりすると、その態度は冷ややかに疑われるのだ。これはある部分では、外からの接触に対する防衛として機能している。その接触が日和見主義の政治家たち——右派でも左派でも——からであろうが、社会福祉士やブルジョワ階級の知識人たちからであろうが。

愛の言語は、身体化された領域において、行為や身振りを通じて発せられる。そこでは、「行為は言葉以上にものを言う」という一般的なことわざは、文字どおりの意味となる。この語られない愛に内在する危険は、それがはっきりと伝わらなかったり、歪んで伝わったりするかもしれないということである。この深く埋め込まれた感情的な親密性は、誤解されたり、思い込みが過ぎたり、見過ごされたり、当たり前のように受け取られるかもしれない。私が一番主張したいのは、言葉の欠如は必ずしも愛の不在を意味するのではないということだ。そして、愛の表現とコミュニケーションは言語的な様態だけでなく非言語的な様態においても理解されなければならないということである。

結論　写真の中の色

本章では、簡単には言葉に書かれないものを説明しようとしてきた。白人労働者階級の文脈では、身体がそこに感情や親近性、忠誠が書き込まれるキャンバスとなるというのが主題であった。私は写真の分析を通じて、これらの身体にタトゥーとして描かれた刻印が、複雑で比喩的な相互関係や意味、象徴性を孕んでいることを示そうとしてきた。これらの写真の着色は——私もまた書くことを通じてそれを試みたのだが——部分的なものである。なぜならそれぞれの写真は謎を含んでいるからだ。その中に意味を見出そうとすることは砂をつかむことにも似ている。真実の粒のほとんどは指の間から零れ落ちるのである。私は次の章でこの比喩をさらに発展させたいと思う。

　ラカンにおいては、意味づけの行為あるいは表象の形態はどのようなものであれ本来的に不安定である。それはクリステン・キャンベルが「記号の滑り」と呼んだものであり、ラカンの用語でいう「地滑り（glissement）」である。これは、「意味されるもの《シニフィエ》が意味するもの《シニフィアン》の下で絶えず滑るプロセス」である。[69] ラカンによれば、「全てを言い尽くすこと」はできない。なぜなら最終的に「言葉は不足する」からである。レイモンド・ウィリアムズは、文化分析における過去時制への滑りとか、「固定された理解の形態」という概念において、この事態のある部分を明らかにしている。現在の複雑性は私たちがそれを理解するために用いる分類図式を拒むのである。つねに何かがその枠組みから逃れ、不透明なままとなる。

　おそらく死者を固定することはできる——その引き続く記憶はそれに抗するだろうが。しかし生きているものは、第三人称では違うかもしれないが、少なくとも第一人称では固定されないだろう。私たちが知る全ての複雑性、経験された緊張、推移、不確かさ、つまり不均等や混乱の複雑な形態は、特定の形に固定されることを拒み、さらには社会分析そのものを拒むのである。[70]

表象行為におけるこの不完全さについては本論ではさらに明らかである。というのも、この研究の対象となったのは私の身近な家族であり仲の良い友人なのだから。私が本論で行ったのは、まさしくレイモンド・ウィリアムズの指摘する第一人称の語りである。私の描く肖像は本来的に未完成である。それは経験という明暗が全て詳細に描かれた肖像画ではなく、スケッチなのだ。しかし、研究対象が愛する人々である時、性急な判断や愚にもつかない社会学的客観性に耽ることはいっそう難しくなる。これはそれ自体が一つの教訓なのだ。だが、表象行為が必然的に失敗するとしても、それは必ずしも希望がないということではない。民族誌的表象は、サミュエル・ベケットの感動的な表現を言い換えるなら、よりよい種類の失敗に向かって意欲を傾けるべきなのだ。そのためには人々の経験を縮小化したり固定化したりせず、また閉じ込めてしまうこともなく、現在時制の経験が持つ複雑性とまだ完結していないという性質を受け入れるような態度が必要なのである。

おそらくその時、思考それ自体の倫理について考える必要が生じる。思考が一つの道徳的行為だとするならば、それはどんな種類の道徳的行為なのだろうか。とりわけ本論のように親密な対話がそこに含まれるときには、どうなのだろうか。[71] ピエール・ブルデューは、耳を傾けることが学問的そして感情的な親密性を含む行為だという。

厳格な方法論者と優秀な解釈学者にとってはショックなことかもしれないが、私はインタビューが一種の精神的な訓練だといえると思う。それは自己の忘却を通じて、日常的な生活環境の中で他者を見るあり方を真に転換することを目指すものである。相手を受け入れようとするその性質——聞き手は回答者の問題を自分自身のものと考え、回答者のそれぞれが固有に持つ必要性においてその人々を受け入れ理解する——は、一種の学問的な愛なのである……。(72)

本章で提示した写真はそれ自体が愛によって縁取られている。本章の各ページもまた愛をもって記述されたものだ。本論の場合、直接的に「回答者の問題を自分自身のものと」した部分もあった。私は自分の個人的な喪失や死別に対する思いや癒しを、思考を通じて記述したからだ。ケンは私の兄であり、彼の父は私の父である。しかし本論の議論が同時にブルデューの主張に共鳴することを願っている。社会学は他者や他者の身体に対する私たちの見方が転換し変容するプロセスに関わるものである、というその主張に。

労働者階級のタトゥーの逆説は、それが刻まれた身体が階級的スティグマと偏見の対象になりうるし、実際にそうなっているということである。私が本章で論じてきたのは、その刻印には複雑な感情と絆とが含まれているということだ。シュー・ベンソンによれば、現代において身体は作り直しや加工ができるという考え方が支配的だという。しかし、身体を流行に合わせて加工し支配することができると考える傾向は、反故になった約束を孕んでいる。タトゥーや他の身体文化形態はこの逆説を明らかにする。

実際のところ、私たちが自分の身体を所有しているのではなく、身体こそ私たちを所有しているのだ。身体についてただ明らかなのは、それが私たちを失望させるということ、結局それは私たちの意思に屈することはないということである。こうした意味で、これらの実践がはっきりと照らし出すのは、身体と自己をめぐる西洋的な概念、そしてそれが抱く永続性という幻想の不可能性である。そしてそれが求める制御の自律性もまた不可能なのだ。(73)

タトゥーとして刻まれた線は永続性に触れてはいる。が、永遠を掴むことはできない。そのことは労働者階級の表現にとって二重の重要性を持つ。というのも、これはその人々の物語が語られる唯一の媒体であることがしばしばだからだ。労働者階級の人々の物語に与えられる場所はなく、デリダのいう「手厚い記憶」の見込みもない。(74) 死体が消えれば、身体化されたその人の歴史の痕跡、人生と愛の痕跡も失われる。死体は病棟から火葬場まで運ばれ、その名はリースの花や若者の肌の上の刻印において記憶される。そしてその若者もまた、順に老いていくのである。

ジグムント・バウマンが指摘するように、最も重要なことはしばしば語られないままである。そして本章が主張してきたのは、言葉の外側で作動する身体化された社会的生活の領域に関心を向けるべきだということである。ここでは視覚《ヴィジュアル》社会学と写真を通じて、身体に書き込まれたコミュニケーションを捉え表象することができた。しかしながらその写真は自ら語ることはないのであって、それを理解するために私たちは写真の縁の内側と外側にあるものの相互作用に注意を払わなくてはならないのだ。本書で展開しようとしている社会学的な関心の向け方は、語られることに耳を傾けるだけでなく、見せられるものに注目することについても鍛えられるのである。それは異なる感覚の間を翻訳するような注目のあり方を示している——そこでは聞くことが見ることであり、見ることは聞くことなのだ。次章ではストリートの肖像写真プロジェクトに言及しながら、耳を傾ける写真について論じていく。その事例を通じて、諸感覚と理解の関係、そして社会学的な対話における解釈の倫理と互酬関係が論じられるだろう。

第四章　目によって聞く[1]

私たちが人々に耳を傾けるというとき、それはその人々が私たちに物語を与えてくれるということだろうか、それとも私たちがそれを盗み取っているのだろうか。どのような社会調査であってもその中心には盗みと贈与、奪用と交換との弁証法的な緊張関係がある。この両者のバランスは実はかなり複雑である。社会学的調査を規制している倫理的指針とは、社会学が持つ権力が乱用されないよう、あるいは大きくなりすぎないよう見張るためにある。倫理とは、〝べき〟（研究の指針）が所与の〝である〟（社会学的調査）に適用されるような思考の技法である。イギリスにおいては、こうした指針は職業的誠実さを保証しようとするものである。こちらから調査の内容を伝えた上で同意を得ること、調査に参加する人々の権利を守ること、調査対象者が物理的、社会的、心理的に傷つかないようにすること、そして匿名性、プライバシー、秘密を保証することがそれにあたる。またその指針にはその後の社会学的調査を難しくするような行為を避けることも含まれている。[2] その結果、大学の卒業論文作成から膨大な資金を投じた研究プロジェクトまで全てのレベルの社会調査を規制する倫理委員会が力を持つようになった。

しかしながら、その「倫理的転回」は社会学的技能に限られるわけではない。チャールズ・ルマートは次のように論じている。「今日倫理の話題を避けることは難しい。社会理論における倫理的転回、対外政策の新たな道徳、地球環境の倫理、生体医学の倫理、文明の衝突などである。だが新しいミレニアムの始まりはこうした話題を語るには非常に奇妙な時である」(3)。それは奇妙なのだ。なぜなら二〇世紀は、普遍主義的思考――特に文化的差異に関する――によってもたらされた傷を問題視したのだから。自由や正義、平等といった普遍的原理の名の下になされる数々の行為が、暗黙の自民族中心主義や支配的諸国のグローバルな利益を覆い隠す仮面になりうるとルマートは指摘している。倫理的転回とは、不確かさや危険、道徳的複雑さを前にしていかに行為するかという問題を提起する試みである。ポール・ラビノウはいう、「主な規制はいまや倫理的なものだ」と(4)。

私は倫理への関心がひそかに何か狡猾な支配的規制になっているといいたいのではない。私がいいたいのは、倫理の問題を提起するその官僚的なやり方が、この問題についての議論を活性化させずにむしろ制限してしまうということである。その結果、当局からの一度限りの「倫理的許可」を得ることばかりが問題となり、調査について開かれた継続的な議論を行ったり、それ自体を道徳的行為として考えたりする方向には向かわないのだ。例えば、情報提供がなされた上での同意《インフォームド・コンセント》を参加者から求められることは確かに「良いこと」である。だが、ある人の参加が生み出す成果をその調査者／著者がまだどのように用いるのか分からない時もある。そういう場合、同意をもらうためどのような情報を提示すればよいのだろうか。ふつうは許可が求められるのは調査開始時だが、その段階では研究者も参加者も実際はどのようなことに同意しているのかが分からないのだ。だとすると、いかにしてそれを本当に伝えることができるのだろうか。本章で私は、社会調査の技能が実践される舞台に焦点を当てながら、調査実践の倫理的次元について考えていきたい。

ストリートについて

以下に説明するのは、調査者と研究対象との間に交換の空間を切り拓き、そこに一種の互酬関係を生み出す手段としてストリートの写真を使うことについてである。前章でも作品が紹介された写真家、映画製作者、そして文化社会学者であるポール・ハリデーが行った「ストリートについて・プロジェクト」が主な対象だ。二〇〇一年二月、ポールは彼の学生をロンドン南部のクロイドンカレッジに招き、大都市の文化生活の明暗を映し出すような視覚的物語を製作しようと試みた。設定はロンドン東部のブリックレーンで、二〇年以上にわたってポールが何度も撮影を行った場所である。ロンドン東部のこの地域には、そこで暮らしてきた多くの移民たちの痕跡がひっそりと残っているのだ。ユグノー派のフランス人やヨーロッパのユダヤ人、そして最近ではベンガル系コミュニティなどである。ブリックレーンはまた、週末になるとロンドン各地から人が集まる地区でもある。日曜日の朝になると人々は郊外からそのマーケットに集まってくる。革製品から婦人服、安煙草などあらゆるものを買いにテムズ川を越えてくる人も多い。ポールはブリックレーンに学生を連れていき、ストリートに大きなフォーマットカメラを取り付けた。その後日曜日の朝になると、マーケットが賑やかに盛り上がる中、学生たちは街ゆく人々を――しばしば買物袋を抱えていたが――誘い、肖像写真を撮影した。

私が初めてこのプロジェクトに関わったのは、その学生たちに都市文化理論の諸概念、特にヴァルター・ベンヤミンの作品について教えるためであった。二〇〇一年の最初の日曜日の朝は奇妙な光景だったに違いない。ブリックレーンの北の端、〝ベーグルベイク〟の店先で「歩道の授業」が行われたのだから。私はヴァルター・ベンヤミンの古典的エッセイ「歴史哲学テーゼ」の簡単な要約を学生たちに与えたが、その間私の息子は肩に乗ってジャムドーナツを食べていた――私の髪の毛に砂糖をぼろぼろこぼしながら。(5) 学生写真家たちは混み合った道路を歩き始めたが、ライトを頭上数メートルも持ち上げており、まるで宇宙人からのメッセージを受信しているかのようだった。

その最初のセッションの後に三人の写真家がそのアイデアを取り入れ、自分たち独自のものに変換した。三人それぞれがグループでの作業に独自の貢献をした。アントニオ・ジェンコは技術的な錬金術師、ニコラ・エバンスは撮影の調整役で、そしてまた参加者を落ち着かせる役割をひきうけた。ジェラード・ミッチェルは都市の収集家として人々をレンズの前に導いた。ジェリー［ジェラード］は次のように考えていた。「中心的な責任者がいたわけではないよ。僕たちみんなが写真に貢献しているんだから、写真家としての地位なんて必要なかったんだ。誰がシャッターを押すかもその場次第だし、僕にとってはこの写真は全部僕たちみんなのものなんだ。まるでアートスクールのパンクバンドみたいだね。エレキギターやドラムの代わりにカメラを持ったんだ」(6)。二年以上にわたってこのグループは、ほとんどの日曜日の朝、大きな古めかしい道具を持ってブリックレーンに通い、それをストリートに設置したのである。カメラのマントの下では、世界は文字通り逆さまだ――〝カメラ・オブスクラ〟である。そのヴィクトリア調のカメラは、それを見た人すべての関心を惹きつけた。ある時は観光客がそれが売り物かどうか尋ねてきた。人々はそのカメラの古めかしいアウラに魅了されたのである。時にはレンズの前に立つのを待つ人々で通りに行列ができることもあった。本論はその反転した像を元に戻し、それがどのようなものを呼び返すかを論じる試みである。大きなフォーマットシートのネガはそれぞれの撮影の前に準備された。それはあたかもロンドンという都市の生活を映し出し、留めるための文化の鏡を磨くかのようだった。

手のひらの砂

ひときわ憂鬱な書き手であったテオドール・アドルノは、真理とは手のひらの水のようなものだといった。私が思うにアドルノの選んだ比喩は正しかったが、おそらく彼の化学は間違っている。真理はむしろ手のひらの砂に例えたほうがよさそうだ。粒のほとんどは私たちの指の間をすり抜けるが、それでもあるものはくっついて手の中に捉えうる。これらの純粋な砂粒を必死に捉えようとしたときに――そしてそれを知り、理解したいという欲望が生み出す熱意の中で――一つのレンズが生み出される。それは、その構成要素となる真理の砂粒と、それをひとつの形に整える手によって出来上がっている。

この比喩は今回の調査をうまく説明していると思う。なぜならそこで撮影された写真はすべて、世界と結びつき、それと対話するという関わりをもっているからである。この関わりによって、それぞれの写真の中には強烈な存在感が宿った。写真4・1は、スパイタルフィールドのクライストチャーチの前でポール・W・ボートン牧師を撮影したものである。彼はレンズの向こうから静かに私たちをまなざし返す。

写真4．1　ポール・W・ボートン牧師。※本章の写真はすべてN・エバンス、A・ジェンコ、G・ミッチェルによる撮影。

教会の木製のドアを背景としたこの写真には、静寂が漂う。写真家たちはすべての参加者に止まっているように頼んだ。四分の一から八分の一秒間という緩やかなシャッタースピードを使う必要があったからだ。そのごく短い時間の中で、一つの存在、あるいはそのイメージが伝達される。ジョン・バージャーはいう、「存在は売り物ではない……それは与えられなければならず、買われるのではない」と[7]。その静寂は、活き活きとし、時として無秩序にもなる都市の現実を背景とされなければならない。ロンドンのこの地域は過去一〇年で信じがたいほど大きく変容してきた。燻しガラスの商業ビルがほぼ毎月のように建設された。また二〇〇〇年から二〇〇二年にかけては、ロンドン全体の商業的発展の四〇パーセント以上をこの地区が占めたのである。この写真の中の静寂は、資本の高速循環が都市風景を形成しているその喧噪のただ中で人間が存在していることを示す、貴重な証拠なのだ。だが同様に、これらの写真に視点がないわけではない。それは一つの特別な地点から撮影され、完全に支配されてはいないにせよ、写真家の手によって誘導されている。

レンズの前に立ってくれた人々について私たちはどのぐらい知ることができるのだろうか。これは複雑な問題で、完全に答えることは難しい。ただ確かなのは、その人々の全てを知ることはできないということである。実際にこのプロジェクトの魅力的な部分の一つは、これらの写真が生まれるきっかけとなる出会いの中に儚さという特徴があることなのだ。ニコラ・エバンスもこの儚さに惹かれたからこそ、この手法を選んだ。「この方法は私が日常生活に抱いている妄想にぴったりだった。ほんの一瞬、そこで見る顔、出会う人、もう二度と会うことはないの」[8]。肖像画はつねに対象を部分的にしか捉えることができない。ニコラの言葉はそのことを思い出させてくれる。また、そのヴィクトリア調のカメラの大きさによって、前を歩く人たちはみな自分が撮影されようとしていることに気づいた。その機材自体が言い逃れを許さなかったのである。ニコラはこれを次のように説明した。「参加者たちはカメラの前にこそっとではなく本当にちゃんと来なくてはいけないの。本当に堂々とね。〝写真を撮ってもいいですか？　どうですか？〟と聞いて、分かりました、ではレンズの前に立ってくださいという感じで」[9]。

これらの写真にたたずむ人間の存在は必ずしも言葉によって語られているわけではない。私はこれが写真の持つ大きな利点の一つだと考えている。ある意味で写真は、詳細な説明を必要とせず、見せられればよいのだ。これらの写真が力を発揮するのは言語の外側、〝Word〟というしきたりの外側である。しかし同時に、これらの写真の沈黙の中には耳を傾けるべき何かがある。私たちがその写真に惹きこまれる理由の一つは、存在はするが聞くことのできない声がそこに含まれているということである。私たちは目によってそれを聞かなければならないのだ。

レンズに語りかける

カメラが「現実」の定義を定め支配するためにどのように機能したかについては、多くの議論がある。[10] 映画監督のアナスタシオス・カバソスはカメラが武器のようなものだと述べている。アナスタシオスは撮影するときにレンズをのぞき込まない。彼はカメラを被写体に向け、カメラの目に感覚を合わせていく。[11] また、弱い立場に置かれたコミュニティの人々は撮影を拒みがちだということも指摘されてきた。このプロジェクトに参加した写真家たちも、ベンガル系の人々、中でも若い女性たちに参加してもらうのは難しかったという。これは写真家たちの感受性によるところもあるだろう。彼ら／彼女たちは撮影が負担になるかもしれないと思い、ロンドンに暮らすベンガル系の若者たちをレンズの前に誘うことをためらったのである。また同時に、ベンガル系の女性たちにとっては、そこに暮らす他の人々と同じようには公共空間は開かれていないということもある。一人の若いバングラディシュ系の女性の物語を描いた小説『ブリックレーン』において、モニカ・アリはこのジェンダー化された制約の感覚を書き記している。この小説の主人公にとって、家からストリートまでの道程はバングラディシュからロンドンへの移住よりも長いのである。[12]

だからといってストリートという公共の空間にアジア系の若い女性がいないということではない。一般的な原則で理解される以上に話はいつも複雑なのだ。写真4・2には二人の若い女性たち――

写真4.2　ザリーナとシリーン。

ザリーナとシリーン――が写っている。ペティコートレーン・マーケットの近くで、買物袋を下げている姿である。この日曜日の朝に、彼女たちが暮らすロンドン南部のノーベリーからテムズ川を越えて服を買いに来たのだ。このプロジェクトで撮影された写真の中でも、これが一番ひっそりと撮られたものである。それは非常に美しい写真である。彼女たちが身に着けている鮮やかなピンクとブルーのスーツの輝きがモノクロの写真にも伝わってくるようだ。それは文字通り輝いて見える。しかしこの写真には、他の写真にはないある種の不安が含まれている。アントニオはこう説明する。

僕たちが彼女たちを見かけたとき、お父さんともう一人の小さな妹が一緒にいたんだ。僕たちはこれまでに撮った写真を見せて、皆さんを撮影していいかどうかと尋ねた。最初は家族写真を撮り、次に二人の写真を撮った。ある意味で最初の写真はまさに家族のスナップ写真だったよ。でも僕たちは二人の少女の写真をどうしても撮りたくなったんだ。だからこう言った——「あなた方の服装はとても素晴らしいので、二人の写真を撮ってもいいですか？」とね。最初の写真は古典的な家族写真だけど、二番目の写真はある意味でもっと深く関わっているんだ。(13)

おそらく彼女たちは写真家たちの策略を感じ取っていたはずだ。だからこそ写真の中で彼女たちにためらいが見られるのかもしれない。だがここに表された倫理的なジレンマは、同意という問題についてだけではなく、写真が社会学的に解釈されるあり方をめぐるものでもある。

ハリマ・ビーガムはブリックレーンにおける都市の再開発を研究する中で、この大通りがエスニックフードや南アジアスタイルというエキゾチシズムを売り物にするベンガル系住民の商いの場所である一方、多くの若いアジア系住民がそこを白人のリクリエーションの場所だと認識していることを発見した。(14) ブリックレーンは、ベンガル系の男性は働くが白人は遊ぶ場所だと考えられているのだ。したがって、この場所に若いアジア系女性がいるということは、道徳的に問題があるとみなされる危険を孕む。とりわけ夜にはそうであり、ハリマ・ビーガムはシュプリヤという調査対象の女性が語った逸話をその典型的な事例として引用している。「私はもう一人のアジア系女性の友人と一緒にブリックレーンに出かけたの。タクシー運転手が車のそばに立っていて、普段なら〝タクシーはどうですか？〟と聞くはずなのに、その時は〝男はどうだい？〟と言ったわ。二人の少年がそばに立って、くすくす笑ってた」[15]。シュプリヤにとってそのことは、そのタクシー運転手が外出している彼女を見て性交渉ができるとか、もしくは客を求めている売春婦だと思ったということなのだ。フラン・トンキスは次のように指摘している。「ジェンダーとセクシュアリティは都市の中で可視化されるが、それは空間の象徴的コード化、空間的実践と相互作用の諸様態、空間の物理的な分割と排除、そして身体の〝ミクロな地理学〟によってである」[16]と。ブリックレーンの公共空間には様々な人が訪れ、それぞれが様々にそれを利用する。だがその利用の仕方は、人種やジェンダー、性の定義とイメージが複雑に絡む中で、自分の身体がどのように意味づけられるかに影響を受けるのだ。こうした問題のいくつかはザリーナとシリーンの写真の中にも息づいているかもしれない。だが過剰に文化的な理由を貼り付けてみても、それが真実だとは限らないし、彼女たちの意図を軽んじているともいえる。彼女たちは単に買い物を続けたかったのかもしれないではないか。ここで生じる問題は分析の性質に関するものである。つまり、彼女たちの人間性や主体性を否定することなく、ジェンダー的、人種的に意味づけられた風景として都市の複雑性を考えることがいかに可能なのかということだ。おそらく一つの方法は、その写真の謎の部分を受け入れることである。

そして撮影された人々の動機や複雑さを過小評価したり平板化したりせずに、文化的な説明へと結び付けうるような開かれた読みを行うことである。その写真に彼女たちが写ったのはその美しさのためだけではなく、ザリーナとシリーンがそこにいたということをそれが記録に残すからだ。その存在は私たちに輝きを投げ返す。それは注意深く扱わなければならない壊れやすく貴重な贈り物なのである。

私が主張したいことの一つは、レンズは必ずしも対象を支配したり固定化したりするものではないということだ。写真を単に支配のテクノロジーだと考えてしまうと、レンズの両側で広がるドラマの不安定性や複雑性を見失ってしまう。あるインタビューの中でブラジル人写真家のセバスチャン・サルガドはこう述べている。「人々は写真を撮ってくれと（give）あなたを呼びだすこともある。人々はあなたのもとに、レンズの前にやってくる。それはまるで、マイクに向かって話にくるかのようだ」[17]。レンズがただ一方通行にまなざしていると考えるのは間違っていると私は思う。これらの写真の中の人々は見返している。彼ら／彼女らは私たちを見つめ返しているのだ。この意味でカメラは通りに面した窓のようである。窓の中から通りが見える反面、通りからも窓の中が見えるのだ。おそらく窓はレンズに少し似ているのだろう。私たちが都市を歩くときにはお互いの視線を避けるかもしれないが、これらの写真が示しているのは目と目による一種の承認である。たとえ眼球の中の網膜を覗き込むかのように、被写体がレンズの口径の向こうにある暗い穴を見つめているとしても。「ストリートについて・プロジェクト」はまた、普段は承認されない人々を承認するものでもあった。バリーの写真（写真4・3）がその好例である。バリーはペティコートレーン・マーケットにほど近いミドルセックス通りで、ずっと母と共に暮らしてきた。バリー親子はロンドン東部のユダヤ系コミュニティに属しているが、その地域から出ていく人々もいて、コミュニティは徐々に小さくなっている。ジェリーはこのように説明する。

もし通りでファッションの撮影を見たとしたら、バリーはただ歩き去ってお母さんのところに戻ったと思う。それは彼とは関係ないはずだから。でもバリーは僕を見て、僕らは話し始めた。僕らの撮影のやり方とか、大きなフォーマットカメラのこととかね。バリーは僕らのやってる雰囲気に惹かれたんだ。彼は日曜日の朝一一時に決まって買い物をする。僕たちがそこにいることは

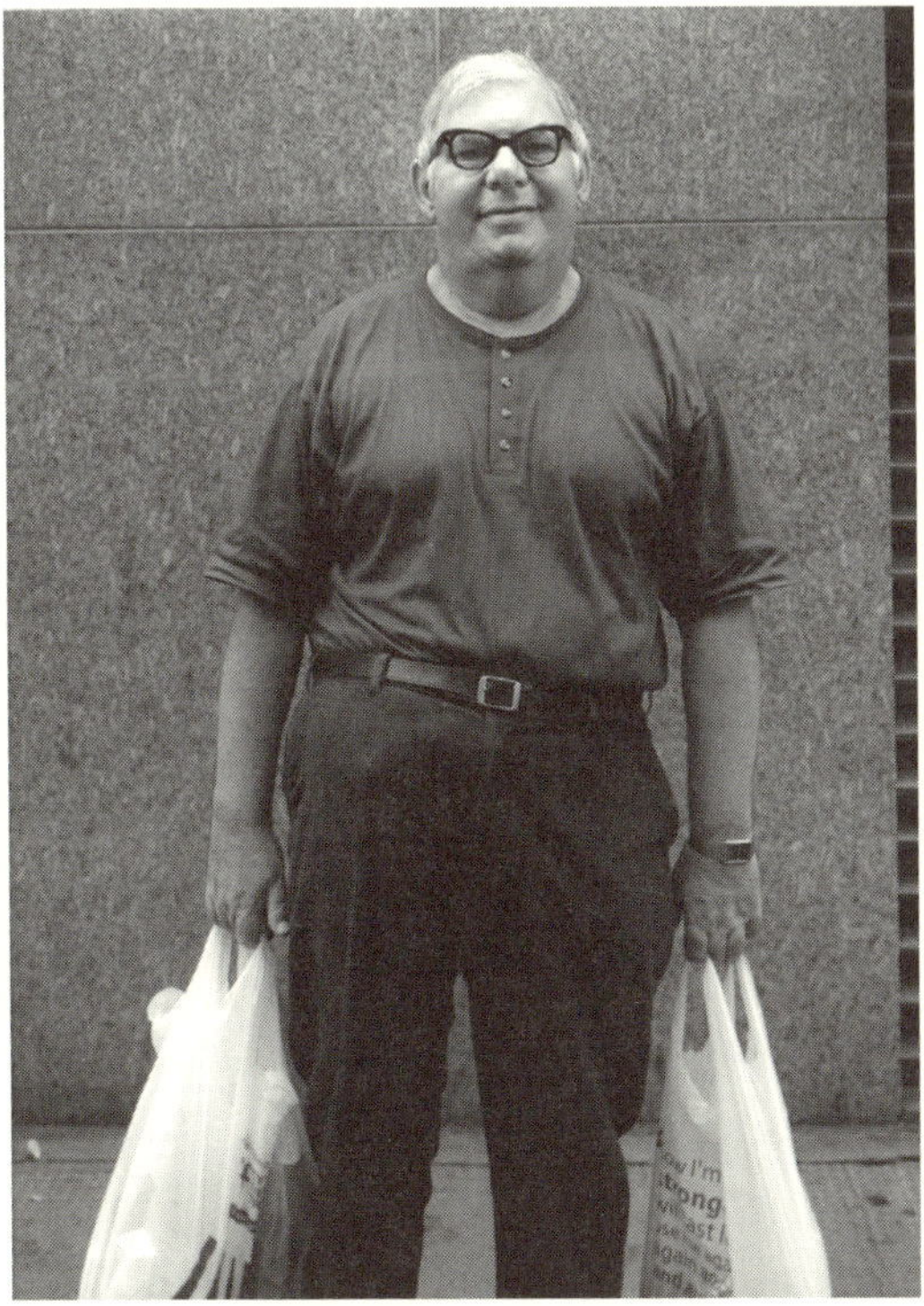
写真4.3　バリー。

バリーにとって大きかったんだよ。(18)

人々をレンズの前に誘うことによって、このように人を認め、気づくこと。それはともすれば簡単に片づけられてしまうことかもしれない。写真を撮ることであれ人々の物語を収集することであれ、敬意を持ちながら耳を傾けることの価値こそ、社会学が必要としていることの一つだと私は思う。バリーのような人が耳を傾けられ、あるいは気づかれることは稀であり、ある意味でそれは特別なことである。同時にこの写真について確かなのは、それが被写体を英雄的な姿に描こうとしていないということだ。

二〇〇二年の一一月一二日に（郵便番号にちなんで）「E2の肖像」と題された写真展が、オールドスパイタルフィールズ・マーケットのスピッツ・ギャラリーで開催された。撮影された人々の多くが自分の写真を見るために会場に集まった。それは独特なイベントとなり、私も社会学や人類学の文脈で同じようなものを想像することができないほどだった。というのも、調査対象の人々がまさに彼ら／彼女らの生活が議論されているその社会学会の会場に出席することはめったにないからだ。「被写体」がそこにいることによって、彼ら／彼女らの表象が戯画化されることはできない雰囲気となった。その人々と写真とは善と悪の退屈な複合物であることを許された。つまり、きわめて人間的であることを許されたのである。それはそれで貴重な意味があったが、同時にバリーのような人々は、自分たちが認められ、真剣に受け止められていたのだと感じたのだ――それもおそらく初めて。ジェリーは次のように回顧している。「スパイタルフィールド・ギャラリーのショーの夜にバリーは来てくれた。自分の写真を見たときに彼の目には涙が浮かんでいたんだ。そのショーに来ることはバリーの人生に何らかの意味があったんだと思うと、嬉しくなったね」[19]。それらの写真は誰かの人生の一瞬を捉えているのだ。一秒の断片の中に、口径が開いている四分の一秒、八分の一秒の間に消えていく瞬間を。よく写真は撮られる（taken）という。だが興味深いことに、先の引用ではサルガドは写真が〝与えられる（given）〟と語っている。これらの写真が与えられるという意味は、少なくとも二つある。一つは〝与える（give）〟という動詞の意味である。見返す人々は自らを与えている。その人々のまなざしは受け取られるべき贈り物である。もう一つは形容詞としての意味である。つまり、レンズの前に立つ人々のまなざしの中にある、既知で、所与で、明らかなものをそれは指している。それは、はっきりとは表現されていない存在感覚を素描する条件を表しているのだ。

生者への碑銘

これらの写真は、存在がレンズに対して遂行され提示されるような贈り物である。だからといって、参加者がカメラの前で自分の印象を作ることがごまかしだという意味ではない。なぜならすべての社会関係がそのようなものだからである。ある意味で、「全体的真理」を主張する社会分析の一つの過ちは、それが分析対象のすべてを知っていると主張することである[20]。したがって、これらの社会的な自己が提示され物語化されるとき、その自己とは不完全で部分的なものだという

写真4.4　ジャッキー。

一つの進歩なのだ。私たちは対象のすべてを知っていると主張することはできない。しかしそれは対象に全く迫っていないということでもない。写真4・4の中のジャッキーは完璧に自分でポーズを決めている。彼女はカメラを呼んで気に入った場所でポーズを決めた。ニコラの回想はこうだ。「彼女は本当に堂々としてたわ。〝どうやってほしいの?〟っていう感じで。撮影もすぐ始まって、彼女はもうその場ですぐにポーズを決めたの。イメージの設定もなくね。彼女はそんな人だった。みんなのことを〝ハニー〟って呼んだわ!」[21]。毎週日曜日、ジャッキーはペッカムの家から安い煙草を買いにブリックレーンにくる。その自信と身のこなしにも関わらず、彼女の生意気さの裏には何か影の部分がある。おそらくそれは隠された傷か秘密の弱みなのだろう。ロラン・バルトはかつてこのように述べている。「レンズの前では私は同時に次のものとなる。私が私だと思っている私、私が他者にそうだと思ってほしい私、写真家が私だと思う私、そして彼が自分の芸術を展示するために利用する私」[22]。写真の表層で演じられているのは、アイデンティティと存在の内面的かつ外的な世界である。しかしそれはまた、過ぎ去った存在でもあるのだ。

ペルー人の詩人セサル・バジェホはある詩の中で次のように問うた――「私たちは毎秒のように死ななければならないのか？」と[23]。もちろん、これらの写真に素描されている生は、日常の中で過ぎ去っていく幻の生である。日常の中で過ぎ去っていく生を記録したところで、それはつまらないものだといわれるか、バカにされてしまうかもしれない。だが実際には、それこそこのようなプロジェクトの倫理的価値が見いだされる部分なのではないかと私は思う。その写真は生者への碑銘のようなものなのだ。写真が映し出す生身の人間とは異なり、それは歳を取らない。ドナの不思議な写真（写真4・5）は、前章で論じた事例と同じように、

写真4．5　ドナ。

肌が記憶のキャンバスになりうることを私たちに気づかせてくれる。彼女は腕の内側に彫ったタトゥーを見せている。普段は彼女の腕がそのタトゥーを覆っているが、全く見えないというわけでもない。私たちが見ることによって聞かなければならない音楽は、スティービー・ワンダーの"Isn't she lovely?"である。ドナはロンドン南部ウエストノーウッドに暮らしており、そのタトゥーは彼女が名付け親となった少女リリックの思い出として彫ったものだ。その少女は一九九七年のクリスマスに脳腫瘍で亡くなった。ドナはその赤ちゃんの両親と共に徹夜でベッドに付き添った。"Isn't she lovely?"はリリックが病気になる前に歌ってあげた子守唄だったが、病院のベッドでもその歌でこの少女を安心させたのである。ドナは腕の内側にこのタトゥーを入れることにした。なぜならそれが、生前にその子を抱いた場所だったからである。「私はタトゥーを抱いているようなものだと思う」と彼女は言った。写真の中で、彼女は音符とメロディーを開いて私たちに見せている。彫師の針は肌に穴をうがつ。消えない線の代償は、それに相応しい身体的な痛みである。悲しみと喪失によってその線が描かれたのだから。ドナのまなざしは強烈な存在感を放っている。それは儚くもあり神聖なものでもある。

ニコラ、アントニオ、ジェリーの三人は、写真を文字通り贈り物にするというアイデアを持っていた。カメラに写ってくれた人々にはお返しにプリントが一枚贈られた——一人だけ例外があったが。ビルは「ベーグルベイク」の近くで撮影された（写真4・6）。その当時ビルはホームレスで、より正確にいうと野宿者であった。しかしこれは貧困を写した写真ではない。実際にビルはそのベーグル店の前に自分の世界を作り上げていたのである。このプロジェクトの当初から彼はカメラ機器に興味津々で、企画に参加したいといっていたのだ。ニコラの記憶によれば、「ビルは私たちの後をついてきて言ったの。〝私の写真を撮ってくれないかい？〟ってね。彼はいつも〝それは何だい？〟〝それは何だい？〟って尋ねていたわ[24]」。

ビルはそれから日曜日の朝の常連になった。時が経つとともに彼はそこに自分自身の場所を作っているようにも見えた。第二章で論じたように、「ホーム」の感覚は郵便番号や住所がなくても存在しうる。それは「地理的な意味ではなくて存在論的な意味での世界の中心」なのだ[25]。こうしてビルはベーグルベイクの前で「くつろいだ《アット・ホーム》」わけだ。ほとんどがガラクタとはいえ彼は安物の装飾品の露店を出して、他人が捨ててしまったものを取り扱う物売りとなった。ジェリーはビ

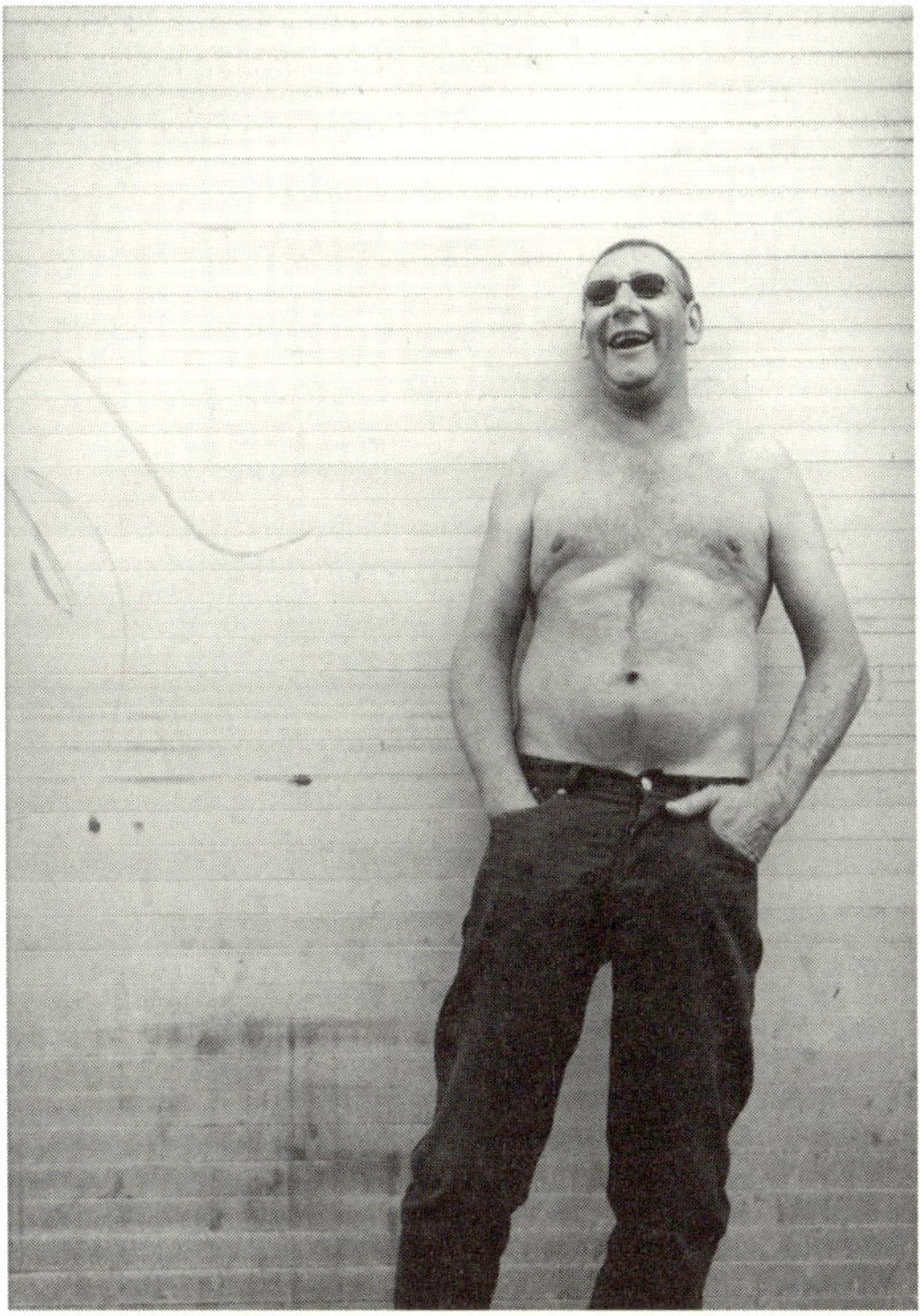

写真４．６　ビル。

ルの写真についてこう述べた。「路上で暮らしている人には見えないよね。この写真の中には人生があって、彼はそれを諦めていなかったんだから。ある意味でこのベーグル店が彼の世界の中心だったんだ。彼はまだ人生を楽しんでいて、ある意味、彼は自分の人生の場所を見つけていたんだ」[26]。ここで重要なのはベーグルベイクが出会いの場所だということである。その店は二四時間営業で、どんな夜でも、ロンドンに暮らす様々な背景をもつ人々がそのドアから入ってくる――クラブ通いの若者、警官、放浪者、ブラックキャブの運転手、新聞配達員、みんな、ベーグルやオニオンプレッツェル、ハッラー、そしてピリッとしたイングリッシュマスタードを挟んだスモークサーモンや塩漬けビーフのサンドイッチを買いにくるのである。この店は業界では最も古く、大きな金の「チャイ」(「生」という意味)のシンボルを首に巻いたイスラエル人が経営している。

ビルの親しい仲間の一人がノビーである(写真4・7)。ノビーは商売のために毎週日曜日ブリックレーンにやってくるジューイッシュオールドボーイズのメンバーである。ノビーはもともとボウ出身で、若い頃はフェーザー級のボクサーだった。そしてロンドン東部の悪名高いギャング、双子のクレイ兄弟とも知り合いだったという。彼は犬――スヌーピー――を連れている。それは彼の散歩仲間でもありボディガードでもある。ノビーの首には金のチェーンと指輪がかかっており、それには「発売中」と書かれている。ノビーはこの地域の重要な情報源の一人である。彼はこの地域の全ての人を知っているようで、アントニオは彼と非常に仲良くなった。スピッツ・ギャラリーでの展覧会の準備に取り掛かったときに、撮影者たちは全ての参加者に連絡を取ろうとした。その時のことをアントニオは次のように思い出す。

オープニングにみんなを招こうとしたけれど、ビルには住所がなかった。だから僕たちは探しに行ったんだけど、結局見つけられなかったんだ。僕は彼の写真を持っていて、展覧会の数日前にノビーに会ったのでそのことを話した。するとノビーはその二週間ほど前にビルが通りで亡くなったことを教えてくれた。車にひかれ、頭部を強く打って、それが最後だったと。僕の持っていた写真の中でビルは生き生きとしていたのに、彼は死んでしまったんだ。(27)

写真4.7　ノビー。

ビルの写真はいまや痛切なものとなった。それは死者から生者への決して返礼のできない贈与なのである。

時間の都市

E2の写真は都市とその

市民をめぐるものである。逆説的なことだが、まさにこうした親密な写真を通じて、普段はなかなか見ることのない場所や風景について学ぶことができるのだ。その核心部分において、私にはこのプロジェクトが時間――シャッターが開く長めの露出時間――に関するものであるようにも思われる。三人の写真家たちはブリックレーンで二年にわたって合計二〇〇枚のネガを撮影した。全体に換算すると、その古風なカメラのシャッターが開かれていたのは、一分にも満たない。ジェリーは、「僕たちは時間の中から事物を収集していたんだ」と言った。「僕たちは時間の断片を切り取っていた。そして日曜日以外は普通の時間を過ごしながら、そのことを考える。そうするとまた時間の断片のことが気になってくる。写真を撮っているときには、本当に時間のことがわかるよ」[28]。その写真はまた人々と結びつくこと、そして時間を費やすことにも関わっている。だがセッションそれぞれのリズムを制御することはできなかったし、写真も舞台があったわけではなかった。特定の人物や設定を探しにいくことも何度かあったが、結局そうしたものは見つからなかった。三人はストリートのリズムに反応せざるをえなかったのである。これらの写真は、〝ニュー・ロンドン〟の企業が作る広告素材やウェブサイトの中にある商業的パノラマとは相反するものだ。パノラマという形式自体が自然の秩序についての「全体的真理」を表象しようとするものである。このプロジェクトの写真が語るのはそれとは異なる物語であって、そうしたパノラマのように安っぽくなることはない[29]。そのどれも、この場所に暮らし、またそこを通過していく人々についての完全な視覚的描写ではない。むしろそれは人生の断片を含んでいるに過ぎない。だがその深みのある断片は、わずかにもかかわらず生命感にあふれ、少なくとも私にとっては貴重な生のかけらなのである。

マーシャル・バーマンはいう。

その政治性がどうあれ、知識人が日常生活から切り離されてしまうことは、職業的な危機だと思う。だが、これは特に左派の知識人にとって大きな問題なのだ。なぜなら数ある政治運動の中でもとりわけ私たちは、人々を気にかけ、その尊厳を認め、その声に耳を傾け、そのニーズを考慮し、彼ら／彼女らを結束させ、その自由と幸せを勝ち取ろうとすることに誇りを持っているのだから……人々が世界を見、感じ、経験するままに彼ら／彼女らを認識する仕方が分からなければ、私たちは決して彼ら／彼女らが自分たち自身を認識したり、あるいは世界を変えようとしたりすることを手助けすることはできないだろう。たとえ資本論を読んだとしても、ストリートの記号が読めなければそれは役に立たないのである。(30)

バーマンの斬新さは、都市文化に関する彼の研究が、反ヒューマニズムとその学派の影響によって生み出された冷笑的なシニシズムと極めて対照的なところにある。バーマン自身もはっきりとそれを意識している。

左派が文化について書いたもののほとんどが気難しく辛辣になっていることは悲しいことである。もはや文化はその中に何も輝かしく貴重なものを含まない、〝搾取と抑圧学部〟でしかないかのようだ……「支配的言説／対抗言説」に関する論文をいくつか読んでみるといいし、あるい

は読もうとするだけでもいい。その書き方を見ると、あたかも世界はこの著者たちを無視して通り過ぎているようである。(31)

バーマンは私たちにストリートの記号を読もうとする態度を求める。これは本章に示した調査がすでに先取りしていたことだ。ジョージ・オーウェルからビー・キャンベルにいたるまで、左派が文化を書くときには英雄的にその中に入っていくという伝統があった。本章で論じたプロジェクトはそうしたものではない。しかし同時にそれは、日常的な生活環境において人々と関わりたいという欲望によっても突き動かされているのだ。

かつてジェームズ・クリフォードが指摘したように、自然主義に戻るためには私たちはまずそれを捨てなければならない。(32)これらの写真は単に現実主義的な画像なのではない。それは多くの手によって生み出されている。そしてそれが魅力を放つのは、対話への関心、ストリートの記号に手を伸ばしそれを読み解こうとする――しかしそれはつねに特定の視点からだが――姿勢のためなのだ。このレンズの中で都市は新たに磨きをかけられる。少しくどくなるかもしれないが、ここにビルやジャッキー、シリーンの言葉を引用していないのは、彼ら/彼女らがその写真によって私たちに伝えているからである。彼ら/彼女らは、電話ボックスで話すかのようにカメラの前にきた。それは永遠の時間への直通電話なのだ。ヴァルター・ベンヤミンの有名な言葉を借りると、重要なのはその人々が何を言うかではなく、何を見せるかである。(33)これは、人々の社会的な生に接近してそれを調査するときに写真がどのように有効かを考えるもう一つの方法である。そこでは写真は

「つかの間に楽しめる画像《ファイキャンディー》」ではなく、メッセージの一番大事な部分を含んでいる。またこれらの写真は、純粋に視覚的な解釈にとどまらない、より広範な感覚を用いた読みにも導いてくれる。もちろん写真は沈黙しているのであって、音も匂いもなければ、実物に触れることもできない。しかし、これらの写真の中には一つの誘いがあるようにも思われるのだ。写真の中にたたずむ市民たちの静かな声を聞くためには、私たちはそれを見るだけでなく、それに耳を傾けなければならない。そのまなざしによって私たちに直接語りかけてくる人々の幻のようなおしゃべりを聞くためには、その写真の中に私たち自身を投影しなければならないのである。

結論　社会学の倫理的舞台

本章の最初に提示した問題に立ち返ってみよう。私はこのプロジェクトが調査者と参加者で対話をうまく実現しているとか、バランスの取れた互酬関係を作り出していると主張しているのではない。調査とはまさに人生のように不安定で危険を伴うものである。調査の最初に参加者が同意書にサインしているからといって、それがその調査を保証したり保護したりするわけではない。この「ストリートについて・プロジェクト」は現実の交換を可能にしたが、それは写真そのものの生命観や美があったからこそである。ビルの写真は、彼がこの調査に対して与え、返礼されないままである贈り物について深く考えさせてくれる。しかしながらそれは、このプロジェクトの道徳的・政治的価値を強く守ってくれるものでもある。視覚的な方法論がますます多く用いられるにつれて、社会調査の技術や装備について考え直す機会が増えている。[34]私たちがストリートに設置した古風なカメラには何も秘密はないが、それは参加者の自己表象を記録する非常に特殊な舞台を提供したのである。こうした文脈を考慮すると、これらの写真がブリックレーンを通り過ぎるすべての人々を表象しているというような大きな主張などできないだろう。

これとは対照的に、人類学者であり映画監督だったジャン・ルーシュはかつてこのように述べた。「私にとって……撮影する唯一の方法はカメラを持って歩くことである。そしてそれを最も効果的なところに持っていき、即興のバレエを演じるのである。そうすると、カメラそれ自体が、被写体となる人々と同様に活性化するのだ」[35]。本調査では逆に人々がカメラの前に来なければならなかったし、また彼ら／彼女らは撮影までじっと待たねばならなかった。ブルデューはいう、「結局私は、思想が持つ力の限界について考えるだけでなく、思想が用いられる条件についても熟考しなければならないと思う。なぜなら、本来社会的経験とは地理的にも社会的にも部分的、局所的であるにもかかわらず、こうした条件のもとで、あまりにも多くの思想家たちがその範囲を踏み越えてしまうからである」[36]。これらの肖像写真が不完全なものであるといっても、それが平凡で表面的だという意味ではない。調査自体がもつ限界に誠実であることによって、これらの写真に含まれる豊かな内容を解釈することができると思う。その写真が伝えていることを撮影された本人が知っているかいないかに関わらず。

このプロジェクトでは、社会学的倫理が二つの異なるあり方で上演されていると考えることができるかもしれない。一つ目は、一つの場所や文脈に依拠した調査の倫理的次元である。そこでは参加者と調査者の相互作用が、一般の調査に比べ非常に複雑に生じた。調査の文脈が不安定かつ流動的なために、調査倫理のガイドラインはしばしば限定的に適用されることになった。そこで倫理の厳格な適用を求めても、それが今起っている社会学についての私たちの理解や評価を高めるとはいいがたいのだ。二つ目は、社会学的倫理が時間を通じて上演されているということである。ここには、参加者との関係だけでなく、書くという技能や私たちが意図する読者・聞き手との開かれた関係が含まれる。本書の序章で私はナームル・プウォールが示した課題を引用した。つまり、「象徴的暴力と認識論的暴力を行使する危険のただなかで」私たちはどのように人々に耳を傾け、その人々について記述することができるのか、という課題である。人々をモノとして扱うことを避ける一つの方法は、社会学の調査対象となった人々を、その研究が発表され議論されるまさにその場所に導くことである。これはちょうど「E2の肖像」展覧会がそうだったように、参加者たちが社会学の読者や観客になるよう招き入れることを意味する。もちろん彼ら／彼女らはこうした招待に単に興味を示さないかもしれないし、私自身、誤った思い込みをしてしまった経験が何度もある。しかし、だからといってそれは象牙の塔に引きこもる理由にはならないはずだ。同様に、調査で関わる人々が私たちの書く言葉をそのまま読み、私たちが発する議論をそのまま聞いていると想像するのは経験則上良いことだといえそうである。公共社会学の問題は広く議論されてきたが、とりわけ社会とのより深い関わりを論ずるマイケル・ブラウォイの主張は活発な議論を生み出している。「公共社会学とはどのようなものであるべきなのか。公共社会学は社会学を一般大衆《パブリックス》との会話に導く。その一般大衆とは自分たち自身が会話に参加している人々という意味である」とブラウォイはいう。(37) 私は最終章でこの議論に立ち返ろうと思う。だがここでは、私たちの研究の参加者たちが社会学についての一般的な会話に関わるべきだと主張したい。

本章で私は耳を傾ける写真について論じてきた。次章では都市の肖像を描く技法についての議論から離れ、都市の呼び声を記録すること、そしてそれに対して真剣に社会学的な関心を向けることによって、私たちが何を学べるかを考えていく。次章で私が論じるのは、一つの音景あるいは音のパノラマとしての都市感覚を発達させることによって、都市の多文化的性質や、テロとの戦いの勃発が引き起こした様々な恐怖症《フォビア》について考えるための方法を得ることができるということである。そのことを念頭に置いて、あなたを私の職場に、そしてニュークロスのワーミントンタワーの上階、ロンドン大学ゴールドスミス校社会学部のオフィスに案内したいと思う。

第五章　ロンドンコーリング

時代に属している音に耳を傾けることから始めるのはよいと思う。現代に耳を傾けてみよう。さらに、周囲の音に耳を傾けてみよう！　未来という非‐歴史を想像するために耳を傾けよう。そして新たなやり方で聞くことができるようになろう。私たちを新たな可能性に開いていく新たな聞き方で。変化を止める力はなくとも、人は変化そのものに耳を傾ける。大事なものとつまらないものを区別する力がはなくとも、人は何にでも、あるいは問題となるものには何でも耳を傾ける。時としてそうした想像力は、変化の速さそのものの中で聞き取られることがある。——ローレンス・グロスバーグ(1)

ロンドン大学ゴールドスミス校の社会学部は、ロンドン南部のルイシャム通りにある（当時は批判を受けた）一二階建てのタワーの上階にある。そこはテムズ河岸からも程近く、都市のパノラマを一望できる。ここを訪れる人々は、ウェストミンスター寺院とか、二一世紀のガラス建築であるカナリーワーフやＨＳＢＣのビル群を指しながら、「良い眺めですね」と言う。だが屋上に立ってみると、私の想像力を捉えるのはロンドンの風景ではなく、この都市の音である。二〇〇五年四月、私は友人であり同僚であるジョン・ドレバーとともにロンドンの音を記録し始めた。最初は失敗ばかりであった。セミナーの学生が一杯で屋上まで上がることすらできなかったこともある。屋上の広場から西側を眺めると二一世紀の美しい大観覧車、ロンドンアイが見える。テムズ川の上を回るその観覧車の「空の旅」は、乗客を都市の拘束力から解放し、特別な視点を与える。一般大衆はミシェル・ド・セルトーのいう「神の視点」の地位まで持ち上げられるのである。[2] ガラスのゴンドラに日が差すと、ロンドンアイは宝石をちりばめたネックレスのように見える。ジョンの高性能な音声録音技術を使って、私たちはとてもユニークなことを試みた。それは、かつて批判を受けたこのビルを〝ロンドンイヤー（耳）〟にして、一種の聴覚的パノラマを作ってみようとしたのである。

ロンドンの呼び声に耳を傾けることには何が問われているのだろうか。それに対して真剣に社会学的な関心を向けると、都市の様々な声や音は、二〇〇五年七月七日の爆破事件以降さらに重要性を増していることがわかる。私は二つのやり方でこの問題を提起したい。まずは私たちの聞く装置を使って、都市生活の喧騒の中で当たり前のようになっているものを聞こえるようにする。そして次に、ロンドンの叫びの中には多文化と人種主義の共存に関して重要な教訓が含まれていることを論じる。ジャック・アタリは『ノイズ』の中で「私たちはその音によって社会を判断するようにならなければならない」と述べている。[3] ルイシャム通りは騒がしい。Road Alert.org.uk によればイギリスで二番目にうるさい通りだという。[4] ロンドンのこの街角について騒々しい真実がどのようなものであれ、私たちの小さく奇妙な音の実験が教えてくれたのは、あなたが聞こうとしているその音が聞こえないということである。ある時私たちがタワーの上でジョンの音声装置を合わせると、思いもかけないものが録音された。ニュークロスが怖いくらいに静かで、ほぼ完全に静寂となったのだ。ビルの一二階から子どもたちの笑い声や速足で歩く警察馬の神秘的な足音を聞いたことはそれまでになかったし、さらには不安を駆り立てるような完璧な静けさも経験したことはなかった。

都市の音は劇的に変化してきた。七月七日の爆破事件以降、ロンドンのサウンドトラックにはほとんど静寂の時はない。例外といえば地下鉄の車内を満たした不穏な沈黙である。失敗に終わった七月二一日の二度目の攻撃の後、人々は警官に目をつけられないように静かに職場へ向かった。というのも警官はマシンガンを持っていたり、「アジア系」や「アラブ系」に見える人々を対象に、民族を特定してその場での身体検査を行ったりしていたのである。攻撃は両方とも木曜日に起こったので毎週木曜日になると人々の雰囲気も恐怖や不安に襲われ、それに伴うようにセキュリティのレベルも高まったのだ。

「耳を澄ませば聞こえてくる」と、ジョン・マグレガーの小説『奇跡も語る者がいなければ』は始まる。(5)「街は、それ自体が歌う……だから耳を傾けよう。聞くべきことはもっとあるから」。またアルベール・カミュはかつて、ある都市は「まるで口か傷口のように空に向かって開いている」といった。(6)私たちの都市は歌うだけではない。それは泣き叫びもする。その夏以来、パトカーのサイレンが鳴り響く音はマリー・シェーファーのいう基調音とも呼べそうなものとなった。(7)オールドケントロードから近づいてくるパトカーはサイレンの音量を上げてルイシャム通りを抜けていく。(8)もっと耳を済ませば、私たちの録音には別の音も含まれていることがわかる。それは移動の音である。頭上を通り過ぎるジェット機が鈍い金属音をたてる。ロンドンの主要空港から毎年約九〇〇〇万人の乗客を運んでいるのだ。オートバイはアクセルを回し、自動車は走る。そして一時停止のブレーキ。これらの音に混ざって、頭上を行くカモメの鳴き声も聞こえる。明らかなことだが、テロが頻繁に標的とするのは、バスや地下鉄、飛行機といった移動の技術である。恐怖症の人種主義者たちはバスの待合所や道沿いの壁に憎悪に満ちた落書きをする。それは接触と移動を少なくしようとする空しい試みなのだ。

結局のところ音とは振動の知覚である。私たちの耳が移動の振動を感じ取るわけだ。国際都市ロンドンに耳を傾けることは、それを見ることとは違う。その理由の一つは、人種や人種主義は差異の視覚的な文法によって動いているからである。だが皮膚の視覚的な働きの中で見失われてしまうような出会いの中にある様々な人々の存在を、聞くことは受け入れるのだ。今日ロンドンを走るバスに乗ってみよう。どのルートに乗るかで違うが、そこで聞こえてくるのはおそらくロシア語やポーランド語、ブラジル訛のポルトガル語などである。これらの言語は必ずしも視覚的に認識できるとは限らない新たな移動・移住が生じていることを表しているのだ。主に聞こえてくるのはパトカーのサイレンだが、どうして警察はいつもサイレンを鳴らしているのだろうか。ロサンゼルスではロス市警がパトカーのサイレンを一斉に鳴らすことによって地域一帯を取り締まった。サイレンはその音が満たす空間を支配したいという欲望を含むのだ。サイレンはずっとそこにあり、ようやく今になって私たちがそれに気づくようになったのかもしれない──私にはそう思えないが。指摘しておくべきだろうが、イギリスのパトカーがサイレンを装備し始めたのは一九六五年のことにすぎない。その「二つとブルー（二つの音調と青いライト）」は「道を開けなさいという印」であり、それはマーティン・エイミスのいう「名もなき恐怖」を表すようになったのだ。(9)

サイレンの音調それ自体にはこうした効果を生み出す内在的要素はない。それが頻繁に聞こえたところで退屈な音楽のようなものでありうるし、実際にそうだった。ニュークロスロードに住むある学生は、パトカーのサイレンが聞こえると子どもが踊り始めると私に語った。サイレンの効果とは、その音を緊急事態や国内の脅威に結び付ける歴史の産物なのだ。パトカーやサイレンを持つ前に警官が持ち歩いていたのはガラガラや笛であり、少数の特別なパトカー――ウーズレー社製だったが――だけがベルを装備していた。写真5・1のガラガラは特に興味深い。それは第一次世界大戦時に警官が携帯したもので、ドイツのツェッペリン飛行船による爆撃の危険をロンドン市民に知らせたのである。その警告音はまた、ツェッペリン飛行船から後の飛行機やロケットまで、外的な脅威を知らせるものであった。一九四〇年からはロンドンのすべての派出所がサイレンを装備するようになった（写真5・2）。それは空襲時や洪水警報として鳴らされ、また冷戦期には核攻撃に備

写真5．1　第一次大戦中に警官が使用したガラガラ。ロンドン・メトロポリタン警察資料館所蔵。著者撮影。

写真5．2　派出所のサイレン。ロンドン・メトロポリタン警察資料館所蔵。著者撮影。

えて使用され続けた。

サイレンは故意ではない音声的な道しるべとなる。厳しくセキュリティを管理された囚人たちの護送車は、ＳＥ28地区のベルマーシュ刑務所からニュークロスを通過して、ロンドン中心部テンプルバーの高等法院に向かう。一九九一年に開設されたベルマーシュ刑務所は九〇〇人以上のＡ級の囚人を収監しており、そこには反テロリスト法の下に拘束された被疑者も含まれている。その結果、この刑務所はロンドンのグアンタナモと称されるようになった。パトカーと高セキュリティ護送車の一団は、ロンドン南部のルートをどのように進んでいけばよいのか分からなくなることもある。その一団はよくニュークロスの一方通行システムを通過しようとして道を間違えてしまうのである。その結果生じる耳をつんざくような交通渋滞は、パニックと警報と緊急事態が入り交じった見世物となるのだ。こうした都市の大混乱の光景は簡単に回避できるはずである。ベルマーシュ刑務所を建てた建築士は、刑務所の反対側に警察裁判所を建設した。このデザインの背景には、司法部門と刑罰部門を同じ場所に配置すれば、囚人が判決から投獄までわずか数百メートルの移動で済むという考えがあった。しかしながら裁判官はロンドン南東部までの短い移動さえ嫌がり、数千ポンドのコストをかけて囚人を呼び出す方を好む。未遂に終わった七月二一日の自爆攻撃について告訴された男性たちがこの裁判所に出廷したのは例外的なことだ。その四人の被告は「殺人と爆破の共謀」の疑いで告訴されていたが、この時は裁判官がベルマーシュまで出向いたのである。二〇〇五年八月八日ベルマーシュ警察裁判所の光景を、『タイムズ』紙は次のように描いている。「今までで最も厳しい警察の監視だった……プラスチックのコップさえ有毒物質が入っていないか調べられた」(10)。

その年の一二月、被告たちはベルマーシュ刑務所の独房からビデオ通信によってオールドベイリーの法廷に出廷した。[11] サイレンの音はまた、ロンドンの刑事システムの地理学を、そしてテロとの戦いとの共謀がいかに地域の日常であり現実であるかをさらけ出しているのである。

パトカーのサイレンにしばしばついてくるのが警察ヘリの空気を切り裂く音である。パトカーの行列が地上の道路をくねくねと進む中、それは上空を旋回する。「ニュークロスロードに住んでいると、パトカーのサイレンには慣れてしまう」とゴールドスミス校で管理人として働くジェーンはいう。

ヘリコプターにはなかなか慣れないわ。夕方になるとその音でテレビが聞こえなくなるし、サーチライトが近づいてくるから何か罪を犯したような後ろめたい気分になるの。私の家を照らし出すんじゃないかって！　アブ・ハズマがベルマーシュ刑務所に再拘留されたときメディアはひっきりなしにその裁判を報道していたけれど、ある日ニュースを見なくても彼が今どこにいるか分かるって気付いたの。四人の護送車をエスコートするパトカーのサイレンを聞けばいいんだから。その車で彼はウーリッジからニュークロスロードを通ってオールドベイリーまで連れていかれるの。その時はヘリコプターが低空飛行でパトカーの行列を追いかけていくからすぐに分かるわ。[12]

テロとの戦いのサウンドトラックは街中をブランケットで覆う。サイレンは差し迫った脅威の感覚を生み出し、そこでは恐怖と警戒が互いを高めあう。[13] ギリシャ神話では不安、恐怖、警戒の神

写真５．３　思い出とニュース。ロンドンのストックウェル。著者撮影。

写真５．４　記念碑。著者撮影。

はフォボスであり、「恐怖症《フォビア》」の語源となっている。パトカーや警察ヘリの音は七月の爆破事件後のロンドンを覆う不安の原因とも結果ともなっている。そしてその深刻な影響の一つが、誤認の風潮が生み出されたことである。地下鉄のストックウェル駅でブラジル人の若者ジェアン・シャルレス・ジメネゼスが警官に撃たれたが、この誤認によって彼は帰らぬ人となった。未遂に終わった二度目の攻撃の翌日七月二二日に、その警官はその視界の中に「自爆犯」を見つけ、発砲したのである。写真5・3と5・4に写っているのは、ストックウェル駅の外に建てられた間に合わせの記念碑である。この場所は地域の人々がその殺人に関連する記事や情報を貼り付けることもできるし、花束を添えることもできる。

　私が論じたい誤認は、36番バスで重い荷物を必死に運んでいる若いアジア人男性を不安そうに見つめる通行人の視線の中にあるものだ。ロンドン交通ポスターキャンペーンはロンドン市民に「あなたのバッグを容疑者にしないで」と警告している。だが容疑をかけられるのはバッグではなく肌の色とあご髭である。偽の情報によってモハメド・アブドゥル・カハールが威嚇発砲された事件はもう一つの例だ。二〇〇六年六月二日、二三歳のモハメド・アブドゥル・カハールと二〇歳のアブル・コヤイルは、ロンドン東部フォレストゲートで帰宅中に警官によって逮捕された。そこには二五〇人の警官隊が待機していたという。釈放後、モハメド・アブドゥル・カハールは彼とその家族がなぜ警察によって威嚇されたかをこう述べた。「私が何か罪を犯したとすれば、彼らの目に映る私が、長いあご髭のあるアジア人であるということです」と。(14) 彼らは告訴されずにすぐ釈放されたが、暴力的に家屋に侵入された理由を説明されることはなかった。彼らが目をつけられていた理由は、あご髭を生やし、頭髪を剃り、頻繁にモスクに通っていたということだった。

私たちはお互いを様々な視点で見ているが、七月七日の暗い影の中で国際都市を移動する多くの人々のありふれた経験がそのことを証明している。ロンドンの鉄道警察は二〇〇五年の七月から八月にかけて反テロリズム法のもとに六七四七人を足止めした。足止めされた人々を民族別に整理すると著しい違いが分かる。アジア系の人々が二三九〇人（全体の三五パーセント）、白人が二一六八人（全体の三二パーセント）である。ロンドンではアジア系住民は人口の一二パーセントであり、白人は六三パーセントである。(15) つまりアジア系の人々は白人に比べ五倍の割合で警察に止められるということだ。不安に取り憑かれた都市は誤認のポリティクスを生み出す。多文化主義の議論においては、主にチャールズ・テイラーの主張を中心として、承認をめぐる多くの議論・討論がなされてきた。(16) だが、サイレンの音は私たちがお互いの声を聞くこと、あるいはこの不安に抗して語ることを妨げる――それは私たちの声をかき消すのである。

ジェアン・シャルレス・ジメネゼスが撃たれたその日、ティギーはストックウェル駅からすぐのところで停車した地下鉄の電車に缶詰にされた。「私は街に行こうとしていたんだけど、電車が突然止まって、最初は〝ああ、これで遅れちゃう〟って思った」[17]。ティギーは南アフリカで何年も過ごし、そこでは反人種差別運動に関わっていた。「私たちは自爆犯が前の電車にいると伝えられたの。〝警察が彼を殺してくれれば〟と最初は思ったわ」。実際に最初に発砲したのは警官だった。そのブラジル人青年を取り押さえた後、警官は彼の頭部に七発の銃弾を撃ち込んだ。ティギーは振り返って言う。「恐ろしいことね。いつのまにか、警察が見るように私も世界を見るようになっていたのだから」と。私たちの時代にパトカーのサイレンが果たす役割の一つは、戦争と緊急事態が続いているという感覚を維持させ、不安を煽ることである。不安に満ちた都市を生み出すのは爆破犯だけではない。むしろそれは、爆破犯をめぐる思考に関心を持ち、人々の不安に付け込む政治家やジャーナリストによって生み出されるのである。

七月七日から7／7——テロとの戦いの政治的な経線

クリフォード・ギアーツによれば、二〇〇一年九月一一日あるいは9／11の世界貿易センタービルへの攻撃は現代という時代の始まりを印したものだという[18]。七月に起きたロンドンの爆破事件以降顕著に見られるのは、それを世界貿易センタービルと結び付けて語ることである。この事件の呼称がそれを表している。とるに足らないことに思えるかもしれないが、カレンダーの中で七月七日が7／7と置き換えられたことは重要な問題を孕んでいる。この種の呼称は単なる時間の区切りではなく、地政学の時間的配列となる。それはある歴史的契機を示す一種の政治的な経線を生み出すが、しかし同時に歴史的パースペクティブを閉塞させる。つまり、グラウンド・ゼロが零年《イヤー・ゼロ》となるわけだ。ロンドンの事件を語るときには必ず最初に、米国の地政学的時間という本初子午線――それはロウアー・マンハッタンを通っている――と関連付けなければならない、というわけである。

　世界貿易センタービルへの攻撃はリアルタイムでまさしくグローバルな事件として経験された。国内線旅客機が火を放つ猛禽となる様を世界は見たのである。私たちに取り憑いたあのマルクスの予言は、多くの死を伴って的中してしまったかのようである――「すべての固いものは大気の中に溶け、すべての神聖なものは平凡になる。そしてついに人間はありのままの感覚、現実的な生の諸条件、人間に対する人間の関係に向き合わなければならなくなる」[19]。惨状の上にたちこめる灰色の雲には数えきれないほどの紙が含まれていた。そしていくつもの資料のファイルが、マンハッタンの屋上にまったくそのままの状態で散乱していたのである。そのページは多くの人々の手によって書かれたものだ。ジョン・バージャーは「愛することとの反対は憎むことではなく切り離すことである」という[20]。紙の上には生のはかない痕跡が記されていたが、全滅というその封筒にずっと入ったままであり、まるで帰り道を探そうとしている亡霊の使者によって運ばれたかのようだった。だが帰る場所はもうなく、それは切り離されてしまったのである。

　スーザン・ソンタグは最後の著書において、世界貿易センタービルへの攻撃は、私たちの現実との出会いがいかに歪められているかを明らかにしたという。

ある何かは写真に撮られることによって――そこにいない人々がそれを〝ニュース〟として受け取ることで――現実となっていく。しかし実際に経験されるカタストロフは、不気味にもその表象と同じように見えてしまうことが多々ある。二〇〇一年九月一一日の世界貿易センタービルへの攻撃について、そのビルから避難した人々やすぐそばで見ていた人々が最初に語った表現の多くは、「ありえない」とか「現実離れしている」、「映画のようだ」というものだった[21]。

こうした事件との遭遇は、テレビ画面を通したほうが何かより現実的に感じられる。たとえ画面それ自体は感覚の保護膜のように媒介された映像と選別された音声しか流さないとしても。その一方で、直接それを目撃すると逆に非現実的に見えてしまうわけだ。ニューヨークの写真家フランク・シュワーはグラウンド・ゼロに行かなければならないと感じたという。彼は二〇〇一年九月一三日に次のように書いている。「すべてが指の太さほどの白い灰に覆われていた。まるで他の星にいるようだった。何の色もなく、人影もなく、物音さえない路地がたくさんあった。そこにあるのは壊れた窓、焼け焦げた臭い、塵になった書類、がらくたの車だけだった」[22]。その時に撮影した一枚の写真は空っぽのバスを写したものである。そのバスに積もる灰の中には亡くなった人々の名前が書き記されていた――「マニーよ、安らかに眠れ」。一人のニューヨーク市民は指でこう書いた。「ビンラディンめ、くたばれ《ファック・ユー》」[23]。

これらの出来事が今も伝える一つの教訓は、私たちと現実との関係、つまり何が現実で何が現実でないのかという問題を問い直すことの重要性である。同じく、これらの酷い出来事は誰に属しているのか、という問題も考えなければならない。第一人称の証言に特別な価値を置くのは私のような社会学者も含めてほぼ普遍的といえるだろう。しかし同時に、そうした説明は安定した現実の単なる反映ともいえる。セントポール・チャペルは文字通りグラウンド・ゼロから数百メートルの場所にある（写真5・5）。ビルが倒壊したときそれは奇跡的にも瓦礫の被害を受けずにすみ、救急隊がビルの残骸に向かう時の本部となった。こうしてセントポールは忍耐と国民的追悼のアイコンとなったのである。ウォールストリートの程近くにあるトリニティ教会のダニエル・P・マシューズ牧師は、二〇〇一年九月二三日の最初の説教で事件後すぐのセントポール・チャペルの様子を語った。「灰、灰、どこもかしこも灰だらけでした。全てが灰に覆われていました。それは信じがたい光景でした。マンハッタン島の南部全体が灰で覆われるなんて想像さえできなかったのです。私たちは間もなく〝まずどこの灰から拭くべきか？〟と言い始めました」(24)。牧師は、人々が思案し祈ることができるように信徒席と聖書、奉納のキャンドルの灰が拭かれた様子を述べた。

写真５．５　セントポール・チャペル。ニューヨークのロウアー・マンハッタン。著者撮影。

そして私たちはまだ灰を拭いていまし

写真5.6　プラスチックにはめ込まれたマンハッタン。ニューヨーク。著者撮影。

写真5.7　地平線の墓碑銘。ニューヨーク。著者撮影

た。しかし灰はマンハッタンの南の端に降っただけではなかったのです。九月一一日のその日、世界中に灰が降ったのです。この地球上に灰が積もっていないところなど一インチもないのです。世界中の小さな村や人々、宗教グループ、伝統を信奉する人々、国民、人民、全てのものは九月一一日の世界貿易センタービルの灰で覆われています。灰を被っていないものなどありません。[25]

ミシェル・ド・セルトーは、マンハッタンの地平線は視線によって捉えられる「垂直線の波」だといった。[26] 世界貿易センタービルがなくなった場所は、波の中の大きな穴となっている。この喪失は、通りの出店が観光客や巡礼者に売っている土産物――9／11以前の地平線の写真や透明のプラスチックにはめ込まれたロウアー・マンハッタンの立体モデル――の中で喪に服されている。この失われた地平線は墓碑銘のようにも見える（写真5・6と5・7）。これらの出来事は世界的に反響し、多くの人々がロウアー・マンハッタンへの巡礼を行っている。[27] 世界貿易センタービルの跡である地面の巨大な穴を見たとき、私は強烈な眩暈を感じた。それが二〇〇四年九月の私の感情だった。ブルックリン橋に立つと私はひどくロンドンに帰りたくなった。そして愛しい者たちをそばに引き寄せたくなったのである――全ての固いものは大気に溶けていく。灰は世界中に降った。しかし逆説的にも、その後にはより太い分断線が世界の人々の間に引かれたのである。

一年後の二〇〇五年一二月に再びそこを訪れたとき、グラウンド・ゼロ周辺の通りから出店がなくなっていることに気がついた（写真5・8）。私は14番通りの薬局の前でポストカードの棚を見つけたが、その一枚はツインタワーが星条旗の模様に塗られているものであった。セントポール・チャペルではA・B・カーティス作『倒れなかった小さなチャペル』という子ども向けの本が売り出されていた。テーブルのところでは年配の女性が夕食のお皿ぐらいのバッジをつけており、そこには「私が作者です」と書かれていた。世界的な事件どころか、ジョージ・ワシントンが祈り、消防士や建設作

写真5.8　グラウンド・ゼロ。ニューヨーク。著者撮影。

業員たちが眠り休むこの倒れなかったチャペルでは、あの攻撃は国民的な出来事になっていたのである。星条旗とニューヨーク市警のTシャツのただ中で、その攻撃をめぐる愛国的な主張は、傷ついた凡庸なナショナリズムという日常の中で演出され管理されているのである。[28]ニューヨーク市長であった共和党のルドルフ・ジュリアーニは、八年間の任期を終える最後の演説の場所としてセントポール・チャペルを選んだ。二〇〇一年一二月二七日、そこに招かれた約三〇〇人の聴衆に向かって彼はこう述べた。

このチャペルは三重に神聖化されている場所なのです。まず一七六六年に神の家として奉献されたという事実がそれを神聖なものとしています。次に一七八九年四月、ジョージ・ワシントンは私たちの共和国の初代大統領に就任した後ここに来たのです。彼はまさにこの教会のこの場所で祈りました。それゆえアメリカを深く愛する人々にとってこの場所は神聖なものなのです。そして九月一一日に再び神聖なものとなったのです。[29]

こうして、様々な出来事と場所に政治的な著作権が与えられるようになる。つまり、それらが〝彼ら〟と〝私たち〟のそれぞれの列の中に組み込まれるのだ。そこでは政治的な関わりと傷がそれについて語る人々の利益の中に取り込まれ、あるいはそれに限定されるわけである。こうした政治的な著作権はいつもそこまではっきりと表現されるわけではないが、社会学的に注意を払っていればそれを自分たちの特権的な財産だと主張する規範や概念を暴き出すことができるだろう。

チェルシー・ホテルの通りを渡ったところに住んでいるロックミュージシャンのゼブラは、マンハッタン・シナゴーグの基金調達員として働いているが、毎朝歩いて職場に向かうときにグラウンド・ゼロを通り過ぎる。彼は私を初めてグラウンド・ゼロに案内したとき、その場所を直接目撃した私の反応に驚いた。

私はただ生活の日常を取り戻したいだけです。だからそれを大げさにしたくはないんです。カンザス州やどこかからニューヨーク市警のTシャツを着てニューヨークまで大げさなこのふざけた巡礼にくる人々のことはよく分かりません。おそらくそれまであの人たちはニューヨークのことやニューヨークが表すようなものは何でも嫌いだったはずですよ。ニューヨークとの団結なんて言っているわけじゃなくて、アメリカ人として、ってことですよね。そうでしょう？　でもニューヨークがアメリカの全てではないし、ニューヨークはカンザスじゃありませんからね。(30)

ゼブラはニューヨークの日常的な儀礼を回復したがっている。そしてその一方で、市民の観光客はその同じ通りを巡礼し、国民的追悼として亡くなった英雄たちと親しみを交わそうとする。多くの犠牲者を英雄にしようとする衝動はこの出来事の影響で今もまだ強い。この修羅場のさなかに多くの勇敢で自己犠牲的な行為がなされた。しかしプリーモ・レーヴィが警告しているように、卑屈になることではその犠牲者に名誉を与えることはできないし、英雄の称号は死者にとって重要ではない。むしろそれを無理やり殉死だと考えることは復讐に根拠を与えることにつながる。ジュディス・バトラーはまさにこの危険を指摘している。

私たち自身が傷つきうる存在であること、他者もまた傷つきうること、われわれは誰かの意思のままに死にさらされる存在であること、そうしたことのすべてが恐怖と悲しみの原因となる。だがそれほど確かでないのは、傷つきやすさや喪失の体験を、軍事力に訴える暴力や報復にすぐに結びつけるべきか、という問いだろう。ほかに道はないのか？　もし私たちが暴力の連鎖を止め、暴力に訴えない成果を求めようとするなら、戦争による報復を叫ぶだけではなく、悲しみから何が生まれうるかを政治の問題として問うことは、疑いなく重要なことではないだろうか。[31]

死者を神格化することは称えることではない。むしろそれは死者の記憶を傷つけることにもなる。神格化されてしまうと、亡くなった人々には超人のような英雄的美徳が与えられることになる。だが本当は彼ら／彼女らもまた、私たちと同じように善悪合わせ持ち、強くもあり傷つきやすくもあったはずなのだ。したがって神格化は死者たちの人間性の記憶を検閲してしまうのである。

復讐をしてもよいということは憎んでもよいということでもある。二〇〇五年一二月には、間に合わせの慰霊碑はグラウンド・ゼロの復旧現場からある程度撤去されていた。通りを二つ三つ離れたところにまだ撤去中の慰霊碑がいくつかあった。パークプレイスとグリニッジ通りの角に、そうした記念碑の一つがあった。赤、白、青のリース。献辞の付いたしおれた花。写真やたくさんの落書き、そして死のシンボル（写真5・9）。灰に指で書かれた名前のように、落書きには個人の名前を記しているものもある。また、「アメリカ人で本当によかった」「ポルトガルから—彼らは私たちの命は奪えても魂は奪えない—ホセ」「アメリカに神の祝福を—ポーランドのマグダ」といったものもあった。星条旗が板に打ち付けられており、そこにはこのように書かれていた——「アメリカとここで亡くなったすべての人に神の祝福がありますよう—906トラック・チームスターズ、ローカル701、ニュージャージー」。旗の横には太字で「くたばれ《ファック》、ムスリム」と走り書きがあった（写真5・10）。九月一一日の数日後に朽ち果てたバスの灰に書かれたオサマ・ビン・ラディンに対するストリートの反駁とは違って、この侮辱の言葉は、約一三億人の信徒を擁する世界で二番目

写真5.9　飾られた記念碑。著者撮影。

に大きな宗教に向けられたものである。そこに刻まれた言葉や装飾は、世界の人々の間に引かれた「より太い分断線」の一部をなしている。世界貿易センタービルの灰は世界に積もった。しかし同じことがバグダッドやカブール、エルサレムの残骸についていわれることはない。「私たちの感じる能力は不安定である」とジュディス・バトラーはいう[32]。九月一一日

写真5．10　「より太い分断線」。著者撮影。

の死者のように悲しまれる死もあれば、テロとの戦いにおける「付随的損害」として悲しまれない死もある。同様に、保護される権利もあれば犠牲になる権利もある。反テロリズム法のもとベルマーシュ刑務所で審議もなしに被疑者が勾留されたことは、第一世界の自己防衛の名のもとに人権を侵害した明らかな事例である。

　七月七日の事件がすぐに7／7と呼ばれたのは偶然ではない。時計は文字通りリセットされたのである。まさにそれが過去の抹消につながるという点で、そのことに異議を唱えることは重要である。アメリカの対外政策における優先事項だけでなく、イギリスにおける多文化状況の国内的な議論についても、9／11以前のことは無視されている。厳然たる真実であるが、ロンドンは今回と同様これまでにも爆破事件を経験してきたのである。私は第二次世界大戦中のナチスの爆撃機によるロンドン大空襲のことをいっているわけではない。地下鉄の駅でゴミ箱を見かけることがほとんどなかったり、鉄道の駅のごみ入れの内側に透明なビニール袋がかけられているのには理由があるわけだ。近年にも多くの爆破事件があった。そこにはＩＲＡの攻撃や白人至上主義者デイヴィッド・コープランドによる釘爆弾事件も含まれる。一九九九年、コープランドによってロンドンは修羅場と化した。ブリクストン、ブリックレーン、そしてソーホーのゲイ・コミュニティで釘爆弾が爆発し、三人が死亡、一二九人が負傷した。ソーホーのパブ「アドミラル・ダンカン」の爆破の後にはリースが飾られた。そこには「ファシスト、お前たちは少数者でしかない」と書かれていた。暴力的な死とそれを追悼する花束は、ロンドンのストリートでは例外的ではなく、むしろなじみ深いものだと考えられる。過去一五年の間に〝未遂に終わらなかった〟爆破事件は二一を数える。そのうちアイルランド共和軍が一一、白人至上主義者が三、攻撃的なジハード主義者が七であった。爆破事件は予測ができないとはいえかなり頻繁に生じているのだ。ロンドンという一つの都市の中に全世界があるとはよくいわれることである。私たちの世界で爆弾が投じられる場所は、グローバル社会の中に刻まれる分断の太い線と分けて考えることはできない。

多文化の目録

ルイシャム病院の耳鼻科の待合室は、耳垢をとりに来た人や、もっと深刻な症状について受診を待つ人であふれている。朝の一〇時。ロンドンの多文化状況を映し出すスナップショットを求めるならば、そこは他のどんな場所よりも適している。おそらく五〇ほどの民族の人々がいるだろうか。その声は同時に飛び交っている。ポーランド語やウルドゥー語の傍らでジャマイカ方言が聞こえる。私の隣に座っている家族はジャマイカを襲いつつあるハリケーン関連のニュースをメールで打って

写真５．11　2005年７月７日、ロンドンのタヴィストック・スクエアで爆破現場から歩き去る二人。ジョナサン・ホードル撮影（Rex Features）。

いる。その時、一人の看護士が「みなさん聞いてください……」と私たちの注意を引こうとする。「酷いニュースです。ロンドン中心部で先ほど四度の爆発が起こったということです。携帯電話のネットワークは使えなくなっています。また病院は厳重な警戒態勢に入っています。どうかみなさん落ち着いてください。また状況が変わり次第お知らせします」。私はこうして七月七日のテロのニュースを聞いたのだった。爆弾は朝八時五〇分、エッジウェアロードとキングスクロス、オールゲートの三カ所で同時に爆発した。四番目の爆破犯はタビストックスクエアを通過する30番のバスに乗り込み、九時四七分に爆弾を爆破させた。その時はまだ私たちは知らなかったのだ。その犯人たちがこの病院の待合室にいる人々と同じような家庭に育った「イギリス育ち《ホーム・グロウン》」、つまり多文化国家イギリスの市民であったということを。

中道右派の人々は早速この「イギリス育ちのテロリスト」というイメージを使って、イギリスの多文化主義は大きな失敗であったとか、爆破犯は単に自分たちが生み出したモンスターであると主張し始めた。[33] まさにこの事件を多文化主義の終焉として描くことによって、それに政治的な著作権が付与されるわけである。爆発によって亡くなった人々の民族的背景は、病院の待合室にいる人々と大差があるわけではない。つまり、死者たちは世界都市ロンドンの日常の姿を代表しているのであり、ジョナサン・ホードルが撮影したこの事件を描くのに最もよく使われた写真の一枚には、ドレッドロックスの黒人ロンドン市民が白人女性の肩を抱きながら爆心地から歩いている姿が写し出されている（写真5・11）。血のついた顔に映るその表情には人間に共通の脆さが表されている。その脆さを前にすると二人の見た目の違いは皮膚という表面的なものにしかすぎず、究極的にはとるに足らないものでしかない。七月九日、右派のポピュリズム的大衆紙『サン』の一面には、二九歳のローラ・ウェッブと二〇歳のシャハラ・イスラムの写真が次のような見出し付きで掲載された（写真5・12）。「二人の美しく上品な女性。一人はキリスト教徒、一人はイスラム教徒。他の数十名とともに二人も行方不明。彼女たちに祈りを」[34]。だが紙面をめくってみると、これから始まることの予兆があった。コラムニストの

THE Sun
FREE SINATRA CD INSIDE
Two beautiful, decent women.
One Christian. One Muslim.
Both missing with dozens more.
PRAY FOR THEM ALL
SEE PAGES 2 TO 13

写真５．12　2005年７月９日、『サン』紙の一面。New International, London Media and Wales News and Pictures の厚意により掲載。

リチャード・リトルジョンはこう書いていた。「我々の国はテロリストにとって天国のようなものだ。我々の首都はロンドニスタンなどと呼ばれるいわれはない」[35]。爆破犯自身が死者の数に含まれないことも多い。彼らの物語もまた、多文化の目録の中に含まれなければならないのに。

示唆的なことだが、一九九九年の釘爆弾事件の後には、多文化主義の終焉に関する議論は起こらなかった。なぜ起こらなかったのだろう。それは人種主義者は定義上「イギリス育ち」だという考えが暗黙の裡に受け入れられているからだといえるかもしれない。たとえ軽蔑的なとまどいがあるにせよ、白人という多数派の中にファシズムが存在するのは当然だとされる。その一方で弱者の権威主義はモラルの崩壊だと受け取られ、それによって多文化的社会の可能性やアイデアそのものが吹き飛ばされてしまうのである。この一見反対に見える暴力の形式には実のところ類似性がある。これらの政治的レトリックは共通点がなさそうだが、その中心部分には純潔を求める心情と、都市において多様な人々が入り乱れることへの嫌悪があるのだ。七月七日の事件に対する公式の説明は、アルカイダとの関係を「証明するような確たる証拠はない」というものだ[36]。様々な陰謀に関わっている人々の間には緩いつながりがあったことは想像しうる。また主要な人物たちは少なくともお互いのことを知っていただろう。犯人たちがメディアを通じて自ら情報を得ていたという証拠はある。彼らはインターネットを利用したり、ビデオやＤＶＤを通じて攻撃的ジハード主義の主導者たちに影響されたり、ワールドワイドウェブから政治的・宗教的資料を入手したりしていた[37]。七月七日の爆破犯たちがそれ以前の爆破犯と大きく違うのは、彼らが持つ大義に対して自己犠牲を進んで行うということである。この事件に対する議会の公式レポートは、「七月七日の攻撃についておそらく最も衝撃的な側面は、それが自爆攻撃だったという事実である」と述べている。[38] この行為に対するネーミングもまたイデオロギー的論争のテーマとなる。イスラムの文脈では自殺は罪であり、暴力的なジハード運動に共感を示すイスラム主義者にとって自爆犯《スーサイド・ボマー》という概念自体が侮辱とみなされる場合もある。その結果、イスラム系のメディアや反人種主義の左派活動家の中には、「人間爆弾」という表現を好むものもある。この表現であれば、自殺という概念を避けながら殉教という倫理とレトリックを（受け入れないまでも）暗黙に認めることができるからだ。

評論家たちはあらゆる立場からこの問題を論じてきた。ビク・パレカは、「最近のロンドンにおけるテロリストの攻撃は、この国に所属することの常識を育んできたその進歩と、私たちが今後進まなければならない距離の両方を示している」という。イギリスに忠誠を誓い続ける「圧倒的な数のムスリム」を称賛しながらパレカは次のように結論づけている。

自爆犯たちは彼らの周りの全てに対する無力な怒りによって突き動かされている。そして自分の空虚な生に意義を与えてくれるグローバルな理由から、簡単に邪悪な思想の餌食となるのである。彼らにとってとりわけ必要なのは、イギリス人としてのアイデンティティを得る機会を与えられることである。その強力で充実したアイデンティティによって、彼らの一次元的な宗教アイデンティティが節制され豊かにもなるのだ。[39]

政治家やアカデミズムの評論家によれば、問題の解決は強い国民的アイデンティティの育成にかかっているらしい。同じテーマを論じながら、タリク・モドゥードは多文化主義者そして左翼全般を批判する。なぜならそれらは「私たちが国民的アイデンティティを喜んで受け入れ、それを進歩的政治と結びつけることに対してあまりにも躊躇するからである。多元的で可変的、そして包括的なイギリス人アイデンティティを再評価することは、イギリス人ムスリムにとってジハードの感情に訴えるのと同じぐらい感情的にも政治的にも意義深く、過激派を孤立させ打破するのに重要なものである」[40]。後でもう一度この問題に立ち返りたいが、ここではパレカとモドゥードがそのような死を賭した運動に引き寄せられる人々の経験の中にある文化政治について、その複雑性を見落としていると指摘しておこう。

爆破犯自身の半生を見ると、彼らがイギリス人としてのアイデンティティを親密に感じていたことは明らかである。これらの攻撃に関わった人々の社会的背景をぞんざいに紹介しているタブロイド紙でさえ、その点は押さえている。四人目の爆破犯といわれる一九歳のジャーメイン・リンゼイはジャマイカ生まれでその後ヨークシャー州で育っている。彼はムスリムに改宗し、ジャマールとなった。後に妻となるサマンサ・ルスウェイトとは彼女が大学在学中にルートンで知り合った。白人のイギリス人少女であった彼女はルートンの多人種的地区に暮していた。ある友人は彼女のことを「アジア文化が大好きだった」と述べた。そうしてサマンサはムスリムに改宗しジャマールと結婚する。二人はバッキンガムシャーのアリスバーリーで暮らし、一人の子どもを持った。友人たちはジャマールが子どもを溺愛していたという。そして彼がラッセル・スクエアで爆弾を爆破させ二五人の命を奪ったとき、サマンサは二人目の子を妊娠していた。二人の人生は、文化横断的な翻訳の物語であり、また既存の社会的アイデンティティとは別のものになる再発明の物語でもあるのだ。

次に七月七日の爆破犯の中で年長だったモハメド・サディク・カーンについてはこうだ。二〇〇五年一〇月初め、カタールのドーハに本部を置くアラブ系のニュース局アルジャジーラは、爆破事件の前に録画された彼のメッセージを放送した。彼はウエストヨークシャーのデュースバリー出身で教育助手をしていたが、その放送で彼は「メディアが私を都合よく描く」心配を吐露している。ビデオカメラのレンズを通して、彼は世界に向かって次のように述べた。「あなたたちが民主的に選ぶ政府は世界中の私の民族に対してずっと暴虐を続けており、あなたたちがその政府を支持するということはその暴虐の責任を直接負うということである。同じく私にも、ムスリムの同朋を守りそのために復讐する直接の責任があるのだ」[41]。新聞報道は彼の「丸出しのヨークシャー訛り」に注目し、身近な敵がなじみ深い声をしていることを指摘した[42]。だが私が述べておきたいのは、彼の言葉のタトゥーに注目するとき、それとは全く別のことが示されるということである。

モハメド・サディク・カーンの声の音色や言葉遣いの中に含まれているのは、ウエストヨークシャーというその出生地に彼が所属していたという事実であって、彼がいかに自分の過去を消そうとし変えようとしても、その訛りは彼の過去をさらけ出してしまったのである。「私の民族」と彼は言うが、そこには彼のような声を持つ人や、さらにいうと彼と同じ地域出身の家族を持つ人さえ含まれない。つまり、カーンがイギリス人としてのアイデンティティを得る機会がなかったのではなく、彼は単にそれを得ようとしなかったのであり、さらにはイギリスへの文化的・感情的愛着を積極的に消し去ったのである。ポール・ギルロイが示したように、植民地時代の遺物と人種主義に取り憑かれた今のイギリス人アイデンティティやナショナリズムは、問題の解決策を提供するのではなくむしろそれ自体が問題の一部であるかもしれないのだ。[43] イギリスのムスリムコミュニティでは自動車のバンパーにセントジョージクロスやユニオンジャックのステッカーが急にたくさん貼られるようになったが、それは決して解決策とはならないだろう。快適で安全な「フリーサイズ」の多文化的国民服は、この相容れない布地から作られることはない。評論家たちが求めるハンプティ・ダンプティのような国民的アイデンティティは、最初に分裂を生み出した人種主義や帝国の政治的な共約不可能性をもっともらしく言い逃れる。要するに、割れたピースが元通りになることはないのであって、イギリスの現在の歴史や、互いに積み重なる文化的・政治的断片について別の仕方で考えなければならないのだ。

チェタン・バットによれば、ジハード運動に惹かれた若いイギリス人の経験の中心にあるのは、自己の再創造という日常性を超えた行為だという。彼がよく知る人々は、自分自身の日常文化を捨て去り、意志の力によって自らを再形成する。これはサミュエル・ハンチントンが予告した「文明の衝突」ではなく、文化横断的な翻訳、そして社会的・文化的境界線の攪乱という叙事詩である。この種の選択は例外的だ。彼らの人生を経験的に位置づけ、それを社会的な文脈の中で解釈しようとすることもまた、「多文化主義の終焉」を宣告する政治的著作権に異議を唱える作業の一部なのである。脅威の範囲を増幅させる危険は、警察の監視や一般大衆における人種主義の増長を、人口全体が感じるということにある。

こうした運動の文化政治の中に含まれている一つの逆説は、彼らが政治や論争に直接関心を持っているわけでもなく、あるいは達成可能な目標や要求に向かって行動しているわけでもないということである。実際にこうしたグループは、非常に漠然としたレベルの主張を除けば、現実的な政治的要求を行うものではない。むしろそれは個人的な美徳の追及、そして規律と道徳の順守に関するものだといえる。つまりこれは、民主主義や話し合いという価値観、あるいは逆説的に政治という概念自体さえ否定し、放棄するような政治学なのである。その行き着く先にあるのが死の反政治学なのだ。チェタン・バットによれば、これは単に殉教の政治学とかある種の死のカルトといったものではなく、生と死の区別を超越しようとする試みだという。彼はこう論じる。「それは、地上における死が死そのものの消滅と同じであると信じるならば彼らは行くだろう、ということの別の言い方なのだ」[44]。多文化的な所属についての善意からなる言葉はどれも、こうした過激主義の宗教的価値観の前では無力となる。こうして信者と俗世、つまり信じる者と信じない者の間に引かれる線は絶対的なものとなる。

テロとの戦いという戦線における共犯関係はまた様々な別の形を取りうる。上述のティギーの逸話は、非常事態の感覚と病的な疑い深さが、全く善良な人をも誘惑した一つの例である。私たちの課題の一つは、いわゆる「テロとの戦い」が生み出す恐怖症《フォビア》に屈することなく、いかにこうした共犯関係を認識することができるかである。爆破事件の後にロンドン東部の若いムスリムたちが開いた会合で、一人の若い男性が信仰について語る中で、一時期いかに自分がジハードのレトリックに魅了されていたかを述べた。声を震わせながら彼は言った、「もし私自身の命を犠牲にして殺された人々を取り戻せるならば、喜んでそうするでしょう」と。これはポーズではなかった。カメラや視聴者に向かって演じていたのではない。彼の声の端々には共犯の感覚が含まれていた。彼は、自分が目撃したあの夏の事件を引き起こすことになったレトリックに以前は同調していたのである。ロンドンのムスリムコミュニティの中には、こうした爆破事件が自分たちの教義とは何も関係なく、コーランや宗教教育の中で暴力が正当化されることはないという人々もいる。したがって、この悲劇の直後にトニー・ブレアが「ムスリムの爆破犯」と表現したとき、それを不快で侮辱的だと感じた人も多かった。だが、先述のモハメド・サディク・カーンの動機や世界観を理解しようとすると き、彼の信仰心を無視することはできるだろうか。彼の行為は政治的ムスリムのレトリックに位置づけられなければならず、そうしなければそれは彼を単に否定することに他ならない。

政治的風景はいまや否定や否認に支配されるようになった。事件直後、イギリス政府はこの攻撃とその二年前のイラク侵攻との関係性を否定した。[45] 実際にその地政学的な文脈は、二〇〇五年七月の事件に関する公式報告において控えめに述べられている。[46] 二〇〇五年に反戦を掲げるリスペクト党の候補者としてベスナルグリーンとボー選挙区の下院議員に当選したジョージ・ギャロウェイは、直ちにロンドンの爆破事件とイラクへの侵攻・占領との関連を指摘した。爆弾攻撃のあったその日、地下鉄で焼け焦げた死体がまだ冷めやらぬ中、彼は議会で厳しく非難した。

国会は本当に信じていないのか？　イラクに侵攻し占領したことが生み出した憎しみや苦しみを。パレスチナ人の家々を毎日のように破壊し、パレスチナに巨大な隔離の壁を建設し、アフガニスタンを占領したことによって生み出した憎しみと苦しみを。これらのひどい出来事が生み出した苦しみと敵意がビン・ラディンやその他のイスラム主義者のテロリズムの肥やしとなったことを、理解していないのか？[47]　議論するまでもないだろう。これは明らかなことではないか？

しかしこうした性急な断定もまた複雑な問題を覆い隠してしまい、それはそれで身勝手な主張となる。例えば私たちは、イラクやアフガニスタンに対するアメリカとイギリスの軍事行動に先立つ、世界貿易センタービルの攻撃やバリの爆破事件をどのように理解すればよいだろうか。そこにはギャロウェイのような人々が怒りのポーズをあらわにしながら攻撃的ジハード主義や、死の反政治学の魅力について何事かを語る余地はないのだ。また、ジハード主義のレトリックを暗黙裡に正当化した身近な人々――おそらくリスペクト党に投票した人々の中にさえいるが――の共犯関係と過失とはどのようなものだろうか。二〇〇五年一〇月、ロンドン東部、ギャロウェイの選挙区にあるケーブルストリートのマーティノー住宅団地にこのような落書きが現れた。壁に雑に描かれたその落書きの「パート1」は、マンハッタンの水平線の様子である。〝Bin Laden.co.uk Airlines〟の飛行機が摩天楼に突入し、高層ビルの窓から人々が死を覚悟して飛び降りているというものだ。「パート2」の見出しの下には、ロンドンの〝不信心なテムズ川〟の河岸にあるカナリーワーフとHSBCビルにミサイルとロケットが向かっている絵が描かれている。そこには大文字で「ビンラディン」と刻まれている。

市民権運動家として長く活動しているスレシュ・グローバーは、「ある種の政治的な郊外からゲットー」の生活を眺めてきたことにおいて、左翼は有罪であると論じる。[48]　同様に、弱者の権威主義について真剣に向き合おうとする態度の欠如が、多文化をめぐる学問的な議論を制限している。そうしたコミュニティの中には、絶対主義的な宗教政治の扇動者たちに対して公的に反対を示すことを恐れる人々もいるのだ。昨今の状況において、新労働党は信仰に基盤を置いた政治学が育まれるようなスペースを作り出した。現在の状況の複雑さに直面して、新労働党政権は「信仰の指導者のコミュニティ」を通じて操作するかつての植民地的戦略に回帰したのだとチェタン・バットは論じる。これは一九九七年、ブレアの当選と同年に設立された英イスラム教徒会議をみると明らかである。それは政府の耳にとって最も重要な声を発する機関となっているのだ。ロンドンの爆破事件のおり、二〇〇五年の夏に、英イスラム教徒会議事務局長イクバル・サクラニーはナイトの称号を授与された。[49] 一九八九年、サクラニーは『悪魔の詩』の著者サルマン・ラシュディについて「殺すことは簡単だ」と述べている。「もしブレア氏が提供できる最も善良なイスラム教徒がイクバル・サクラニー卿であるなら、それは問題である」とラシュディは述べている。[50] ジャマート・イ・イスラミ（シャリーア法によって統治されるイスラム教国家建設を目指すパキスタンとバングラディシュの一部の急進政党）のような保守的なイスラム主義運動は、イギリスでどのようにコミュニティの政治が行われるかに対して大きな影響力を持っている。ラシュディは歴史的感性をはぐくむ必要性、そしてより開かれたイスラム解釈の必要性を訴えている。ラシュディは、歴史的観点の多様性を論じることを拒めば「イスラム主義ファシスト」の術中に陥ることになり、その結果「ファシストたちがイスラムを自身の鉄の思い込みと不変の絶対性に囲い込んでしまう」という。[51]

一九九七年に公開されたハニフ・クレイシの映画『熱狂的な息子』は、この「鉄の思い込み」の孕む魅惑を描き出している。この映画では、人種主義と直面しながらもイギリスに傾倒し魅了される移民の父親の姿が、イギリスを拒絶する息子と対照的に描かれる。自分が生まれ育った社会の慣習を拒否しながら、その息子は偏狭な政治的イスラムを信奉し、彼の父親にこう説くのだ――「結局のところ僕たちの文化は……混ざり合うようなものじゃないんだよ」。父はそれにこう反論する。全てのものは「すでに混ざり合っているんだよ」と。息子は必死の形相で「混ざってないものを求める人だっているんだ」と言う。純潔を信奉すること、過去を理想化することは、現代の生活の混淆性から脱出する一つの方法なのだ。クレイシのメッセージとは、私たちが生きている時代は、人々が疑いではなく思い込みによって苦しむ時代だということだろう。それはこの世界での不安と傷を償ってくれる誤った思い込みなのである。このことはクレイシの描く物語の登場人物に当てはまるだけではなく、ホワイトハウスやダウニングストリートの政治家階級にもいえることなのだ。

国際的な都市において人々は多様な人々と混ざり合って生きているわけだが、その地味で、平凡な生のあり方は、それが失敗だと誇張する人々から守られなければならない。先ほど述べたように、病院の待合室に行くだけでこのかけがえのない混合がどのようなものかわかる。まさにそこに七月七日の爆破事件の犠牲者が避難し、また看護のために運び込まれたのだ。看護師たちは世界のいたるところの出身だが、みな傷ついた患者たちの世話をした。医者と看護師が人々の身体を治癒し、命を救うことに集中するとき、それは私たちの人種的・文化的差異が究極的には大した問題ではないということを伝えていたのだ。そこは多文化というものが日常的で、ありふれた自明なものだということを示す希望の場所なのである。しかしこれは全てがうまくいくとか、爆弾が日常を吹

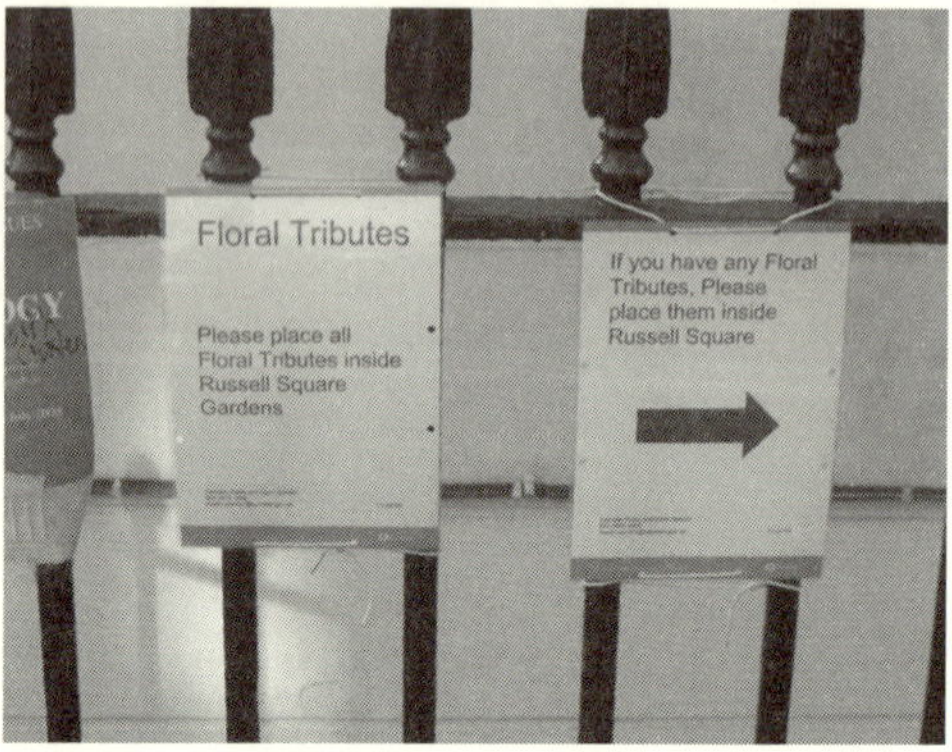

写真５．13　2005年７月13日、ロンドンのウォボーン・プレイス。著者撮影。

き飛ばすことはないなどと主張しているのではない。あるいは、人々がほとんどの時間を多文化的生活の混淆と混乱のなかで生きているという圧倒的な事実を賛美しているわけでもない。私たちがなかなか直面できない問題も多々あり、そうした意味で、政治的であろうが学問的であろうが、私たちに政治的郊外という偽りの安らぎの場から語ることを止めさせようとするスレシュ・グローバーは正しいのである。つまり私たちに課せられているのは、寄り添いつつも警戒を怠らないような、人種主義とテロリズムに抗する政治的な言葉を見出すことなのである。

おそらく、生命の脆さとかけがえのなさを認識することそれ自体が、こうした酷い事件の後に残される資源なのだろう（写真5・13）。ロンドン市民の誰もが犠牲者になりえたのだ。爆発は誰彼の区別なく襲いかかったし、誰もそれに免疫を持っていないのである。あの七月の朝、地下鉄での混沌に直面したシャハラ・イスラムは仕事に行くことをあきらめた。彼女は30番のバスに乗ってロンドンのウエストエンドのショップに向かった。そのバスには四人の自爆犯の中で最年少である一九歳のハシブ・フセインが乗っていた。リーズ生まれでパキスタン系の両親を持つハシブは、キングスクロス駅で地下鉄ノーザンラインに乗ろうとしたが、駅が閉鎖されていたのである。九時四七分、彼は爆弾を爆破させた。それはバスの屋根を吹き飛ばし、シャハラ・イスラムを含め一三人の命を奪った。彼女はロンドン東部のホワイトチャペルで育ち、三人姉弟の一番上だった。彼女の父シャムスルは一九六〇年代にロンドンに移り住み、現在でもロンドン交通局の管理人である。バングラディシュ系のシャハラの家族は、他の犠牲者の家族よりも遺体の身元確認を長く待たなければならなかった。警察が彼女を爆破犯として疑っていたからだと考える人々もいる。法廷はすぐに彼女ではないと判断した。シャハラは、イーストエンドの女の子にとってはあまりにも当たり前のことをしようとした、若いムスリムの女性にすぎなかった。仕事を休めるチャンスがあったから買い物に行こうとしただけなのだ。事件の後、彼女の家族は次のような声明を発表した。「彼女はイーストエンド育ちであり、ロンドン市民で、イギリス人だった。しかし何といっても真のイスラム教徒であり、それを誇りに思っていた」と。[52] 自爆犯たちは自分自身と同様に、自分に近い人々の命も奪った。どこか遠く離れた敵に対してではなく、自分自身の文化的・歴史的な鏡像に一撃を与えたのである。爆破犯が自分自身に刻まれた痕跡をあからさまに軽視するそのそばで、多文化の日常性もまた理解されなければならないだろう（写真5・14、5・15）。

トニー・ブレアとイギリス政府は、容疑者の人権の制限と警察権力の拡大について大衆の同意を獲得するためにテロの脅威を利用した。二〇〇五年二月二八日、ブレア首相はBBCラジオ4の「女性の時間」のリスナーに向かって、「この国にはテロの計画を立て実行しようとしている数百人のテロリストがいます」と述べた。二〇〇五年の夏、ブレアはタブロイド紙の圧力を受けるかたちで、性急な判断といわざるを得ないテロ対策のための「一二点のプラン」を立ち上げた。その中には、

写真5．15　断片の中の愛郷心。2005年7月13日、ロンドンのラッセル・スクエア。著者撮影。

写真5．14　記念の花束。2005年7月13日、ロンドンのラッセル・スクエア。著者撮影。

告訴なしに最長九〇日間被疑者を拘束する権限を警察に付与しようとした、二〇〇〇年のテロリズム法案の修正案も含まれていた——結局それは二〇〇五年一一月九日の議会で否決されてしまう短命なものではあったが。ロンドンの爆破事件に関する二〇〇六年五月の公式説明の発表に先んじて、ある新聞は公安からの情報として次のように報じた。「テロのネットワーク」に関わっていると疑われる人物の数は三倍の七〇〇人まですでに増えており、七月七日の記念日までにはさらに一二〇〇人にまで増加するとみられる、というものである。[53] 二〇〇六年一一月、英国諜報部第五部長のエリザ・マニンガムブラー婦人は、諜報部が三〇のテロ計画を最重要なものとして追跡しており、そこには二〇〇のネットワークと一六〇〇人の容疑者が関わっていると述べた。こうした主張の真偽を判断することは極めて困難である。例えばここでいう「容疑者」とは何を指すのだろうか。また、こうした情報は、拘留中の囚人が脅迫されて提供したものだったり、アメリカの諜報部やパキスタン警察当局からのものであったりすることも多々ある。内務省が発表した数字は、二〇〇五年九月三〇日までに八九五人が二〇〇〇年のテロリズム法のもとで逮捕されたことを示している。そうして逮捕された人々の中でテロリズム行為について有罪判決となったのは二三人に過ぎない。[54] こうして容疑者の数がどんどん増えていく中で、実際に取締り令が適用されたケースは二〇人以下である。[55] 隣に暮らす敵という恐怖は国策の重要な武器となり、タブロイド紙のポピュリズムをなだめ、政治的支援と大衆的支持を獲得する道具となったのである。この戦略は、政治という技術それ自体と同じくらい古いものである。ニッコロ・マキャベリは四〇〇年前に、「君主は恐怖をたきつけるべきである。そうすることで、愛されはしないにせよ、憎まれることはない」と書いている。[56] 現代の君主たちが非難されるかどうかは議論の余地があるが、恐怖によって同意を獲得することには一つの代償がある。つまりそれは人種主義を解き放ち、それに活力を与えてしまうのだ。その時、多文化的出会いの土台は崩されてしまうのである。ベンジャミン・バーバーはこのようにいう――「本当の敵はテロリズムではなく恐怖なのだ。そして結局、恐怖が恐怖を打ち負かすことはないのである」。[57]

結論　数々の断片の中の愛郷心

有名なことだが、一九三三年の初の就任演説でフランクリン・D・ルーズベルト大統領は「我々が恐れるべきことはただ一つ。それは恐怖そのものである」と述べた。彼がこの恐怖感を「名づけ難く、理不尽で不当な恐怖は、撤退を前進へと転換させるために必要とされる努力を麻痺させる」と分析したとき、それは現代の私たちに向けられていてもよいはずのものだったといえる。(58) 大恐慌という状況の中で、彼はこうした「共通の困難は、物質的なものにすぎない」と述べることで、アメリカ国民を安堵させたのである。(59) これは今日の政治的リーダーの物言いとは非常に対照的である。彼らは機会さえあればテロリズムの恐怖を煽ってテロとの戦いを正当化しようとするのだから。この戦争は物質的なものとはかけ離れ、永続的で観念的な様相を呈している。そしてそれは生活の条件をめぐる争いではますますなくなっており、この不可逆的につながり合った世界の中で、いかに自己を獲得するか、国民的アイデンティティを再構築するか、そして「私たち」と「あいつら」との境界線を維持するかをめぐるものになっているのである。

ロンドン爆破事件の一年忌の前日、アルドゲートイースト駅を爆破したシェザード・タンウィアのビデオがアラブの放送局アルジャジーラによって放映された。それはモハメド・サディク・カーンの録画映像と全く同じ性質のもので、なじみ深い発音でイラク戦争を非難したり怒鳴りあげたりするものだった。(60) それはまさに前年に起きた事件を思い出させた。多くの電車や地下鉄の中では不安な沈黙が漂った。社会学の教授で地方行政に携わっている私の同僚マイケル・キースは次のように言った。

事件の一年忌の前日、僕はアルドゲートイースト駅に行ったんだ。いつも週に何回かは行くからね。ラッシュアワーだったにもかかわらず、その日の駅はまったくいつものようには混雑していなかった。よくある言葉でいうと、緊張が分かったんだ。なぜかっていうと、たいがい地下鉄の電車を待っているときは、駅の通路では人々がみんなでダンスをやっているようにごった返していて、それを見るとロンドンの「忙しさ」が分かるし、またこの都市でのやり方が分かるよね。人々はあっちからこっちに急いで歩きながらも共通の空間と別々の行先をちゃんと見分けているからね。でもこのときは違った。みんな自分の振り付けを忘れてしまったかのように、プラットホームを慎重に歩いていたよ。そして無礼にならないように隣がどんな人物か、誰が通り過ぎたかに集中し、いつもの通勤ラッシュで使っている第六感はしまい込んだままだったんだ。でもそれが一番はっきり現れたのは、電車に乗った時だった。駅にいたほとんどの人は白人ではなく、多くはバングラディシュ系やアフリカ系、中国系、そして普通の混血の人々だった。ほとんどみんな洋服を着ていたんだけど、車両の中に一人だけあご髭を生やして伝統的なムスリムの服装をしていた男性が座っていたんだ。みんな顔を見合わせて、その満員の車両の誰もが慎重に彼の隣の空席に座らないようにしていた。その時、僕の頭の中では誰かが言った言葉がずっと浮かんでいた。自爆犯は最後の時を迎えるにあたって髭を剃る、という言葉がね。地下鉄で最も安全な人はあご髭の生えた人だということだよ。(61)

誤認と恐怖の政治は、人々の日々の身振りにも傷を与える。それはバスや地下鉄の車両のような公共空間を共有し、そこに共存する私たちの能力を低下させるだけではない。何が危険かを見極める能力をも押さえ込んでしまうのだ。そして誤認の政治は人種主義に許可を与えるものでもある。

それが生み出す不安によって人々は肌の色の境界線《カラーライン》の向こう側をよく見ようともせず、そして誰もそこから完全に逃れることはない。

こうした境界線の維持は、悲劇とともに時としてまったく馬鹿馬鹿しい喜劇的な事態を引き起こす。ある時、テロ対策の警察はダーラム発ロンドン行の飛行機から一人の男性を連行した。その理由は、パンクバンドのクラッシュが一九七九年に発表した名曲「ロンドンコーリング」を彼が聴いていたからだった。この話は大衆紙にも広く取り上げられた。[62] イングランド北東部のハートルプールからティースサイド空港へ向かうタクシーの中で、二五歳のハラジ・〝ラブ〟・マンはMP3プレーヤーで音楽を聴いていた。そのポータブルステレオには、イギリスの有名なアーティストのロック音楽が詰まっていた。プロコル・ハルム、レッド・ツェッペリン、オーシャン・カラー・シーン、ビートルズ、クラッシュなどである。警察が彼に疑いを持った理由は、クラッシュの歌詞だった——「ロンドンより遠方の町々へ。今、宣戦布告が行われた。戦いが始まったんだ。ロンドンより地下の人々へ。お前ら男も女も食器棚から出てこい」。そのあけすけな呼び声は中断された。若者文化が持つ反逆への懐かしい誘いではなく、その本質にジハード主義があると勘繰られて。

この事例のさらなる詳細は次のようなものである。ハラジはこの経験をブログに綴っており、私はそれを通して彼に連絡を取った。[63] 彼は電話口で自分のことを〝ラブ〟と呼んで欲しいといい、そしてハラジとは彼の「日曜日の名前」だといった。

きっとあなたは笑うと思いますが、一番怒っているのは僕の友人たち——ほとんど白人なんだけど――なんです。僕は親戚から聞いていたから、ロンドンではこうした事が日常的に起こると知っていました。ハートルプールではアジア人や黒人の友人が少ないので自分がアジア人だってことを本当に意識しません。でもダーラム空港にはアジア人は多くはありません。飲みに行くと、いつも警察に止められるのは私なんです。ただ笑っていますけど、あまり楽しいものじゃないですよね。(64)

新聞の報道とは違って、実際には彼を警察に通報したのはその扇動的な音楽を耳にしたタクシー運転手でなかったことが後に判明した。空港に入るとすぐに彼は空港の警備スタッフとちょっとした口論になったのだ。そのスタッフは彼をぞんざいに扱い、敵意さえ見せたのである。この「おもちゃの警官」がテロ対策の警察へ通報し、後になって警察がそのタクシー運転手に乗車中の状況を聴取したのである。(65)

その当日ラブがロンドンに向かった理由は、サウソールとイルフォードに住む親類に会うためであった。ロンドンへの旅の目的は、家族が信仰しているシーク教と、自分の出自の背景についてより多くの知識を得るためでもあった。「信仰は必要だと思いますが、宗教は諸刃の剣ですね。政治と宗教が絡むとみんな破滅してしまいます。私は不可知論者なんです」とラブはいう。(66)ラブは社会学でAレベルにあり、ロンドン爆破事件以来の社会状況の変化について独自の考えを持っていた。

世界はおかしくなってしまいましたよね。本当に。音楽を見るだけで文化が混ざり合っていて境界線がぼやけているのが分かります。同じように人間も混ざり合っているわけです。食べ物だってそうですよ。僕はイタリアンが好きだし、中華料理もインド料理も大好きです。でもやっぱりステレオタイプがあって、みんな思い込むんですよ。僕は九歳の子どもたちから敵意を持って〝パキ〟って言われます。僕は振り返って「君たちはアイルランド人かい？　それともウェールズ人かスコットランド人かな？」って聞くんです。するとみんな戸惑ってしまうから僕は説明するわけです。「ここにパキスタンっていう国があって、こっちにはインドっていう国があるんだ。僕の両親はインド出身なんだよ。そして僕はヨークシャーで生まれて君たちよりもずっと長くイングランドで暮らしているんだよ」って。僕がイギリス風のアクセントで話すから、彼らがびっくりすることもあります。まあ悲しいことですよね。

ラブはこの事件についてもはや空港警備会社を訴えるつもりはない。むしろ自分の将来に集中しようとしている。彼はグラフィックデザインの学位を取り、その後大学院で哲学を学ぼうとしている。

ラブの日常は、異種混交的なイギリスの多文化状況のそれである。そこでは様々な文化的・宗教的断片が一つの生活の事実として共存しているのである――それが開かれたものであるかは問われるべき問題だが。この事件の皮肉は、クラッシュの「ロンドンコーリング」が、ラブがイギリス国民として統合されていることの指標だと考えられてもおかしくなかったということだ。なぜならそれは、彼が戦後イギリスの若者文化の歴史の一員であることを示してもいるのだから。こうした社会的病理の事例はラブの一件に限ったものではない。二〇〇四年四月一九日、警察はマンチェスター・ユナイテッドのオールドトラフォード・スタジアムに自爆攻撃を加えようとしていたテロリスト集団を取り押さえたと発表した。警察は八人の男性、一人の女性、一六歳の一人の少年を逮捕した。だが、結局だれも起訴されることはなかった。ピーター・オウボーンは容疑者の一人に話を聞いた。彼はクルド人の亡命申請者であったが、警察の取り調べに対してマンチェスター・ユナイテッドのファンだと答えたという。警察が彼のアパートを調べると、出てきたのはサッカーグッズだった。オールドトラフォードのポスターや、前年の対アーセナル戦を観戦した時の記念として取っていたチケットの半券などである。オウボーンはこう述べる。「私が話を聞いたクルド人たちはサダム・フセインの圧政を逃れるためにイギリスに来た人々だった。おそらく彼らが最も感情的にイギリスと結びつくのは、マンチェスター・ユナイテッドに対する愛情を通じてであった。だからそんな記念品を部屋に取っておいたのだ……それにもかかわらず、おそらく警察はそのマンチェスター・ユナイテッドの記念品を爆破計画の可能性を示す証拠だとみなしたのである」[67]。その結果、誤って犯罪者のレッテルを貼られた彼は、家も仕事も、友人も失った[68]。クラッシュの曲やマンチェスター・ユナイテッドのプログラム冊子が「悪い奴らの手」の中にあると、それはイギリスへの愛着や多文化を表す証拠ではなく、隠れたテロリズムとなってしまうわけだ。これは、人種主義の怒りはいまや「違うのは半分ほどで部分的にはなじみ深い人々という大きな脅威に向けられている」と論じるポール・ギルロイの議論と呼応するものだ[69]。そこにはテロとの戦いが日常化させてしまった他者への攻撃がはっきりと現れている。

こうした複雑性を考えたときに疑わしくなるのが、国民的アイデンティティを強化することが解決策だという観点である。タリク・モドゥードは、イギリス人であろうとすることが「空虚で意味のないプロジェクトであって、そうした時代は終わっている」とする論者たちを冷笑する。[70] 彼のいう解決策とは、「再生され活性化されたイギリス人という概念に結びつき、またそれがコインの裏側となるような多文化主義でなければならない」わけだ。[71] だがポール・ギルロイがはっきりと示したように、問題は、そのイギリス人という概念が帝国主義の過去にいまだ取り憑かれており、それに向き合うこともそれを取り去ることもできていないということなのだ。ギルロイの診断によれば、イギリス人の概念に再び力を与えると、それは躁状態のポストコロニアル・メランコリアという帝国主義の心理的病理を呼び起こすことにつながるという。[72] ジョージ・オーウェルがいうように、「ナショナリストはみな過去を変えられるという信念に取り憑かれている」のである。[73] だが、過去を変えることはできず、それに向き合うか、それともそれを捨て去ることしかできない。だから私は、「数々の断片の中の愛郷心」とでも名づけうるものについて論じてみたい。

さんざん批判されたロンドンのミレニアムドームには、マークス&スペンサーがスポンサーとなった「自画像ゾーン」という展示があった。らせん状の通路に、イギリスに住む人々の中から選ばれた四〇〇人の写真がキャプション付きで飾られたのである。この展示の副題は「イギリス人によるイギリス」というもので、それは平凡でありふれて見えるものの中に、複雑な過去と現在を映し出していた。庭の物置、マーマイトの瓶、消化用ビスケットの写真のそばに、タルビン・シンというミュージシャンの写真と、殺害された黒人の若者スティーブン・ローレンスを記念する銘板の写真があった。その銘板はロンドン南東部エルタムのウェルホール・ロードの歩道に設置されているものだ。多文化主義をめぐる議論は物質的比喩に満ち溢れている。評論家がよく引用するのは、それぞれの要素がしっかりと縁どられている「モザイク」のアイデアである。これによれば多文化社会とは別々のピースが組み合わさってできた同一性のイメージとなり、文化はカジノのチップのようにやり取りされ、賭けられる。もう一つのイメージとしては「メルティングポット」があげられる。ここにはアメリカの人種法律学の遺産が引き継がれており、出会いを加熱していくうちに差異は溶解し混合物ができあがるというものである。これらの比喩に共通しているのは、文化にはもともとそこに内在する物質的特徴があるという感覚である。それはモザイクのピースのようにかっちりとしたものかもしれないし、あるいは熱による変容を受けてその特徴がすでに変わっているかもしれないが。(74)おそらく、内在的な差異を表すことがない断片という概念は、あの四〇〇枚の写真のように、別の種類の比喩へと導いてくれるだろう。

『ライオンとユニコーン』のよく引用される一節の中で、ジョージ・オーウェルは、「まとまると」場所の感覚を与えるようになる「いくつもの小さなもの」、「数々の特徴的な断片」のリストをあげている。(75)オーウェルは他の誰よりも生活のささやかな快楽を――「一杯のおいしい紅茶」であれイギリス料理の楽しみであれ――真剣な文化研究の中に取り入れた人物だった。(76)これらの断片が集まるからといって、それが何らかの安定的で固定化された国民的アイデンティティになることはない。むしろナショナリズムは、王の全ての馬と人民がそれを元に戻そうとしてもなお粉砕され続けるのである。持続するのは共有や結合が可能なピースであって、それは自己同一化《アイデンティフィケーション》を行うが、中心に安定したアイデンティティを求めることはない。このような数々の断片の中の愛郷心は、安定的あるいは全体的なアイデンティティに対する欲望を絶ち、そうした大きな国民的アイデンティティが実は複数の断片であることを強調する。そしてその結果生み出される親近性は、緩く、可変的で、開かれているが、同時にミレニアムドームの展示に集められた写真のように力強いものである。数々の断片からなる愛郷心は共約不可能な複数の政治的エネルギーと勢力を含み、そこでは帝国のノスタルジアが未来志向の包括的な世界的多様性とともに共鳴しうるのだ。私はそこを見ることにおいてこそ、ポール・ギルロイなどがコンビビアルな文化と呼んだもの、すなわち、「一定の差異化と大きな重なり合いとが結びつく」ような文化を描き出し、活性化させることができると考えている。[77]

最後に、時間と変化に耳を傾けるというグロスバーグの概念に戻ってみよう。私の主張は本質的には単純なものだ。恐怖の帝国は目の前にはっきりと存在する多文化を傷つけているということ、そして私たちは人々が同質性と差異の文化的複雑性とともに、あるいはそれを横断して生きる地味な生のあり方を、しっかりと語る言葉を見出す必要があるということである。私たちは人々のそうした実践を見つけるためにもっと注意深く耳を傾け、目を向けなければならない。社会学とはまさにそのために必要なのであって、またそこにおいてこそ役立つのである。

「私たちに語りかけてくるのはいつも大きな出来事、都合の悪いこと、尋常ではないことのようだ。派手な一面の記事や大きなヘッドラインばかりである」とジョージ・ペレクはいう。「脱線したときにはじめて鉄道が存在し始め、乗客が命を落とせば落とすほど、電車の存在感が増す。日刊紙《ディリー》が語る全てのことは日常的《ディリー》ではない」[78]。これはイギリスの多文化主義をめぐる議論についてもあてはまると思う。ペレクの観察は極めて正しいのだ。少なくとも私にとっては、人々の日常的な生を描き出す方法を私たちがすでに獲得しているとは思えない。人々が日常の中で伝え合い生み出していく歴史と未来の中に、あるいはそれを横断して彼ら／彼女らがどのように生きているのかを、私たちはまだ描きえていないのだ。それと同時にグローバル社会学のパースペクティブは、テロリズムと人種主義を同時に批判的に、そして同じだけの警戒心を持って語らなければならない。また、権威主義的な宗教運動とテロとの戦いの地政学の双方におけるローカルな共犯関係を明らかにし、それを論じることができなければならないのである。

結論　生きた社会学

私たちは今、暴力が記念と追悼の花束で迎えられるような、爆弾と戦争の恐怖に満ちた暗い時代に生きている。[1] 地政学的な不安、政治的暴力、深刻化する社会的・経済的分断という文脈の中で、グローバル社会学の想像力を発展させることがますます必要となっている。社会学の仕事とは、蔓延している一般的な認識——それは「テロとの戦い」についてかもしれないし「移民政策」の姿勢についてかもしれない——に疑問を投げかけ、他者の声を聞き取り、それを真剣に考察することである。エドワード・サイードはかつてこのように述べた。「知識人とはおそらく一種の対抗的記憶になりうる。良心が社会的な問題から目をそらしたり眠り込んでしまわないようにする対抗的言説を紡ぐのである。ジョンソン博士がいうように、最良の調整策は、あなたが論じているその人が——今回であれば爆弾がその上に落ちてくる人々だが——あなたの目の前であなたの議論を読んでいることを想像してみることだ」[2]。

ここでサイードが語っているのは、耳を傾けるという行為においてどのようにすれば象徴的な暴力を避けることができるかという問題である。私たち社会学者は調査対象者の生について自由に語れると考えがちだが、執筆中にもその対話者がそばにいると考えることによって、そこに調整をかけることができるだろう。私は本書の中で私自身が愛する人々のことについても書いてきた。そのとき私は、「社会学の対象」としての彼ら／彼女らをめぐる主張に関して、普段以上に慎重にならなければならなかった。そして週末になるといつも、彼ら／彼女らの複雑な人生は、それを書き留めようとする私の試みをたやすく越えていくことを思い知らされたのだ。さらにもう一点、私がここで述べておきたいことは地域的偏狭主義《プロヴィンシャリズム》に異議を唱える重要性である。C・ライト・ミルズはいう。

世界規模の大きな問題に対して、リベラリズムは口癖となった「自由」という言葉と、日和見主義的な反応で対応する。世界には飢餓が蔓延しているといわれれば、自由主義者は「より自由にさせてくれ！」と叫ぶ。世界が戦争に明け暮れているといわれれば、自由主義者は「平和のために軍備増強を！」と叫ぶ。世界の多くの民族に土地がないといわれれば、自由主義者は「大地主に土地を分割させよう！」と叫ぶ。要するに、今日リベラリズムやその保守派における最も重大な罪は、それらがあまりにも地域的に偏狭であり、いまや世界の多くの地域が直面している主要な問題に無関係だということである。(3)

二〇世紀の半ばにおいて、すでにミルズは自由主義が世界を覆う保守革命を予言していた。事業運営と所有権に関する規制緩和を目指す自由市場の手法が世界規模で採用され、政治的にも広範に取り入れられてきた。グローバル社会学の想像力は、学問的にも政治的にも地域的偏狭主義に異議を唱えるものである。

同様に、ロンドンのような世界都市の日常に現れる文化的な相互関係や複雑な想像力の動きについても注意を払う必要があるだろう。難民や亡命者たちにとって、ロンドンは隔離と静かな省察の時間を与えてくれる場所でもある。フラン・トンキスが指摘するように、必ずしも常に「みんなのコミュニティ」が大事なわけではなく、その反対もありうるのだ。(4) 人々が監視されない場所を求めるのはこうした理由である。ほっと息つく場所や考える自由を求めて人々がまず想像の中で旅をするのはよくあることだ。このことは今日の亡命者たちにも通じるものがある。ジャワドという人物はイランから密航業者のトラックの荷台に乗ってヨーロッパを移動した。彼は今、ロンドンの群集の中で匿名性の贅沢に包まれて日々を過ごしている。「人々と一緒にいながら見られることも識別されることもないっていうのは、私にとって特別なことなんです。イランではこんなことはありえませんから」。だが、国家の監視の目を逃れ認識されなくて済むということは、逆に危険な場合もある。第五章でジェアン・シャルレス・ジメネゼスの死亡事件について論じたように、それは両刃の状況なのである。ジャワドは携帯電話で友人と連絡を取る。携帯電話を使えば亡命申請中の仲間のイラン人たちや支援組織とも連絡を取ることができるのだ。こうした想像力の流れは様々な方向へと向かう。イラン人の政治難民アザムは、ロンドン北部の彼女の寝室からフェミニズムと女性の権利に関する論文をイランの視聴者に向けてインターネットで放送している。国境だけでなく、時間や、政治的・文化的背景の差異をも越えて移動する人々の生を理解するためには、社会学的理解の座標は地球規模でなければならないということだ。そしてそれは、様々に交錯する政治的・歴史的感性に気を配らなければならないということでもある。例えば、人種主義への反対運動や亡命申請者の権利要求活動に積極的に関わっているアザムは、「イラク戦争を止めよう」キャンペーンの集会への出席を拒否したこともある。というのも、その集会が男女別々に開かれている場合があったからだ。その反戦運動は政治集会を男女混合にすることについて宗教的な配慮を行ったが、彼女の現世的な左派的ジェンダーポリティクスは、それと相容れなかったのである。

地域的偏狭主義は批判的判断を鈍らせる。チェタン・バットはヨーロッパと北米におけるアイデンティティや他者性をめぐる議論の多くに「方法論的ナルシシズム」があると論じるが、それはまさにこのことを指摘するものだ。彼は「アカデミズムの中では取り憑かれたかのようにディアスポラ、人種、ミックス、ハイブリッド、混合、一時的といった用語で主体が語られ、その多種多様性が論じられているが、そんなことが生じてきたのは非人間的で残虐な地政学の時代、つまり非西洋世界の大部分で相対的・絶対的貧困が最大化している時代なのである。これは不可解なことではないか」という。(5) 先進世界の不満や不平等は、地球規模で現れるより大きな社会的分割という文脈に置きなおされなければならない。そこではまた、ローカルなものとグローバルなものの関係の複雑性に十分対処できるような柔軟な批判的思考が必要となるだろう。例えば、軽率なリベラル派や社会学者は、イギリスのあるコミュニティ組織を多文化や宗教的多様性の事例だと考えてしまうかもしれない。しかしまさにその組織が別の場所では宗教的に動機づけられた暴力や過激派の活動などとも関わっているかもしれないのだ。

二〇〇四年のある報告は、イギリスで登録されている慈善グループ——ヒンドゥー・スワヤムセヴァク・サングUK、ヴィシュワ・ヒンドゥー・パリシャッドUK、カルヤン・アシュラム・トラストUKなど——が、ラシュトリヤ・スワヤムセヴァク・サング（RSS）とどのようにつながっているかを明らかにした。(6) RSSとはインドにおける大規模な宗派的暴力と人権侵害に関わった準軍事的な政治組織である。いわゆる「地域の罠」に簡単に陥ってしまうのである。それを避けるためには、自分自身の関心をそれが生じる直接の文脈を超えたところにたえず位置づけようとする必要があるのだ。こうした理由から、社会学的に考えるためには規模の問題を考える必要があるし、また調査と思考の世界的なあり方をいかに発展させるかを考えなければならないのである。私はここで、本書で提示したもう一つの問題に立ち返りたい。それは社会学と時間の関係である。

時間の中で、そして時間に逆らって書く

『文化と真実』の中でレナート・ロザルドは、私たちが描写しているあいだそれが止まっているかのように社会を書けるという考えを批判している。(7) 人類学者のいう民族誌的現在（これは、〝ヌア族の宗教は……である〟とか〝中流階級の文化は……である〟というように、永続的な主張が可能だとする考えである）は、よく考えてみると単純におかしいのだ。私たちは時間の中で、特定の瞬間に書いているということ、つまり私たちの記述は部分的で、特定の位置や場所においてなされる、という考えをまずは持たなければならないだろう。また同時に、私たちは時間に逆らって書いていると

も思う。まさに消え去ろうとしている存在の輪郭を捉えようとしているのだから。もちろん私たちがその声を聞こうとした人々の心情を知ることはなかなかできない。しかし、セサル・バジェホの言葉を借りるならば、その人々が「生の中に」残した痕跡を知ることはできる。

インタビューの文字原稿や民族誌的記述をそばにおいて、パソコンの前に座りながら私がやろうとしているのはこういうことなんだと思い始めるようになった。こうした生の痕跡はぼんやりとしているし、またそうした痕跡を残す人について知ることがなかなかできないのは事実である。だがそれは、すべてが失われてしまうということを意味しない。実のところ私は、文化や社会生活などを理解することは究極的にはできないという優雅な宣言を読み飽きているのだ。私はこうした率直な敗北宣言の中に何の価値も見いだせないのである。私にとって大事なことは、真理に対して真剣な努力という礼儀を払うことである。そして、社会的な存在は謎めいてうつろいやすいが、それを戯画やステレオタイプに貶めてはならないということなのだ。社会科学に対するポスト構造主義批評の余波の一つは、私が提唱したい出会いとは反対に進む態度である。その批評とは書くことの意味と地位に関するものだ。

ロラン・バルトは書くことは世界を映し出すための手段ではないと論じた。むしろ「書くこと」は一つの自動詞であって、内容にはほとんど関係なくそれ自体が一つのモノとして物象化されるというのである。(8) そこでは書くことは言語行為であり、それを超える一つの現実を書き留める手段ではない。つまり、書く行為において私たちは、いつでも使えるようすでにパターン化された一連のコミュニケーションの公式へと導かれているのである。このような言説の網目、あるいは表象の網目が何を意味するかということ、私たちのメッセージは"Word"や言語構造それ自体によってすでに壊されているということだ。こうした議論は歴史的にも古く、プラトンやソクラテスに遡ることができる。この二人はともに、口頭での語りを書きとったところでそれは「話された真実」を十分に伝えることができないと論じた。ジャック・デリダもまた、西洋哲学が口頭の語り（パロール）と、その延長として書くこと（エクリチュール）とを真理の起源の場所にしてきたあり方を批判する。彼のいうロゴス中心主義は、そうした言語への依存を名づけようとするものだ。その概念は、ギリシャ語で真理の性質を秩序付ける根源的な構造を意味する「ロゴス」から派生するものだ。デリダの脱構築の概念は、このロゴス中心主義と言語（書かれたものと話されたものどちらも）を批判するためのものである。

デリダの批評は書き込むことをより広く捉えようとするものでもある。そこには写真や音楽、身体化や彫刻もまた書くことの一形式として含まれるだろう。こうした議論の方向性については受け入れられているのかもしれないが、その一方でここ一〇年の研究事項における脱構築の効果は経験的な調査プロジェクトからかけ離れてきた。少なくともイギリスでは、人類学者ジェームズ・クリフォードが行った「文化を書く」ことに対する批評があまりにも強力で、研究者たちは民族誌的な関わりを持つための認識論的な支えを見失っているようだ。(9) ある意味では、知と権力の関係に対するこうした懸念によって、社会学的知識の乱用に対する（別の角度からだが）これまでの批評が影を薄くしている。かつては社会学的権威に対する認識論的な異議申し立ては、白人の社会学者の仕事がマイノリティのコミュニティに対してどのような政治的影響を与えるかという問題をめぐるものだった。人種的なカテゴリーを前提としてなされる移民コミュニティについての情報収集と調査は、人種主義国家の政治的な詮索の手が伸びていくこととほとんど同じ意味をもつ。[10]社会学的な記述はマイノリティのコミュニティに関する文化的な病理を生み出し、それを流通させ正当化することに加担しているわけだ。はっきりいうと、社会学は人種主義の共犯者になることを避けなければならない。もっと凡庸なレベルでは、エロル・ローレンスが指摘したように、黒人やマイノリティのコミュニティの文化生活に関する白人社会学者の説明は、退屈な戯画だったのだ。そこではあたかも社会学者が、大量の水に囲まれているにもかかわらず喉を乾かしている道化師のようだったのである。[11]

このような批評からは、少なくとも二つの、おそらく意図的ではない結果が導かれるだろう。一つ目は経験的な研究に背を向けるということで、それは抑圧的な勢力のための「データ収集業」の役割を拒否することでもある。もう一つは、マイノリティの経験を説明する記述がただの「良い話」になってしまい、より複雑な問題やその人々に不利となる事柄が全て削除されてしまうということである。こうした事態の帰結については後でもう一度触れてみたい。人種主義とエスニシティ研究の分野を概観しながら、マーティン・ブルマーとジョン・ソロモスは次のように指摘している。「明らかにテクストと理論を中心とした研究事項が増えている。いずれにしても民族誌やフィールドワークの研究スタイルについて、誹謗中傷を見かけるようになった」[12]。人種やエスニシティ、人種主義の研究分野では特にそうだが、認識論的批評と政治的批評の両方に対応するもう一つの道があるかもしれない。それは、私たちの記述は常に不完全だという認識を持つことである。この社会について記述するときに私たちが望みうるのは失敗がいくらかにとどまるということだ（すなわち部分的には真実があるということ）。そのことを受け入れたからといって、もう対話に関わるべきではないということにはならない。正解が部分的であり間違いも含まれるからといって、私たちが描く肖像画の線が真実に似たものを描いていないともいえないのだから。

研究対象との距離の近さや経験的対話は、その過剰な親密さゆえに研究者の判断が鈍ったり騙されたりする危険を常に孕むと結論づけるものもいるだろう。私が行ってきたような研究――とりわけ一般的な意味で人種差別主義者だとされるような人々と行った研究――の政治性は、その不愉快で有害な考え方を批判的に検討し、脱構築し、分析することにもある。単にそうした考え方を再生産するという話ではないのだ。私は、親密さが批評に不利に働くというよりも、むしろ批判的判断を深めうると主張したい。しかし私はまた、こうした調査が見かけよりも不安定で複雑なものであり、政治的なポーズによってそれがもっともらしく説明されたり、あるいは補償されたりすることはないということも指摘しておきたい。この問題について、ジョージ・オーウェルの作品、そして彼の知的遺産をめぐる最近の論争を見ながら考えてみよう。

批判的洞察と自伝の使用

マルコム・マガリッジの日記には、ジョージ・オーウェルの最後の数日間・数週間に関する悲劇的な注釈が書かれている。マガリッジはオーウェルの友人かつ討論仲間であり、ロンドン中心部で昼食を何度も共にしながら政治や文化について語り合った仲である。オーウェルが他界したのはまだ四六歳の時だった。一九五〇年一月二六日のマガリッジの日記にはオーウェルの葬儀の様子が描かれている。彼が記しているのは、葬儀の参列者の多くがユダヤ人だったことに対する驚きである。「ジョージは本心では激しい反ユダヤ主義者だったから、これほどユダヤ人を惹きつけたのは興味深いことだと私は思った。棺が運ばれるとき私は心の痛みを感じた。特にその長さのために。それはジョージの背の高さのゆえであるが、何かこの状況は胸を刺すようなものだった」[13]。オーウェルは反ユダヤ主義について幅広く批判的な文章を書いていたし、人種の壁や、イギリスの人種主義や植民地主義についても同様に批判的であった。しかし、オーウェルが本心では反ユダヤ主義者だったという見解は息づいており、彼の生誕一〇〇年の討論でもまた噴出した。オーウェルは伝記作家を欲しがらなかったということを考えると、わずか一年で三人の伝記作家が登場したとき、彼は墓の中でうろたえたに違いない[14]。二〇〇二年、オーウェル伝の出版に先立ってD・J・テイラーは反ユダヤ主義がオーウェルの「汚れた秘密」だと書いた[15]。私はこの伝記について深く論じるつもりはない。私が見たところこれらの書物は文学者オーウェルの公開された記録の空白を埋めるものである。だがその一方で、それらはオーウェルの作品と、とりわけ彼の反ユダヤ主義について再吟味させる刺激を——冗談はさておき——提供した。私たちはこれらの書物の中に、思想や批評における人種主義の文化と個人的な過失との関係をめぐる、興味深く重要な問いを見出すことができる。

オーウェルを偏見に満ちた人物だと考えてしまうと、彼が自分自身の文化的遺産を批判的考察の出発点としたその複雑な姿を見失うことになる。この意味において、オーウェルが生まれ落ちた野心的で、帝国主義的で、狭量なブルジョワ的世界は反ユダヤ主義に溢れていた。しかし彼は同時に、その内側から反ユダヤ主義に対する政治的批判を紡ぎだそうとしたのである。彼は一九四一年に次のように書いている。「反ユダヤ主義について書かれたほぼ全てのものが価値を損なっている理由は、それらの著者の思考の中に自分は反ユダヤ主義に陥っていないという前提があるということだ。著者はいう、〝反ユダヤ主義が非理性的であると私は知っているのだから、私はそれを持っていないということである〟と。こうして彼は、信頼のおける証拠が得られるはずの場所、すなわち彼の内面からその考察を始めることができないのだ」[16]。オーウェルは人種主義と反人種主義の間の単純で心地よい区別に異議を唱える。そして人種主義をその歪んだ合理性において、またその信者が何のためにそれを必要としているかという観点から理解しようとするのである。オーウェルのエッセイは人種主義の禍々しく持続的な力と関わっていく解釈の方法を発展させる指針を示している。

人種主義のレトリックが持つ力と格闘するために最も重要なのは、なぜ人々がその誤った答えを魅力的に感じるのかを解き明かすことである。オーウェルが人種主義者のそのような憎しみを理解するための出発点とするのが、自分自身の内面なのだ。彼は反ユダヤ主義に関するエッセイの結論に次のように書いている。

したがって、反ユダヤ主義をめぐる考察の出発点は、「なぜこの明らかに非理性的な信念が世間の人々を魅了するのか?」ではなく、「なぜ反ユダヤ主義は私を魅了するのか? 反ユダヤ主義のどこに私は真実味を感じてしまうのか?」という問いであるべきだと思われる。もしこの問いを発するならば、少なくともその人は自分自身がどのようにそれを合理的なものだと考えたかを発見するだろう。そしてそうした思考の下に横たわるものが何かを発見するかもしれない。反ユダヤ主義は吟味されるべきなのだ。そしてそれをするのは反ユダヤ主義者であるとはいわないが、少なくとも自分自身もこうした感情を抱きうることを認識している人々によって、吟味されるべきなのである。[17]

ここでオーウェルは「汚れた秘密」を認めているのだろうか？　もちろんそうではない。ではオーウェルが自分自身の内面や作品における反ユダヤ主義の力を認識していたということだろうか？　その答えは率直な「イエス」に違いないと私は思う。だが同時に、オーウェルは彼自身もその一部であった人種主義の文化を意識的に明らかにし、解釈し、超越しようとしている。ではこの超越は全体的で完全なものだろうか？　私はそうではないと思う。しかし白人の生活におけるその個人的また職業的な影響力を考慮するとき、私たちの時代とその社会的情況における人種主義の持つ力についても同じことがいえるはずである。

一九四四年にオーウェルはこう書いている。

反ユダヤ主義に対する左派の態度の弱点は、合理主義的な角度からそれにアプローチするということである。ユダヤ人に対してなされる非難が嘘なのは明らかである。それは真実ではありえない。そのような非難は自分たち自身にもあてはまるわけだし、また一つの民族が邪悪さを独占するなどありえないからである。しかし単にそれを指摘したからといって、その先に進むことはない。もしある人が反ユダヤ主義的な傾向を少しでも持っていたら、鉄のヘルメットの上に落ちてくる豆のように、そんなことは彼の意識が弾き飛ばしてしまうのだ。(18)

今日道徳的な人種差別反対運動についても同様のことがいえるだろう。オーウェルの主張は、人種主義がなぜ悪いのか、あるいは間違っているのかを指摘することではなく、なぜ人種主義が人々を魅了するのか、そして人々は何のためにそれを必要としているのかを理解しようとする観点から考察を始めるべきだということである。警察は暴力的な黒人の若者というステレオタイプと、黒人コミュニティの取り締まりについて自分たちにとっての「真実」から抜け出すことができない。というのも、それによって自分たちにはなじみがなく、とらえどころのない世界を理解することができるからである。オーウェルの挑戦は人種主義の魅惑とそれへの傾倒にいかに入り込んでいくか、あるいは接近することができるかということなのだ。

一九四一年に出版された「H・G・ウェルズ、ヒトラー、全体主義」という論考の中で、オーウェルは次のように結論づけている。「ファシズムについて最も深く理解したのは、そのもとで苦しんだ人々か、あるいはファシズムというステーキを食べた人である」(19)。オーウェルはこのようにいうことで一種の告白を行ったのかもしれない。ここでファシズムを反ユダヤ主義や人種主義に置き換えうることは容易に想像がつくし、そうしたところでオーウェルの態度も変わらないはずである。こうした態度によって私たちの思考のカテゴリーは揺さぶられ、私たちが世界を理解し、それを解釈する土台が解体していくのだ。この意味で、支配的な社会集団の中に置かれた「人種主義的な感情」は、社会学的・政治学的な解釈や批判的考察のための資源と手段とを提供しうるのである。

私はまた次のようにも思う。私たちが描こうとする人々が複雑で脆く、倫理的にどっちつかずで、矛盾に満ち、傷ついていることも受け入れなければならない、と。社会を記述するとき、どうしてもそれがあたかも善人と悪人、天使と悪魔のようなマニ教的分割によって構成されているように描きたくなるものだ。とりわけスティグマ化されたり排除されたりしている社会集団を描くときにその誘惑は強い。例えば亡命申請者や難民の状況に関しては本当にそうであることを私も知っている。窮状に追い込まれた人々が嘘をついたり、文書を偽造したりといった向こう見ずな行為に走ることを受け入れるのはとても辛いことだ。なぜならそれは、そうした人々を排除しようとする法の権力の思う壺だからである。私たちは何の権利があってそのような人々の弱さや過ちを描くのだろうか？　実のところ問題は、そうした人々を英雄的に描くことによって、私たちがまさにその人間性を守ろうとしている人々を、人間以下の存在にする危険を冒していることなのだ。その場合私たちは、そのような人々が自分と同じように複雑であること、つまりプライドと羞恥心が入り混じり、弱さと強さの両面を持っていることを認めていないことになる。弱い部分を描いてはならないという自己検閲が働くと、難しい政治的な複雑さにアプローチできなくなってしまう。例えばイギリスのエスニックマイノリティのメンバーが、サラフィージハーディやイルハービの政治活動、あるいはインドで人権侵害に関わっているヒンドゥトゥバのグループ（ヒンドゥー・ナショナリスト）と関係を持っているような事例である。同様に私たちが白人の人種主義者を愚かな怪物だと考えるならば、そのとき人種主義を割り当てられるのは特定の身体であって（白人労働者階級のような非常に分かりやすいものになりがちである）、別の身体はそれを免除されてしまうのだ（教育のある上品な人々など）。社会学は、そのような絶対的な道徳カテゴリーのなかで成立している欺瞞に満ちた安らぎを問いただす役割を演じうる、と私は考えている。

おそらく私がこうしたことに思いを巡らせるのは、まさに私の愛してきた人々もまた大衆的な人種差別の声を発してきたからである。そしてそこには、本書の冒頭で述べた私の父も含まれている。この大衆的な人種主義の逆説の一つなのだが――そして私はいつも人種主義が私たちの文化に与える逆説的な効果に圧倒されるのだ――、父の命がその終焉へと向かうさなか、モルヒネで朦朧とした父の心にたどりつくことができた唯一の人物は、テルマという黒人の看護師だったのだ。一九九九年の四月にクロイドンのメイデー病院に父の見舞いに行ったときのことを思い出す。それは彼が亡くなる数週間前のことだ。私が病棟を歩いていると、テルマが父のベッドのそばではしゃいでいた。二人はテルマの息子について話していたのだ。彼はその時スタンリー工科大学で「Aレベル」を取るために勉強していた。私は父に気分はどうかとたずねた。父は私の質問を無視し、テルマを指さして「あの娘を見てごらん」と言った。「彼女はダイヤモンドだよ」。父はテルマを呼び寄せた。「こいつは俺の息子なんだ。こいつは大学の中でもトップ講師の一人なんだよ」。

父は「大学」について話すとき、あたかもそれが世界に一つしかないかのように話すのだった。彼にとってはそれが真実だったのかもしれない。というのも彼が足を踏み入れたことのある大学は、ロンドン大学ゴールドスミス校だけだったのだから。テルマは笑い、私たちも笑い、そして彼女の息子について語った。

わずかその数週間後、父の意識はたびたび途切れるようになった。鼠蹊部の大きな腫瘍は血流を滞らせた。医者はもはや痛みを緩和するほか手立てを持たなかった。私たちは孫の写真で彼の部屋を囲み、孫たちが祖父のために描いた絵で部屋を飾った。モルヒネのまどろみの中、父は写真の一枚一枚に手を伸ばした。それはまるで、見えない財布が彼の胸に入っていて、一人ひとり順番にお小遣いをあげているかのようだった。よく彼は横になって写真を見つめていた。そして空想の中でドラッグを吸い、秘密の楽しみを隠すかのように煙を払うのだった。父が命の縁を向こう側に渡って行ったとき、手を握っていたのはテルマだった。その悲しい夜が過ぎて兄と私は父の死亡登録に行き、その後地元のパブで一杯飲むことにした。私は兄にベッドのそばであったこと、そしてその老人がいかに生き続けようとしたかを話した。

心を癒すかのようにグイグイとビールをのどに流し込んだ後、ケンはこう言った。「親父が黒人についてそんな風に感じてたなんて面白いな。テルマは親父のそばにいるべき人だったんだよ。彼女はお前と一緒にそこにいるべきだったんだよ」。

「たぶん折り合いのようなものがついたんだよ、ケン。それでいいんじゃないか?」と私は答えた。父はただの人種差別主義者と呼ばれるような人間ではなかった。彼はそのように人生を生きたのではないからだ。彼は例のありふれた差別語を言うこともあったが、晩年はそれが減っていった。あの最後のひと時の心遣いと結びつきが、父にとって一種の贖罪であると、あるいは和解であると私は信じたい。このことはあの写真が捉えた人間の脆さについて再び考えさせてくれる。二〇〇五年七月七日にジョナサン・ホードルが撮った、ドレッドロックスの黒人ロンドン市民が白人女性の肩を抱いて爆破現場から歩いてくるあの写真である。おそらくその触れ合い、抱擁は、私たちの差異が取るに足らないものだということを教えてくれるのだ。[20]

人間であるとはどういうことかをめぐる哲学者の思考の中で、手は図像的な意味合いを担ってきた。カントとハイデガーにとって、手は人間の区別を象徴するものであった。「手は届き、伸び、受け取り、迎え入れる。それは単に物だけではない。手はそれ自体を伸ばし、他者の手の中にそれ自体の歓迎を受け入れる」[21]。しかし手は同時に排他的な力の象徴でもある。ナチスの敬礼のまっすぐに伸びた指、[22] 人種隔離主義者たちの大きく開いた手、[23] あるいは家父長制の結婚でなされるジェンダー化された手の中の交換がそうだ。[24] 私がここで強調したいのは触れる手である。あるいは人と人とが結びつくその硬く、時として絶望的な身体の表面である。触れることは社会学的倫理にとっては有効な比喩かもしれない。つまり私たちが触れるものを大事にするという意味で。思考はダンスであるというキルケゴールの概念に戻ると、他者の経験を抱くために必要なのは、私たちが触れるものがつねに複雑に動くということ、そしてそれは私たちが部分的にしか解くことができない謎のままであり続けるということを認識することである。

特定の立ち位置を取り、反省的に考察する社会学者の中心的な役割が書く行為であるという意見には、私も賛成したい。だがそれは、良い部分と同様に本当の危険も持ち合わせている。つまり、自伝もしくは〝強制的な再帰性〟とも呼びうるものが誤用されるのである。自己省察は、対話や他者の声に深く耳を傾ける行為の必要性を認めなかったり、阻害する可能性がある。私はこのことを何度か感じたことがある。それは、自分自身が直接そのメンバーであるようなフィールドについて執筆している人々と話したり、研究作業をしているときだ。私は自分自身の研究についてもその痕跡があることを認めるものだ。ここで何が危険かというと、自伝的な経験が、書いたり考えたりするための唯一の必要な資料になってしまうということなのだ。つまり、研究者はすでにその文化を内側から知っているので他者の声に耳を傾けることは無意味な行為になってしまい、その結果、聞かれる対象となっている人々の説明は沈黙させられるのである。私の考えでは、自伝的な知識や経験上の知識は解釈の装置としての役割を果たす。この意味で主体性は、書き手とその書き手が描いている人々との間の境界線を越えて往復する手段となる。これはナルシシズムや自己陶酔といったことではない。むしろ一般的な類似性と——広く解釈するならば——対称性に関してそうなのである。この類似性と対称性があるからこそ、社会学者は話を聞いている相手に「あぁ、わかったぞ。結局あなたは私と同じなんだね！」といって自分自身と重ね合わせて終わらせることなく、社会的生活について説明することができるのだ。他者性とは、階級や「人種」による集団構成、あるいはジェンダーやセクシュアリティの差異の境界線において始まるのではない。それが始まる場所は、私たちの接触《タッチ》の表面である。社会学者がその内側のまだら模様を認めずに、単にある社会集団の一部であると主張するようなことはばかげている。

もし書き手の経験と主体性が役立つとすれば、それがなぜなのかを考える必要がある。私がいいたいのは、もしそれが他者に手を伸ばすために用いられないのであれば、ほとんど価値がないということだ。ベル・フックスはその美しい著書『思い出される歓喜』の中で次のように述べている。「かっての傷や痛みにいまだ苦しんでいる時でさえ私たちが自分の生を守ることができるようにしてくれる書物、そして私たちがもっと豊かに生きていけるような形で現実と向き合うことができる空間を私たちに与えてくれる書物。この二つは区別されなければならない」[25]。彼女は社会学的調査について述べているわけではないが、このような区別は上述のような自伝の誤用にもあてはまるかもしれない。吟味されなければならないのは、それによって書き手が自分の洞察を高めるような仕方で「現実と向き合う」ことができるかということなのだ。

反省的な関わり、そして日常を通り過ぎていく生

かつてテオドール・アドルノは、「教育の理想に関するどんな議論も次の単純な理想に比べると些細でとるに足らないものである。それは、アウシュビッツを二度と生み出さないこと、だ。それは全ての教育が抗わなければならない野蛮さである」と警告を発した[26]。現代の人種主義、そしてナチズムの支持者やその真似事をする人々の性質を理解する政治学はこの目的に奉仕するものだ。批判的思考とは全く異なる価値観や様々な地平の交差点に立ち止って考えようとすることだが、それはこうした意味で慎ましい役割を演じることができるだろう。批判的思考とは、批判的な判断を含むと同時に、私たちの解釈や政治的信念に異議を唱えるような反直観的な可能性にも開かれている。マイケル・ブラウォイは熱心に「公共社会学」の必要性を説くが、それは社会学と公共領域との関係をめぐる議論を活性化させた[27]。二〇〇四年のアメリカ社会学会における会長就任演説で、ブ

ラウォイは次のように述べた。「公共社会学は社会学を一般大衆《パブリック》と対話させるものである。一般大衆とは彼ら／彼女ら自身が対話の中にある人々のことである」[28]。ブラウォイの案では、私たちが出会う最初の主要な一般大衆とは学生であり、そしてキャンパスを越えてそれは「労働運動や地域の組織、信仰集団、移民支援グループ、人権保護組織」へと広がっていく[29]。かつては私たちの「余暇」に行うものとして斥けられていた公共社会学が、職業社会学や批判社会学、政策社会学と相互に高めあう有機的な関係を持つものだと考えられているのだ——これらの社会学もまた彼のモデルの中で再定義されたが。「ある意味で公共社会学の関心とは、全てのものが私有化されていくことに対する反応であり対応である」とブラウォイはいう[30]。これは大学における審査という制度によって学問的な書き手がより個人主義的になり、自分の研究を高名な専門誌という閉ざされた場所で発表することばかりが目指されることに対応している。ブラウォイが社会学者たちにより多くの公共的な関わりを求めることは素晴らしい。しかし彼は社会学者として公共的な生活の中に分け入っていく時の困難についてはほとんど何も語らない。ブラウォイの説明では、公共の領域は革新的な勢力が台頭しているだけの世界であるように読者は考えかねない。より幅広い受け手に届く機会を提供するだけでなく、社会学者として公共の中に足を踏み入れることには、傷つきやすさと政治的な妥協とが含まれるのである。

　傷つきやすさの問題については後ほど触れるとして、ここではまず公的な介入がいかに書くことや批評に影響を与えるような妥協を含むのかを説明したい。私は第一章で、「南ロンドン市民調査」がクロイドンの英国移民局を調査し、それが利用者の経験について公的な議論の機会を作り出したことを示した。(31) その市民調査は、マイケル・ブラウォイが求めるような公共社会学の良い事例だといえるだろう。その調査における聞き取りは、入国管理システムに従っている人々の不安を声にする前例のない公共的な機会を作り出した。その証拠をすべて聞くことになった委員には、教会の主教から法律関連の上級職までが含まれていた。その調査が終わった後、私を含む三人が報告書の作成を担当することになった。初めから同意があったのだが、この報告書は委員たちのものでなければならず、その所有権は委員たちが持つものとなっていた。つまりそれは彼らの報告書でなければならず、私たちの報告書であってはならなかったのだ。これをやり遂げるのは簡単ではなかった。なぜなら腹話術を反対にやるようなものだったから。最初の問題は、どのような語調で書くかということだった。その調査は政治的な小冊子のようにすべきなのか、それとも法的記録や社会学の論文のようなものがいいのだろうか。

第一稿は明白に党派的なもので、移民局に対する怒りと酷評で満たされた。委員たちはその論調を不満に感じ、穏健な表現にするよう私たちに求めてきた。彼らの意見はこうだった。もしこのような形で提出しても、政治家や役人に簡単に却下されてしまうだろうというのだ。結果として報告書は書き直され、利用者の本当に酷い経験についても事実を伝えるだけの単調な語調で記載された。その時点での私たちの目的は、その報告書がありえないほど公平に見えるようにすることだったのだ。これが学問的に、あるいは政治的に正しいことだったかは議論の余地があるだろう。私自身もこれが正しい戦略だったかどうかはいまだに定かではない。この報告書は実際に内務省内部また政府の中でも最高責任者にまで読まれ、改革を求める公共の圧力を高めることに貢献した。

二〇〇六年七月一九日には内務大臣ジョン・リードが下院で次のように宣言した。内務省は入国・国籍管理部を内務省から切り離すことを含めた「野心的な改革」によって変革される、というものだ。[32] 数日後にリードは、入国の取り締まりに責任を持つ統一的な国境警備隊を設置することを宣言し、二〇一〇年末までに入国管理の実施に対する投資を倍増し、二億八千万ポンドにすることを約束した。[33] 移民管理官による権力乱用の最悪のケースは改革案にも記載されている。しかしながら改革案の主要な強調点は、国境警備の取り締まりとその武装化である。未来の批評家たちは、私たちの調査とその報告書の著者がこのような政治的な結末を生み出したとして非難するだろう。そうした批判は正当化されるかもしれない。だが委員の同意を得るためにはこの妥協は必要だった。私がいいたいのは、他のどのような行動主義《アクティヴィズム》とも同じように、公共社会学の生み出す結末は非常にあいまいであり、確信をもって測定することは難しいということだ。

過激な態度をとるからといってそれは必ずしも政治的とはいえない。どの年代でもそうだが、自称「政治的知識人」の比較的多くが学会でこういった態度に耽っている。こうした芝居がかった態度は実質的な難しい諸問題を覆い隠してしまう。知と権力の関係について最近よく論じられるのだが、変化を生み出すための政治的な道具としては、書物の力は強くはない。かつてプリーモ・レーヴィは次のように書いた。「現実的に観察すると、その意図が正しいものであれ誤ったものであれ、書物や物語は本質的に緩慢で無害なものである。そこに内在する弱さがいっそう悪化しているのは、今日すべての書物がそのすぐ後に出てくる大量の書物によって、わずか数カ月で覆い消されてしまうという事実である」[34]。おそらく、「政治的目的」という文句がやたらと学問的に用いられるのは、レーヴィがここで上手く言い表した本質的な弱さに対する反応なのである。マックス・ウェーバーの巧みな表現を借りるならば、学問的な「予言者」と「デマゴーグ」は学会のギャラリーで戯れることで安らぎを得るのであろう。[35] それとは対照的に私が主張したいのは、社会学的研究の政治的価値とは、謙虚さをもって不確実な対話に自らを開いていくことにあるということだ。これは感動的なマニフェストを製作するには上手なやり方ではないだろう。だがそれはおそらく、社会学的な努力を通じて——完全には掴めないとしても——触れられる真実について、より誠実であるというメリットがあるはずだ。

だからといってそれは、政治的問題から離れて中立な位置に立つことを意味するのではない。この意味で、クリス・ロジェックとブライアン・ターナーのいう「関わりながら離れる」という概念は、矛盾しているだけではなくて意味不明だ。[36] 理解と公共的行動主義の関係について私が提唱したい方向性は、反省的な関わりと呼べるかもしれない。つまりそれは、書くことの限界と、対話や耳を傾けることとの複雑さとを認識した政治的介入のことである。政治の緊急性と速度を考えるならば、介入を行うための窓口はその事態から三年後に念入りに作り上げられたモノグラフを待っていてくれそうもない。だが本書の初めに述べたように、社会学的に関心を向け、記述することの価値は、注意深い分析がなされる時間の長さにあるのかもしれない。政治的な介入の必要性と、時間をかけて注意深く批判的に考察するという社会学的価値との間には緊張関係がある。公的な介入を行い、公共的知識人になろうとする場合、学問的な形式以外の幅広いジャンルに執筆することもあるだろう。例えば新聞に寄稿することや、一般的な雑誌や政治的な雑誌に記事やエッセイを投稿することなどがそれだ。こうした形式はそれ自体に問題や制約がないわけではない。八〇〇語の記事の中でできる分析は限られている。公共社会学者は学問的な記述とより一般的な記述のスタイルについてそれぞれの価値と制約を心に留めておかなければならないだろう。

社会学は何のために必要なのか？

このグローバル化された世界において、中心と周縁の関係はますます複雑になり、苦しみと不確実性のあり方はさらに恐ろしい様相を呈している。私は関わりを持ちながら耳を傾けることを提唱しようとしてきたが、もしかするとそれは、ますます必要とされてきているのかもしれない。ジョン・バージャーはかつて、作家や語り手、さらにいえば社会学者までが「死の秘書」だと述べた[37]。彼によれば、書くという行為は記録を取り、生の登記簿を作成することだという。今日の社会科学系の学部には認識論的な憂鬱と自傷的な疑念が浸透しているが、にもかかわらず日常の中を通り過ぎていく生を描き、またそれを別の形で書き直す伝統は大事にすべき貴重なものだ。ルース・ビハールは次のように論じている。「私たちの人間性についてずっと確かなことがある。私たちは自分たちが何者であると思うかについて語るのを止めてはならないということ。同様に、私たちはお互いの物語に耳を傾けようとするのを止めてはならないこと、である。もし私たちがそれを止めてしまえば、すべてが終わってしまう」[38]。まだ終わってはいない。もし社会学的な研究に未来があるとすれば、それはグローバル化した世界の影響下に生きる人々に敬意と慎みをもって耳を傾け、語りかけるプロジェクトを維持していくことに他ならない。そしてそこには同時に批判的な判断がなければならないのだ。

私たちの前を通り過ぎていく生を覗き見しようとする社会学的な欲望について懐疑的な人々もいる。同僚の一人は「人々と話すことから私たちは実際のところ何を学んでいるのだろう?」といった。そこにある逆説は、私たち社会学者が必ずしも社交的ではないということだ。私たちは本の虫となって図書館に通いつめ、キルケゴールがいうように現実の人間は重すぎて共に踊れないと思ってしまうのだ。社会についてたくさん語るくせに、実のところ限られた頻度でしか世界に耳を傾けていないということもよくある。私が提唱したいのはそれを超えて耳を傾けるというアプローチであり、またこの場合、聞くという行為は訓練なしにできるような自明の能力ではない。社会学的な調査方法について書かれた灰色の教科書は、この種の微調整についてはあまり役に立たないのだ。方法論の教科書に書かれた輝きのない文章が、調査で出会った人々の生を単なる検死用の死体にしてしまうこともままある。最後に再びC・ライト・ミルズに立ち返ってみよう。彼は社会学や学問を一つの技能《クラフト》にたとえたことで有名である。私は社会学的実践の特徴を表す何か他の比喩はないかと探してみたのだが、結局これ以上のものは見つからなかった。

ミルズにとって社会学的な技能という概念は凡庸さとは無縁である。というのもそれは、独創的な思考と表現に深く結びついているからである。彼の考えでは社会学はせいぜい技能と想像力の混合物なのだが、それは「現実」に現れた様々な生のあり方に関心を持つと同時に、その表層の下に——あるいはその上に——ある重要な何かを把握しようとするものだ。社会学的技能には調査のための適切な道具を選ぶこと、そしてその作業に適した形にそれを磨いていくことが含まれる。またそれは、その道具によって生み出された調査データの分析上の重要性について注意深く考えることも意味する。要するに、私たちはその社会学的データがどのような真実を反映していると考えるのか、という問題である。これまでも多くの人々がインタビューで生み出されるデータの正当性に疑問を呈してきた。まさにその説明が、言われたことの外側にある真実に対応していると考えることはできないという理由からである。この問題を回避する一つの手として、それが嘘であろうが誤りであろうが関係なく、インタビューの説明を単に興味深い道徳的逸話として取り扱うという方法がある。一つの嘘ができあがるということは、そこにその語り手の道徳的世界について何か興味深いことが示唆されていると考えるわけだ。したがって社会学者としては、私たちはその技能において正しい道具を持っているかだけでなく、それを正しい方法で取り扱っているかもわかっていなければならないのである。

ミルズはまた次のこともはっきりと認識していた。社会学的な想像力とは、議論に影響を及ぼすこと、また彼のいう多様な「大衆的読者」のために独創的に書くことに、意識的に関わっていくことでもあるということだ。[39] ミルズは、社会学的な研究が外部の人々にはわからないような専門的な言語を発達させる危険を予期していた。かつてジャン・アメリーは次のように観察した。「偉そうな学者たちの」専門的な言語は、「その知識の価値よりもむしろその言語自体の重要性を証明しようと躍起になっているようだ」と。[40] このようなことを避けるために、私たちは社会学をより文学的にしていくことを心がけねばならない。このような方向性に懐疑的なものもいる。デヴィッド・シルバーマンはいう、「近年の脱構築主義者に嘲られることを覚悟の上で、私は小説や散文を書く技法と社会科学の技法とは全く異なると主張したい。私が良い詩を読みたいと思うときに、いったいなぜ社会科学の雑誌を開かなければならないのだろうか?」と。[41] シルバーマン自身は、明晰さと精密さに重きをおく社会科学のミニマリズム美学を実践する非常に優れた書き手である。しかしながらミニマリズムは、私が思うところの「薄い記述」や「平坦な社会学」になってしまう可能性があり、そのとき失われるのは生や躍動感、そして――こう書くのはためらわれるが――そこにあるはずの美なのだ。私は文学的な社会学を提唱したいと思う。それは社会的な生を殺してしまうことなく記録し、理解することを目指すものだ。

ジョン・ローとジョン・アーリによれば、社会調査はそれが現実に反映していると主張する社会を、実際のところは作り出し規定しているという。「グローバル化する世界は複雑で捉えどころがなく、移り変わりが激しく予測不可能なものである」から、一九世紀の思想にその起源をもつ因習的な調査方法はほとんど役に立たないと彼らは述べる。[42] 社会生活のこうした捉えにくさやうつろいやすさに関わっていくためには、社会学の道具箱は身近な作業の複雑さに対応しうるよう拡大される必要がある。ローとアーリは次のように結論づける。

もし社会科学がその世界の現実に介入し、影響を与え、存在論的な政治学に携わり、新たな現実を形成しようとするならば、その複雑性と分かりにくさを理解し、実践するための道具を必要とするだろう。これはやっかいなことである。目新しさはつねにやっかいなのだ。私たちは学問的な習慣を変えて、方法論を組み替えていくことに見合った感受性を伸ばしていかなければならない。[43]

私たちの道具の適切さをあらためて問い直すからといって、必ずしもそれが認識論的な敗北や躍動する生から離れることを意味するわけではない。むしろ私が主張したいのは、それが社会学を生き生きとさせる機会へと導いてくれるかもしれないということだ。ここで私は「生きた《ライブ》」という言葉を、躍動感のある社会学を描くための形容詞として使っている。社会学の論文を読んでそこに人間の声や肖像が一つも発見できないとき、私はいつも奇妙な感じに襲われる。それは呼吸をしたり感じたりすることのない社会の説明になっているのだ。少なくとも理論的には、私たちは身体化された社会的経験についてこれまで以上に対応しているように思われる。[44]だがその身体化された経験を表象することはまた別の問題である。

社会学的な技能の再吟味は観察と測定を刷新する機会を与えてくれる。こうした機会の範囲は広がっている。なぜなら社会調査者がマルチメディア技術や新たな情報技術を用いることができるようになっているからだ。相互関係を導入し、反復的に分析するためにニューメディアの可能性を用いることによって、私たちは社会学のテクストが調査原稿という最終地点を超えて生き続けると考えることができるだろう。例えばヴァージニア大学のマイケル・ヴェシュは、パプアニューギニアのネカリミン族の人類学的表象についての革新的なデジタル環境を立ち上げている。そのサイトはニューメディアの可能性を利用しているが、それは「信頼に足る学問的議論や分析を犠牲にするものではない」。[45]まさにこうしのではない。現在ではこのサイトに三〇〇ページを超える情報が掲載されている

たテーマに関わる新たな学問が現れつつあるのだ。[46] これは単にオンラインとオフラインの調査の関係について考えるということだけではない。CD-ROMの形式であれ、双方向的なウェブサイトの開設であれ、あるいは記述的な議論と画像や動画、音声の相互的な組み合わせであれ、社会学の新しい記述の登場を考えることでもあるのだ。

社会学は一つの生き方であり、一つの職業として実践されるものである。そしてそれは世界に関わり、その世界に批判的な関心を向ける一つの方法である。ここでは社会学的な動詞としての「生きる《リブ》」が重要となる。このとき洞察の代償となるのは居心地の悪さかもしれない。社会学は私たちの慰めとなる幻想に穴をあけることもあれば、進歩や希望について私たちが持っている最も基本的な前提を疑問に付すこともあるからだ。ポール・ラビノウは、社会学者マックス・ウェーバーのような近代の知識人にとって、「科学という仕事は情熱的に関わっているという感覚を必要とし、またそれは規則正しい労働と、神秘的ともいえる受動性や寛容さとに結びついていた」と論じる。[47] そうした態度は私が提唱している社会学の方向性にも当てはまるものだ。最後に私は、本書の冒頭に示した次の質問に戻ってみたい――今日社会学とは何のために必要とされているのだろうか？

本書『耳を傾ける技術』が提示する答えは六つである。第一に、私たちの時代に社会学がなしうることは、語られることができないものを示すことである。[48]「いまだ形を成していないものはどこにでもある。皆と同じように、社会学者は文字通りそれに取り囲まれている」とブルデューはいう。[49] 不公平な関係や酷い政治的共犯関係が隠されているのは沈黙の中なのだ。社会学者は沈黙させられているこうした問題へと導くガイドなのである。第二に、社会学的思考は無視されてきたものを感じ取り、それに敬意を払うために必要である。これは単にありふれたものに声を与えるということではない。そうではなく、なじみ深いものを不思議なものに変え、自明なものを根拠づけるような批判的考察のことである。第三に社会学は、地域的偏狭主義を乗り越え世界規模で思考する倫理的・批判的想像力を生み出すために必要である。これは、事なかれ主義で編集されたうわべだけの公的な説明に対してオルタナティブな物語を提示する作業である。そしてそれは身近で起こることとの意味をどこか別の場所の出来事と結び付けて指摘することでもある。第四に、私たちが生きている世界は盲目的な思い込みによって損なわれており、社会学的な懐疑はそれとの均衡を保つための一種の対抗的力として必要である。私が提唱する学問的態度の価値は、それが生産的な不確かさに留まることにある——それは他の観点に批判的に開かれているのだ。しかしながら、懐疑をもって生きることは必ずしも生産的であるとは限らないし、居心地の良いものでもない。それは時に思考の麻痺状態に至ることもある。だが学問的になすべきことは、社会批評に携わり続けながら同時に心を開き懐疑的であることなのだ。第五に、そして特に私が提唱する社会学が必要なのは、それが「聞く」からである。世界に耳を傾けること、そして私たちが耳を傾けるその人々について自分と同じように真剣に考えることは、おそらく今日の社会学が提供しうる最も重要な価値である。耳を傾けようとする欲望は社会学者を先入観から解放し、新たな理解へと導いてくれるのだ。たとえ社会学的な出会いに自分の政敵が含まれていたとしても。(50) 最後に、社会学は歴史の目撃者として必要である。少なくとも私にとって社会学的な聞き手とは、ギリシャ神話において芸術と知の最も気高い野望を体現した九人のミューズの一人クレイオーにも似ている。彼女は現在に過去がどのような意味を持つかに注意を払うだけでなく、身近にあるものと遠く離れたものの関係にも関心を持つのである。ヴァルター・ベンヤミンがいうところの名もなき者の歴史に捧げられた彼女の歌は、無視されたものを賛美し、「歴史を逆なで」しようとするのだ――「たとえそうするための船竿が必要だとしても」(51)。

ハンナ・アレントはこう記している。「歴史は公共領域が光を失う暗い時代を数多く経験してきた。そして世界はあまりにも疑わしくなっているので、政治が人々の命にかかわるような問題と個人の自由に対する当然の検討を示す以上には、人々はもはや政治について問うことを止めてしまった」(52)。そのような時代に生きる人々は公共的領域の機能を軽視するようになる。その対処の方法として、人々は「仲間たちとの相互理解に至るために――あたかもその後ろに隠れられるような外面が世界についているかのように――それらの背後に手を伸ばす」(53)。社会学の仕事は社会的世界の診断を提供すること、そして世界がどのようにできているかを示すことである。だがそこにはまた、公共という外面の背後で何が起こっているかに耳を傾けることも含まれる。つまり、人々が「非人間的になっていく世界の中でほんの少しの人間性」を達成するそのあり方に関心を向けることである(54)。不安の帝国と「テロとの戦い」は、アレントが描いた疑わしい不透明な公共的世界に通じる。今やこの惑星に住む人々にとって政治家が発する言葉は何の意味もなさない。「民主主義」という言葉はイラクへの軍事的侵入を正当化するために用いられ、イラクの人々に対する爆撃は「人道的」努力だと言われる。政治的な生の格言はそのような堕落からの回復を必要としており、社会学的な思考は世界的な政治的良心の発展に寄与しうるはずである。かつてエドワード・サイードが述べたように、そのような政治的良心は「私たちがよそ見をしたり眠り込んだりすることを許さない」のである。[55] このような刷新をなす、その中心にある諸原理について批判的に考察しなければならない――すなわち、自由を必要としている自由、民主主義を必要としている民主主義、民衆を必要としている公共的生活について。

このことは私を社会学が必要である最後の、最も重要な理由へと導いてくれる。つまり、社会学は希望の資源なのである。二〇世紀の知識人たちは、希望とその言葉の政治的含意について非常に対照的な考え方を持っていた。アルベール・カミュにとって希望に生きることは惰性や運命論、敗北に身を任せることだった。ギリシャ人にとって希望とはパンドラの箱に残された病の中で最後の最も恐ろしいものだった、とカミュはいう。彼は次のように結論づける。「これ以上に扇動的な記号を私は知らない。一般的に考えられているのとは逆に、希望は諦めと同義なのだ。そして生きるとは諦めないことなのだ」。[56] その一方で、希望は傷ついた生活に耐える人々の無限の回復力の中に見出すことができると論じたレイモンド・ウィリアムズのような人々もいる。「だからこそ私たちは希望について語らなければならないのだ。それが危険の性質を隠すという意味でない限り」。[57] このような希望が見出されるのは、分断や嫌悪、相互の誤解などに屈しない小さな行動の蓄積においてである。そこでは反直観的なもの（すなわち、人々が社会的に押し付けられた差異によって定義されるのを拒否するということ）が直観的なのだ。私たちは暗い時代に生きている。だが、耳を傾ける技術としての社会学は、私たちがその時代を生き抜き、同時に異なった未来の可能性を指し示すための資源を提供することができるのである。

エピローグ　技能《クラフト》

数年前に私は、ある支援グループを立ち上げた博士課程の学生たちに招かれてトークをすることになりました。学生たちはアイデアを共有するだけではなく、ゲストを招いて自分の研究について話してもらう場を立ち上げたのです。そしてその回は私がゲストスピーカーとして招かれたのです。私はもう博士課程を一〇年以上前に終わっていたんですが、その部屋に満ちた不安感は十分なじみ深いものでした。私たちは机を丸く囲んで座りました。若い学生たちはバッグからペンとノートを取り出して、このセッションにむけて準備を整えます。全員がお互いをこっそり眺めながら、私たちは言葉のない挨拶のように笑顔を交わしました。そのセッションの司会者はみなに自己紹介と、その時にそれぞれの博士論文の研究について説明するように言いました。学生たちの顔がひきつっているのが見えます。大学院生たちは、この一見罪のなさそうな拷問と格闘していたんですね。私は知恵を絞りました。ここで何を言うべきなんだろう？　心臓はまさにその学生たちと同じように高鳴ったのです。さあ私の番。「私はレス・バックといいます。回復中の博士課程の学生です」。

本書を締めくくるにあたって、私は学問の技能とその課題、危険、そしてそこから得られることについて話そうと思います。以下の考察は特に博士号取得のための研究に取り掛かろうとしている若い学生たちに向けられるものです。学問を実践していると、いくつもの変な質問に答えなくてはいけません。これらの質問は皆さんの研究に深く関わることもありますが、関係ないことも多々あります。例えば一般に、研究と「心の生活」は一つの長い休暇のようなものだと思われています。そうすると大学の図書館は海岸のキャンプ場のようなもので、学生たちはそこに一日中寝転がり、カクテルを飲みながら読書に耽るなんて考えられているわけです。特に博士課程の学生になると、昼間にテレビを見ることをずっとからかわれたり、「働かなくていいなんていいよね」とか「午後は何をするの？」といった言葉をかけられたりすることに耐えなければいけません。また部外者にとっては、博士号は懲役の判決のようなものです。人々はあたかも釈放までの期間を聞くように、悲しそうに「あとどれぐらいかかるの？」と尋ねてくるわけです。さて、私がここで行うべきことは、社会学的な生活について論じ、また学問的態度についての議論――そこには学問的な言語や、批評のあり方と倫理に関する議論が含まれます――を整理することでしょう。だがこうした重要な議題へと進む前に、一つ告白しておかなければなりません。

私が自分の博士課程を終えた理由の一つは、それが一種の中毒のようになっていたからです。もし私が論文を終わらせなければ、私自身が終わっていたのです！　論文を完成させるのにはずいぶん長い時間がかかってしまいました。一九七〇年代や八〇年代に研究をしていた私の世代の大学院生は、単純に博士論文を書かなかったのです。実際に、私が研究していたロンドン大学ゴールドスミス校の社会人類学部には多くの学生が在籍していたけれど、博士論文を「書き上げた」のは一人もいなかったのです。ある日のこと、指導教官が――本書は彼女に捧げられています――こう言いました。「誰かが書かなければいけないんです。そしてあなたが一番それに近いんですよ！」と。だから私が今ここで博士論文の研究に関してやるべきことと避けるべきことを考えているのは、本当に少し贅沢なことなんですね。でも自分は人にアドバイスできるようなものではないと、心の声が聞こえます。結局のところ書き終えたのは書き終えたんだけど、決して人の参考になるようなやり方ではなかったんです。

ですが、これまでに私が指導してきた多くの学生が無事に博士論文を書き終えました。そして私はこれまでに多くの博士論文を読み、七〇本以上の審査員になりました。いつでも机の上には製本された博士論文が少なくとも二冊はあり、こちらを眺めているのです。今こうして書いているときも四冊の青く大きな本が視線の片隅にあり、私の心をちくちく痛めつけているのです。どうしてこれほど頻繁に博士論文の査読や審査員をさせられるのかはわかりません。ときどきうぬぼれて、きっとこれは私に対する尊敬や学問的名声によるものだ、などと考えてしまいます。実際は疑わしいのですが、私は学問的に少し「優しい」という評判があり、おそらくそれがこのように査読を依頼される本当の理由だと思います。いずれにせよ、こうした依頼は光栄なものです。

学生が査読者を選んだり指名したりする第一の基準は、その審査員が自分のことに夢中なエゴイストではないということでしょう。論文を見てまずは参考文献表に自分の名前があるかどうかで内容を判断してしまうような学者は、この点で自動的に除外されますね。二つ目の基準として、気まぐれな性格の持ち主や「学問的な変人」は避けられるでしょう。これは候補者の幅をかなり狭めてしまうかもしれませんが、審査というただでさえ辛い日に学生はそんな人格の人間を招く必要はありません。私が思うに、理想的な論文の査読者は、批判的であると同時に公平な人です。だから、どういう風に考えるとしても、審査員を依頼されるということは光栄なのです。こうやって学問の世界に生きてきて最も嬉しいことの一つが、ときに長引き、張り詰めることもある最終審査の後に、「おめでとう、○○博士。あなたの論文が若干の修正を経て通過することを推薦します」と言うことなのです。

論文を読むことはまた、その内容が何であれ一つの教育経験でもあります。肯定的であれ否定的であれ、それぞれの論文は特定の記述形式で書かれており、そこには論文という形式それ自体への洞察が含まれているからです。論文を読んだり、博士課程の学生とミーティングをしたり、あるいは大学院生のグループとのセミナーに参加するたびに、私は何かしらのヒントを得るのです。そういうわけで私が今から皆さんに伝えることは、他の人々が自分よりも美しく上手に博士論文を書き上げるのを見てきた傍観者が集めてきた洞察をまとめたものなのです。

あなたの博士号は一つのキャリアである

最初にちょっと長くなりますがジョン・バージャーの文章を引用したいと思います。前章でも短く触れたものですが、これは彼の著作『そして私たちの顔、私の心、写真のように短く』の一節です。

私たちが描いている登場人物から私たち自身を区別するのは、客観的あるいは主観的な知識ではなくて、私たちが語る物語の中で登場人物たちが経験する時間なのだ。この時間の経験が異なるために、私たち語り手はすべてのことを知る力を手に入れることになる。だが同時に、この違いによって私たちは無力にもなる。なぜならいったん物語が始まってしまうと、私たちは登場人物をコントロールできないからである。私たちはこの登場人物たちに従わなければならず、そしてこの追従は、彼ら／彼女らが生きている時間すべてにわたる。その間中ずっと、私たちはそれを監督しているのだ。

その時間、そしてそれゆえにその物語は、登場人物たちのものである。しかしその物語の意味、それが語られることの価値とは、私たちが理解することができるもの、そして私たちを鼓舞するものである。なぜなら私たちはその時間を超越しているからだ。

私たちの物語を読み、あるいはそれに耳を傾ける人々は、レンズを通して見るようにすべてを見ることができる。このレンズはナレーションの秘密であり、それはすべての物語において新しく磨き上げられる。つまりその時間を生きる人々と時間のない人との間で磨かれるのである。

もし私たち語り手が「死の秘書」だとするならば、その理由は、短くはかない人生の中で、私たちはこうしたレンズの研ぎ師だからである。(1)

バージャーは美術批評家であり、また小説家、物語作家、詩人、そして魅力的な民族誌的ドキュメンタリー作品の著者でもあります。この美しい文章から、社会学的な技能について当てはめて考えてみたいことがたくさんあります。

博士論文を書くということは、バージャーが述べているような形で時間と一つの関係を持つことです。論文もまた物語の実践なんですね。私たちが耳を傾ける人々は——業界では「インフォーマント」と呼びますが——バージャーのいう登場人物だと考えられるでしょう。つまり私たちは、彼ら／彼女らの時間の外にいる語り手となるわけです。著作の責任についてはこうして考えるとわかりやすいですね。私たちは作家でありレンズの研ぎ師だということですから。博士論文もそうだしどんな社会学的研究でもそうですが、課題は次のようなものです。まず、(a)私たちが知ること、つまり知識の構造のための枠組みを設定すること。これはふつう認識論と呼ばれます。次に、(b)この認識論のレンズあるいはセンサーを通じて私たちが見たり聞いたりするものについて一つの主張を行うこと、です。そういうわけで、まず私がここで皆さんと考えてみたいのは、思考すること、耳を傾けること、書くこと、そして時間、この四者の関係です。

博士課程で研究を行うことはキャリアを始めることでもあります。でもそれはキャリアという言葉の一般的な意味ではありません。私がいいたいのは、政府機関が推奨するような研究のトレーニング案や伝達可能な技術といった表面的な職業教育主義ではないのです。私が考えているキャリアの概念とは、職業を持つという意味、つまり一つの所有を表すような名詞ではありません。むしろ私はキャリアという言葉を知的な移動、つまり思想における道程や経路を表す動詞として使いたいのです。博士課程では毎年がそれぞれの旅路を表します。つまり毎年それぞれの出発点と帰着点があるわけです。大きくいって、フルタイムの学生の工程表は次のようなものでしょう。

〈1年目〉

資格付与のための「調査トレーニング」の授業。ここには質的・量的調査方法論の上級コースが含まれることが多い。学生の研究テーマに沿った専門授業。さらに調査技術が応用される予備研究。

〈2年目〉

計画中の調査に関連した文献を読みレビューを行う。短い論考を執筆し、調査方法について計画を立てそれを練り上げる。

〈3年目〉

調査を行い、論文のいくつかの章と、博士論文執筆資格（MPhil/PhD）の口頭審査のための資料を執筆し、アップグレードの審査を受ける。

〈4年目〉

論文を「書き上げる」。論文原稿を完成させ、外部審査員を指名し、試験の申請用紙を提出して審査を受ける。

このように、博士課程というキャリアのそれぞれの部分に応じた特定の段階と問題設定があるわけです。社会学の道のりを歩いていると苛々することも多々あるでしょう。資格付与のための調査方法の授業の多くは無駄な気晴らしに思えてしまうかもしれません。マイケル・ブラウォイはこう述べています。

学部時代の教師に刺激されたり、あるいは気の滅入る社会運動に燃え尽きて入学してくるような典型的な大学院生は、最初は批判的な精神にあふれ、社会変革の可能性について多くを学ぼうとしている……が、そこで彼女は一連の必修授業に直面する。それぞれの授業で難解な教科書を読まなければならなかったり、抽象的な技術を身につけなくてはならなかったりする……まるで大学院は、社会学に対する関心の出発点となった社会への道徳的な関心をふるい落とすために組織化されているかのようだ。(2)

確かにそうかもしれません。でもブラウォイがここで述べているような状況は、アメリカの大学院教育モデルがグローバル化した結果なのです。こうした状況でいろいろな要因が彼ら/彼女らを脅かしているにもかかわらず、大学院生たちは自分たちの道徳的・政治的関心を捨てていません。博士号を取るための調査や執筆という挑戦を大きく見てしまうと、あまりに圧倒的で気が滅入るような作業のように思えることもあるでしょう。もしもうダメだと感じた場合、頑張り続けるための一番良い方法は、遠くを見ずにただ次のステップに集中することだと思います。

ここで私がいいたいのは、プロジェクトを前に進めるために皆さんにできることはあるということなんです。私はそのアイデアを格言の形で提示してみたいと思います。これは私自身が何度も自分に言い聞かせてきたことにすぎません。つまりそれは私にとっては意味があり、自分自身の技能の基礎として使おうとしてきたことなのです。だから、これを読むときは慰めだと思ってもらえればよいのです。学問が私たちに与える不安からいまだ回復途中にある旅仲間からのこれは慰みなのです。

10の格言

今から述べるのは戒律ではありません。私はモーゼではないし、誰もモーゼにはなれないので。また、決まった処方はありません。あらかじめ描かれた下絵にならって論文の白紙のページに色をぬれば済むような「学問の絵本」はないのです。教訓はあるし、一般的な落とし穴も、気を付けたほうがよいこともあります。しかし学問それ自体と同じように、独創的な思考には単純な技術主義的規則はまったくないのです。まず私がいいたいのは、あなたにその研究を続けさせる見えない力を信じることです。

1　自分の関心を信じること

私がここで考えているのは、あなたの関心を一点に絞らせ、次の文献を読んだり別のインタビューをしたいと思わせる不思議な欲望のことです。この重要性がはっきりしないことは多々あります。あなたがやっていることに夢中になる理由があいまいで散漫だからといって投げ出してはダメ。物事への個人的な関心に耽けることは、社会学的調査を行うにあたって貴重なことでもあるのです。また、世界が「何か変だ」という感覚、あるいはレイチェル・ダンクリー・ジョーンズが最近述べたような「皆が完全に確信していることをよくわからないと思う感覚」は、社会学的調査についてある種の保証を与えてくれます。(3)なぜなら最も興味深い最良の研究課題は、こうした不安定でいらいらした好奇心の中に、はっきりと現れてくるからです。

私自身はパートタイムの学生だったのですが、それでも博士論文の研究を仕上げるのに七年以上もかかりました。ずいぶん長い間、私は自分がやっていることについて自分でもよくわかっていないんだと思っていました。ようやく最後になって、実はそれをずっとわかっていたのだということに気づいたのです。ただ私がそのことに気づいていなかっただけなんですね。つまりあなたの好奇心と直感はよい導きとなります。そして学究生活の課題の一つは、洞察と理解をその過程で蓄積していくためにそれを鍛えることなのです。

2　思考を記帳しておくこと

アイデアというのは出てきて欲しいからといって出てくるわけではありません。偉大な俳優ダスティン・ホフマン主演の映画『小さな巨人』のことを思い出します。トーマス・バーガーの同名小説をアーサー・ペンが監督したその映画の中で、ホフマンはジャック・クラブを演じます。それはリトルビッグホーンの戦いで唯一生き残った白人の役です。ホフマン演じる登場人物はインディアンの一族につれていかれ、そこで古代からの部族の哲学と文化を教わります。養子となった彼の祖父は高齢で人生に疲れています。彼はその孫に先祖の埋葬地についてくるようにいうのです。そこで彼は死を迎え入れ、自分をつれていくようにと精霊を呼び出します。葬儀にふさわしい念入りな独白のクライマックスで彼は横たわり、目を閉じて死を待つのです。それから五分ほどして彼は目をあけ、驚いたように、そして残念そうに周りを見ます。彼は埃をはらい、起き上がって、当惑と安堵がいりまじる孫に向かってこう言うのです。

「俺はまだこの世にいるのか?」

「はい、おじいさん」とジャック・クラブは答えます。

祖父は呻きながら言うのです。

「残念だ。魔法は効くときもあるし効かないときもあるからな」(4)

学術的な研究もこれに似ています。「魔法が効く」ときがたまにあり、アイデアが浮かぶのですが、数日もするとイライラして髪を引き抜いていることもある。創造力があふれているときにあなたは何か別のことをしているかもしれません。買い物や、街にでかけていたり、あるいはまったく関係のない会話をしていて目の前の人に付き合わなければならなかったり。そんなとき、アイデアが思いつくのです。私がアドバイスしたいのは、こういう予期せぬ訪問者のための準備をしておくことなんです。つまり、いつもノートを持ち歩いて、こうしたアイデアを記録しておくこと。あなたは自分の思考が時間とともにどのように進化していくかを記録するシステムを考案する必要があります。C・ライト・ミルズはそれを「ファイルを開く」実践と呼びました。これは「周辺の思考」を捉えておくための場所なのです。たとえそれがふと耳にした会話から思いついたことでも、小説を読んで刺激されたことでも、あるいは白昼夢のなかで思いついたことでも構わないのです。ミルズはこう書いています。「適切なファイルを持ち、再帰的に考える習慣を身につけておくことで、内

面の思考を目覚めさせる方法を得ることができる」と。(5)

もう一つ、これは良い習慣だと思って私がやっていることは——人に薦めるのは初めてですが——、知らなかった言葉や表現についてのノートを持っておくことです。正確な意味を理解していない言葉をそのままにしてはいけません。メモをとっておき、後でそれを調べ、ボキャブラリーを増やしましょう。何となく意味がわかる言葉についてはもういいかなと思いがちですが、より正確に知っておくことであなたの理解と表現力を高めることができます。

3　心を開いて乱読すること

もう読まないといったり、「読む時間がない」といったりする学者を私はまったく理解できません。そんなことを聞くといつもこっそり思うんです——「もしそれが本当だったら、この仕事を辞めたほうがいいぞ」と。読むことは本質的なことであり、いつも何かを読んでいることは重要だと思います。何でもいいから是非乱読してください。どこで良いアイデアを得るかなんてわからないのですから。あなたの学問分野の本も、それ以外の本も読んでください。一般向けの記事や小説、詩を読んでください。予期せぬ場所で良い発想の転換を見いだせるかもしれません。

読むことは社会学的技能の基本的な道具ですが、私たちは少なくとも二つの観点で読んでいるのではないかと思います。一つはアイデアや模範を求めて読むことです。これは伝えられることの内容を求めて読むことでもあります。もう一つは論述やレトリックのスタイルを求めて読むことです。ここでいうレトリックとは見せかけのスローガンではなくて、説得の技術という意味です。大事なのは、記述の語調や美学的な特徴に注目して読んでいくことです。本当に重要で難しい問題なのは、議論を組み立てていく中でいかに経験的な要素と分析的な要素を結びつけるかということです。他の人々がどのようにこのジレンマを解決してきたかを見て学んでください。

博士論文を書くというのは新たなジャンルの記述スタイルを学ぶことでもあるんですね。博士論文はエッセイではないし、学会の発表原稿とも紀要論文とも違います。それは単に自分のアイデアの内容とか自分が出会った出来事を発表するということではなくて、一冊の本の長さで議論を展開するその作者になるということなんです。つまり、英語でいえば七万五千語から一〇万語の分量で一貫した議論を提示することができなければならないのです。そうすると、ただ議論の内容を見つけるだけではなくて、記述の形式を学ぶことも重要なわけです。この問題についていては後でもう一度考えましょう。

4　図書館に入り浸りにならないこと

理論的な研究や史料的な調査では完全に図書館だけで成立するものもあるでしょう。おそらくあなたの博士論文では新しい一次資料を見つけたり作り出したりすることになるはずだと思います。僕は皆さんに幅広く読むことを薦めたいのですが、図書館というものの居心地の良さに騙されてはいけません。私はこれを「図書館偏愛の危険」とでも呼びたい。ホルヘ・ルイス・ボルヘスの作品で「バベルの図書館」という素晴らしい短篇小説があります。それは、ある広大な図書館の秘密を解く一冊の本を必死になって探す物語です。(6)この物語の呪いはどこにあるかというと、それはいくら探しても見つからないようになっているということなんです。ここには社会学の技能についての教訓があるのではないでしょうか。つまり、あなたの論文が扱っている問題を解決してくれる本は決して見つからないということです。なぜならその本はまだ書かれていないからなんです。要するにそれを書くのがあなただということです。

図書館偏愛にはまた別の危険もあって、それは何かというと、あなたが読んだ最新の、素晴らしいテクストの魅力に眩惑されてしまうということです。こうなってしまうと自分の研究に身が入らなくなることもあります。「こんなに素晴らしい作品を書くなんて私には無理だ。だからもう書くなんて考えるのをやめよう」というわけですね。私も図書館や本は大好きですが、そこで自分の頭にある問題の答えが見つかるとは思わないでください。その古臭い本棚の中に、そして時間とともに黄ばんだページの上にある答えは、あなたのものではなくて他人の答えなんです。この違いはとても重要です。最近ある学生がこのことがわかってとても落ち込んだといいました。でも違う観点でみれば、それはチャンスでもあり自分がやるべき仕事だということです。

社会学の論文ではよく経験的な調査が含まれます。インタビューや実地調査、参与観察の形式ですね。調査が終わった学生によく言うのが、「これから読む本の中にあなたの論文の答えが見つかると思わないこと。答えはあなたのインタビュー資料とフィールドノートの中にあるんだから」ということです。論文の前半の章を書いているときなどは、つい自分の議論ではなくて、すでに図書館にある研究を強調してしまう誘惑にかられます。そうすると結局のところ議論の先延ばしになったり、「積み戻し症候群」とでも呼べるような状況になったりします。これは博士論文の目次をみるとすぐにわかるんです。博士課程の学生はよくこのように考えてしまいます。自分が何かを論じる前に、今まで読んだもの全ての議論を復唱しなければならないのではないか、と。その結果、論文の中に先行研究をレビューする章が二つも三つも入っていたりするのです。はっきりいいますが、こんなことは必要ありません。せっかくあなたが新たに論じようとしていることが後半の何章かに絞られてしまって、オリジナルな洞察を十分に展開するスペースがなくなるじゃないですか。先行文献のレビューというのは、あなたの論文の関心が学術的な文脈のどこに位置づけられるのかを示すためのものです。またそれは、読者に対してあなたが埋めようとしている先行研究の隙間がどこにあるかを提示するものでもあります。だから網羅的である必要はありませんが、論文の学術的議題をはっきりと指し示すものでなければならないということです。そうしなければ、他人の言葉が学術的な〝さるぐつわ〟となってあなたの口を覆ってしまいます。そうすると自分の声がどれだかわからなくなってしまいますよね。図書館偏愛になると喉が詰まって自分の声が出しづらくなります。私は論文の最初の一文からあなた自身の関心に基づいて書き始めることが大事だといつも思っています。

5　理解しようとしていることに思い切って近づいてみる

あなたの研究の中心的な問題に、また研究の対象となる人々に心を開きましょう。レイモンド・ウィリアムズはこう述べています。「書き手の仕事は個別的な意味に関わることであり、そしてその個別的な意味を共通のものにすることである」と。[7] 個別的なものと共通のものとを往復するこのプロセスから思い浮かぶのは、社会学は「個人的な問題を公的な問題」にするものだというC・ライト・ミルズの主張です。(8) そのためには近づかなければなりません。それも、時には安全な距離を踏み越えて。

どんな研究者でも調査を始めるときには恐怖心に襲われることがあります。とりわけ語り返してくる「生身の人間」に接さなければならないとしたらなおさらです。ただ電話をかけることでさえも、巨大な岩を動かすかのように感じられることがあります。もしあなたがこうした感覚に襲われているならば――私も今だにそうなんですが――、大事なのは自分の背中を押してあげることです。あまり心配せずに連絡を取ってみてください。必ずしもその後に関わらなければならないというわけではないですし、後でいろいろ変更することもできますから。まずは始めてみないことには何が面白いのか、どの方向が行き止まりなのかがわからないのです。

何かに近づくことは危険が伴う場合もあります。ですからあなたの研究プロジェクトにどのようなリスクがあるかをしっかり認識しておく必要があります。数年前に私はサッカーと人種主義についてのプロジェクトに携わりましたが、その時は集団的なヘイトメールや嫌がらせを受けることになりました。もし二〇代の時にそのようなヘイトメールを受け取っていれば全く心配はしなかったでしょう。狂った極右の愚かな行為として無視していたはずです。でも当時私には六歳になる娘がいました。一番怖かったのは、その子が電話をとって人種差別の罵詈雑言を耳にすることでした。近づいてください。でも心を開くこと、近づくことのリスクは考えておきましょう。

6 フィールドワーク中毒にならないで

フィールド調査の逆説は、人々の生活というごちゃごちゃした日常的現実の中に勇気を出して飛び込んでみると、何かもうそこを抜け出すことができないように感じてしまうということです。まだやるべきことがいつもあるし、それが終わるとまた次が、ということになります。これは「インタビューをもう一つ」症候群ですね。忘れないでください。大事なのはその研究課題について何を書くかであって、どれだけ書くかではありません。博士論文を書くときに——あるいは一冊の本でもそうですが——怖いことの一つは、あなたが集めた経験的データのほんの一部しか論文に収録されないということです。だから必要以上に調査を行う必要はありません。あなたの指導教官の「十分やったね」という言葉を是非信じてください。

さて、そうするといよいよ次の、おそらく最大の課題に進んでいくことになります。すなわち、論文を書くという作業です。調査を書き上げることがあたかも自動的なプロセスのように語られることがよくあります。博士課程の学生は、大学院生活の当りまえの流れであるかのように「書き上げる段階」にいるね、と言われるわけです。でも、博士論文を書くことに何か当りまえのように、あるいは自動的に進んでいくなんていうことはありません。あえていいますが、実際のところこんなひどい苦しみを伴う孤立に身を置くということは、全く不自然なのです。私が薦めるのは、論文の初めから書いていくこと、そして書き癖をつけることです。毎日二五〇〇語を書き続けるのは不可能です。でも少しずつ書き続けることならできますよね。論文に使うに足る内容のある文章を書くことも大事ですが、ずっと書き続けているという感覚もまた同じように大切なのです。

7　作者になるというチャレンジを胸に

研究書の著者はただの滑稽な人物にすぎないことがよくあります。意味不明な専門用語ばかりだとからかわれながら、書物という池の端っこを誰にも気づかれずに泳いでいるようなものかもしれません。これはある程度自分たち自身の責任ではあるんです。真面目な学者たるには、難解な作品を書くことが必要であるように思われるからです。人類学者のブライアン・モリスは一九九九年の講演でこのようにいいました。「私は明快でわかりやすい文章を書くよう心がけています……私はいつもこのことで批判されていますし、学術的に書くようにといわれます。つまり学術的専門用語をふんだんに使って難解に書け、というわけです。学会的にはわざとわかりにくく書くことによって学問的な深みが演出できますから。しかし私はそれを拒否しています」と。[9] ラッセル・ジャコビーはここからさらに進んで次のようにいいます――「学者はいつも明快さが抑圧的なものだと考えている。そのことによって実際には半分ほどしか中身のない文章、ときには中身が何もない文章にアリバイが与えられるのだ」。[10] ジャコビーとモリスはまったく正当に、「明快に書くこと」と「単純な思考」とを混同している学術論文の書き手を戒めているのです。あるいは逆に、そうした人々は「難解でわかりづらい」ことと「洗練されていて洞察力に富む」ことを混同しているのかもしれませんね。しかしながら、複雑に書いていくことが重要かつ有効な場合もあるし、さらにあえていうと、学問的スタイルにおける文学的な価値が重要な場合もあるのです。

難解で抽象的な言葉が有効な場合は確かにあります。こうした記述スタイルの必要性を守ることもまた重要なんだと思います。この問題について思い浮かぶのがテオドール・W・アドルノとジョージ・オーウェルです。『ミニマ・モラリア』の中でアドルノは難解で抽象的な言語の必要性を強く主張しています。「明快さをよしとする今日の論理は、日常的な話し言葉という誤った概念を無邪気にも取り入れてきた……それを逃れようとするならば、伝わりやすさの支持者は自分が伝えるメッセージを裏切っているとみなさなければならない」[11]。つまり、伝わりやすさを主張することによって、批判的思考を裏切ることになるわけです。常識というものは現状を維持するにしかすぎません。難解な記述スタイルを批判されてきたフェミニストの哲学者・批評家のジュディス・バトラーは、このアドルノの議論を引きながら自分のスタイルの正当性を主張しています。彼女によれば、「不快な」学術用語に価値があるのはそれが常識に対して異議を唱えるからであり、またそれによって「政治的に新しいことへ向かう道のりを作り出す」ことができるからです[12]。だから、難解な言葉遣いにも利点があるわけです。それによって難しく挑戦的なアイデアをも表現することができるのですから。

対照的に、ジョージ・オーウェルの優れたエッセイ「政治と英語」が鋭く批判しているのは言語の堕落です[13]。私はこのエッセイを毎年一回は読むようにしています。このエッセイでオーウェルは、全体主義の宣伝屋の言葉遣いを分解していきます。そして同時に、同時代の知識人たち――ロンドン・スクール・オブ・エコノミーのハロルド・ラスキ教授のような――の著作も批判的に読み解いていくのです。彼はこう書いています。「思想が言語を堕落させるとすれば、言語もまた思想を堕落させうる。悪い用法は、分別のある人々にさえも伝統と模倣によって広がってしまう」と。私たちが文章を書くとき、アドルノとオーウェルの両者を心に留めておかなければならないのではないかと思います。複雑な記述は必要だし、同時に簡潔な記述も必要です。そしてその両者それぞれが持つ価値は下がってしまうこともあります。素朴に明快に書いたからといって、あるいは抽象的に複雑に書いたからといって、内容の酷さをカバーしてくれはしません。また、ジェームズ・ミラーは次のように指摘しています。既存の常識に異議を唱える難解さをアドルノやバトラーが擁護するとき、そこにはさらなる逆説があると。「つまりこういうことなのだろうか？　アドルノやバトラーの最も挑戦的なアイデアは、まさにそれがかなりの数の左派知識人に受け入れられたという理由でアンチテーゼとしての使用価値を失い、忌々しい交換の論理によって疎外され弁証法的な変容さえこうむってしまった——すなわち意外性のない陳腐なものに成り果てた、と」[14]。ミラーによれば、もし私たちがアドルノの論理を受け入れるなら、この結論は避けられないというのです。

博士論文を書くというのは一つの文学的なイベントです。ではそれはどのような文学的イベントなんでしょうか？　ラッセル・ジャコビーは『最後の知識人』の中で、若い研究者にとって博士論文執筆の計画と遂行は次のようなものだと述べています。

［それは］文化的なイベントであり、彼ら／彼女らの人生の文脈を形作るものである。論文が完成すればそれはもはや無視されることはない。博士論文は彼ら／彼女らの一部となるのだ。調査スタイル、語彙、「学問分野」の感覚、そしてその中の自分の位置取り。これらは彼ら／彼女らの学術精神に刻印される。しかしそれだけではない。指導教官と専門家の「委員たち」によって評価を下されることになる論文を書き上げるために長く屈辱的な努力をすることによって、彼

ら／彼女らの生涯にわたる、そして将来の職にもかかわる濃い関係のネットワークを――そして尊敬を――得るのである。若い研究者たちはたとえ望んだとしても（そう望むことはまれだが）、この過去から逃げることはできないだろう。(15)

ジャコビーにとって博士論文とは、九万語の文学的自殺ノートのようなものなのです。私はこの予言者のような意見に同意するわけではありません。また、偉大な学者が認めてくれたり他の研究書に引用されたりしたからといって、何か必然的にみながいうことを聞いてくれるとか、無批判に受け入れてくれるなどということを認めるわけにはいきません。博士論文を書くことは、本一冊分の長さの議論ができる著者が生まれたことを意味します。でもそれは、ジャコビーには残念ですが、その著者の作品の質を将来にわたって保証するわけではありません。それはアイデアと思考実験を試してみる場所なのです。

論文や本を作り上げていく中で、あなたは自分が心地よいと感じる美学やスタイルを見つけなければなりません。私は自分が尊敬する書き手のスタイルを研究しています。そしてその書き手の「駆け引き」を使ったり真似したりしています。博士論文をとてもうまく書き上げたある学生がいて、彼はいま著名な学術誌の編集委員をしていますが、当時メールで次のように書いてくれました。「私ができる唯一のアドバイスといえば、毎日五〇〇語ずつ書くということです。一日目からそうするべきです」と。書いた言葉というのは私たちの最も基本的な道具になります。そしていつもそれをルーティンの一つとして使う必要があります。小説家のスティーブン・キングは『書くことについて』の中で同じような提案をしています。キングがいうには、作家を目指すのであれば毎日書く目標の文字数を決めなさい、と。[16] 目標を決めて、それに到達すれば立ち上がって別のことをすればいいのです。でもパソコンを離れる前に、必ずあなたが次に書きたいことを準備しておきましょう。そうすると次の日が始めやすくなりますから。もしこれをちゃんとルーティンとしてできるようになれば、文字数はあっという間にたまっていきます。もし今これを始められないとすれば、「書き上げる」作業は地平線の雲のようにぼやけてしまいますよ。

私が読んだ中でこうしたことを考えるのに最適な本が、ハワード・ベッカーの優れた著作『社会科学者のためのライティング』です。[17] この本の至るところに素晴らしいヒントと楽しい考察がちりばめられています。著者の回顧録もまた、その作品がどのようなものかを詳しく知るきっかけになると同時に、インスピレーションを与えてくれます。[18] 最後に博士論文や社会学の研究論文に関連していくつかの意見と提案をあげておきます。読者にとっては、論文の結論部分でまた新たな問題群を示されることはイライラします。論文に必要なのは答えであり、提案であり、議論なんです――だからこそそれが「論文」と呼ばれるわけですから！　ですから、最後に別の問題を持ってくることで自分の立場をはぐらかしたりしないこと。また、重要な概念を論文の最後に持ってこないこと。論文に用いる概念装置を定義する場所は先行研究のレビューの中です。もし最後の数章で急に新たな理論的問題系や概念枠組みを導入してしまうと、論文は内側から破裂し崩れていきかねません。

読者に自分の論文を補ってもらうことを期待してはいけません。また似たようなことですが、論文執筆において議論を先延ばしにしたり、ぼかしたりするという傾向があります。忘れないでほしいのですが、査読者はふつう多忙なところを急いで読んでくるのです。ですから査読者をはねつけたくないのであれば、論文にバラバラに置かれた要素をあらためて結び付けるといった大変な作業を押し付けないでください。また、あなたが用いている文献や主要概念を読者が知っていると思い込まないでください。博士候補者はよく基本的な事項（のように見えること）を書くのを躊躇するようです。査読者の知識を侮辱するというよりも、単に立派な読者だからこそ自分の書くことをすべて知っているんじゃないかと思うみたいです。私の考えでは、あなたの論点をあいまいなままにしたり、論じきれていない状態にするよりも、書きすぎ・論じすぎになるぐらいのリスクを冒したほうがよいと思います。

あなたは読者を常に導いていく必要があります。そのためにはテクストの中に学問的な道標を立てていくとよいでしょう。そうすれば読者が道に迷ったり、読んでいるもののポイントが掴めないと感じたりすることもなくなります。論文というのは各章を統合し関連づける明確な糸が必要です。そしてあなたの議論はそれぞれの章で積み重ねられなければなりません。特に前半の章を書いているときなどがそうですが、主要な議論を一度に全部書いてしまいたいという誘惑にかられます。もちろん、あなたの最初の章に論文全体の要素が全て含まれていることもあるでしょう。何がコツかというと、議論を進めていくスピードなんですね。これはすごく難しいのですが。博士論文は、あるいは本もそうですが、ドラムロールのようなもので、鳴りはじめてだんだん大きくなって最後はシンバルの音で終わります。学問的にはそこで結論にたどり着いているというわけです。

この話題を終えるために私の好きな作家の一人、プリーモ・レーヴィの言葉を引きましょう。彼はこう書いています。「伝え方を知らない人、あるいは自分や他の数人にしか分からない言葉を使うためにうまく伝えることができない人は不幸である。そしてただその人が不幸なだけではなく、周りに不幸を広めてしまう。もしその人がわざとうまく伝えていないなら、その人は邪悪であるか、少なくとも失礼な人間である。なぜならその読者に対して労働と怒りと退屈を押し付けているからだ」[19]。私たちが読者を退屈させないでいられるかどうかは議論の余地があるでしょう。しかし最初の原則として読者をはねつけないように努力すべきです。

8　オリジナリティという重荷を背負わないで

博士論文はオリジナルな調査でなければならないとよくいわれます。この期待は本当に重圧となってしまいますよね。でも実際には完全にオリジナルな論文などない、とはいいませんがほとんどありません。音楽でもそうですが、アイデアというのは借用されるものだし結び直されるものなのです。では何が新しいかというと、私たちが耳を傾ける人々がいうことをうまく結び付けたり、それに特別な洞察を加えたり、またその表面的な意味の裏側を読み取ったり、そういうことなんです。だからオリジナリティという重荷を背負わずに、あなたの好奇心と直感に従ってください。そうすることでこれまでになかった考え方が生まれるでしょう。

9　自分の研究を自己評価しようとしないで

自分が行った研究の価値を自分で確立しようとすると、学問的な麻痺に陥ることがあります。それは他人に任せましょう。そのために博士論文の指導教官がいるのだし、最終的にそれを判断するのは査読者なのですから。やるべきことは自分の能力を最大限活かすことです。評価は読者に任せるべきです。できるだけ頑張って、前に進みましょう。自信喪失に陥らないでください。というのも私たちは自分自身の作品に近すぎて、本当にはそれを評価できないからです。学問というのは読者からの批判やコメントに応答することを必要とします。自分の最大限の力を引き出すためには、建設的な批判に対して心を開かなければいけません。これは必ずしも簡単なことではありません。私はまだあの時の恐怖を覚えています。それは、博士論文を書き始めた頃の原稿に対して指導教官がつけてくれたコメントを見たときでした。赤インクで斜線を入れられたページを見るのは本当に身体的な苦痛で、まるで出血しているかのようでした。指導教官は文法や文構造を訂正しつつ、抗議のスローガンを書き込んでいるわけです――「ジャーゴン」、「不明確」、「誇張」、「どういう意味？」。あるとき彼女はある文章に何かを赤ペンで書きつけました。でも実はその部分は、ほぼ一ページにわたる有名なマルクス主義社会学者の引用だったのです。彼女はそれを知らずに修正したんですね。でもこれは彼女の手落ちではありませんでした。彼女は素晴らしい指導教官で、注意深く思慮深い読者でした。彼女は私に注意を与えてくれたのです。その時の私は難解な学問的スタイルを見習おうとして、自分が伝えようとすることを見失っていたのです。このように学問には責任ある批判が欠かせません。しかし性急かつ見下したようなコメントをされることもあるし、悪意のある狡猾なあざけりを受けることもままあるのです。

研究会では学問的同盟軍がアウェーの試合に臨むスポーツチームのようになることがあります。

学問的な競技会ともいえる雰囲気の中、対話や議論がなくなり討論も機能しなくなってくると、何か「学問スポーツ主義」のようなものが生まれるのです。そこでは相手の立場を最も傷つけるような質問が学問的チームメートから比喩的な「ハイタッチ」で称賛されます。結局もうそれは複雑な議論やアイデアについて頑張って知恵を絞ろうという会ではなくなり、ただ得点を稼いで勝者を決めるだけの話になってしまうのです。ここには批判の性質と倫理をめぐるいくつもの問題が表れています。批判というのはその評者の道徳的・政治的立場を確立したり高めたりする手段になりえます。でも先のような批判は必ずしも対話を含まなくてもいいわけです。そこでは敵しか必要とされていないわけですから。このように批判された人にとって、それは破壊的な影響を持つものになりかねません。

『ホワイト・カラー』を出版した後、C・ライト・ミルズはドワイト・マクドナルドから非常に辛辣な書評を受け取りました。一九五〇年代の初期、マクドナルドは左翼の友人たちから距離を取ろうとしていたのです。その書評はあまりにも酷いもので、本の内容自体にはほとんど触れられていなかったのです。編集者だったウィリアム・ミラーに宛てた手紙の中で、ミルズはこう書いています――「これを読んで傷ついたことは隠せません……やがて私は乗り越えるでしょうが、今は一時的に何も手につきません。私にとって大事に思われる質問が一つあるのですが、もしそれに答えていただけると嬉しく思います。私はこの書評からいったいどんなことが学べるんでしょうか？」[20]。

ミルズの言葉の裏には、批判が学びや学問的な成長に結びつくだろうという期待があるのです。ミルズはその書評にとても困惑し、マクドナルドに手紙を書きました。「もしそこから何かが学べるならば、私は批判されても気にしないのです……あなたにこういわれて私にできるのは、店じまいをすることだけです」[21]。ミルズはその旧友に建設的で現実的な批評をするように求めました。そして彼を夕食に招いたのです。その手紙の続きは、マクドナルドがニューヨーク市からニューヨーク州ポモナにあるミルズの実家へ迷わず来くることができるような気の利いた道案内でした。この作者は、まさに招こうとしている客によってひどく傷つけられたわけですが、それにもかかわらずこの詳細な道案内に垣間見える心遣いは温かく、奇妙にも歓待の気持ちに溢れたものでした。礼儀正しいこの前奏曲は次の身を切るような言葉で幕を閉じます――「田舎の空気を楽しめるだろう。この無知で無責任なアホ野郎が！」[22]。言うまでもありませんが、マクドナルドはこの招待を受けませんでした。

一七〇四年にジョナサン・スウィフトは、「非難したり咎めたりするために読むような読者は、裁判で前に立つ人間を全員絞首刑にするような裁判官と同じくらい野蛮である」と書いています[23]。学問をやっているとたくさんの「非難」や「咎め」があります。出版社や学術誌の編集委員会では匿名の査読が広く行われていますが、それによってこうした傾向が高まっているようにも思われます。学者たちが匿名のカーテンに安全に隠れながら派閥主義や上流気取りに耽ることもないとはいえません。ブライアン・モリスは学術誌における匿名の査読システムが乱用されることを見事に批判していますが、彼は査読者のコメントは恣意的で矛盾だらけで、ばかげていることがよくあるのだと述べています[24]。ですから、若手の研究者は公正で首尾一貫した批判を期待することがなかなかできないんです。学問的な批判について考えるとき、C・ライト・ミルズが提示した問いが私にはとても正当に思えます――つまり「そこから何が学べるのか？」という問いです。批判は学問の一部です。そして批判を受け入れることによって、私たちはより一生懸命に考えるわけです。考えのない是認や批判性のない称賛にはほとんど意味がありません。ピエール・ブルデューはいっています、「真実は拍手の量では測れない」と。[25] あなたに必要なのは、判断を信用できる公平かつ批判的な視点をもった読者なのです。理想的にはあなたの指導教官がこの役割を満たしてくれるとよいですね。でもほとんどの社会学者は、少なくとも一人正直に評価してくれる誠実な批評家がいて、その批判的観点を参考にしているのです。

10 あなたがやっていることには価値があることを信じて

安心してください。あなたがやっていることには、捉えにくいかもしれないけれどちゃんと価値があるのです。でもよくこれがわからなくなるんですよね。博士論文を書き上げること、あるいは一冊の本を書くことにはちゃんと価値があります。その価値は金銭的、あるいは職業的なレベルで量ることはできません。それがわかるのは、それぞれの書き手が自分自身の声を見つけた時なんです。そしてそのことは、私たちが自分について語る物語、そして生きる世界を豊かにしてくれるのです。私にとってこれは何か奇跡的なことだといえます。自分のプロジェクトや執筆の努力が意味や価値を持たないように感じることは本当によくあります。批判する読者はとても存在が大きく見えますが、ちゃんと価値を認めてくれる読者の静かな称賛はわかりにくいものです。

二〇〇四年に博士論文を完成させた学生が語ってくれたとても感動的な話があって、ここでみなさんに伝えたい学問的著作の価値をよく表しています。彼女はエマ・ヌージェントといいます。彼女の研究は雑誌社の民族誌的調査で、労働者が本当にいつも「クリエイティブ」であることを期待されるそのあり方に焦点を当てたものでした。そこでは何人かの職員がこの点を強調するために「クリエイティブズ」と呼ばれます。調査を始める前にエマはグラフィックデザイナーだったのですが、職場に息がつまり退職していたのです。エマは民族誌家として会社に戻り、この職場を社会学的に理解しようとしたのです。[26]研究の終わりに彼女は論文を一人の友人に読んでもらいました。その友人はプロの校正係で、エマが調査を行った会社で昔働いていました。エマはその友人の力を借りてできるだけ自分の論文を読みやすくしようと思ったのです。修正原稿が返却されたとき、その校正係はこう言ったそうです――「これを読んだら会社を辞めた時の自分を許せるようになった」と。その予期しなかったコメントはエマの研究が正当なものであることを証明し、彼女が成し遂げたことの価値を示したのです。それに比べると、彼女の論文が修正なしで合格したことはむしろ小さなことだと思います。エマの話はピエール・ブルデューの言葉を思い出させてくれます。ブルデューは社会学は武術のようなものだといいました。「社会学は武術のように自分を守るために使うことができる。そして反則は厳しく禁じられている」のです。[27]

ダンスとレスリング

研究がうまくいっている時、それはよいダンスパートナーみたいですよね。逆にうまくいっていないときはまるでレスリングの試合で投げ飛ばされているように感じるものです。敵は見えないのに何かそこにいる力は感じてしまう。問題は、いつあなたの研究とダンスをする時間が訪れて、いつそれがレスリングに変わるかわからないということです。ですから、いつもその両方の準備をしておくのがベストなんです。

また、精神的に参ってしまうことにも準備しておきましょう。自分がやっていることがつまらなく思えたり、先行研究に何も付け加えていないと感じたりすることは往々にしてあります。本は嘘をつき、論文もまた嘘をつくのです。研究を始めるときに図書館に行って、論文をいくつか手に入れてみるといいですよ。ランダムにね。読んでみるとわかりますが、クオリティはピンキリです。素晴らしい研究もあればなかなかのものもあり、そして平凡なものもたくさんあります。言葉やページの端々には書き手の隠された苦悩や意気消沈が見て取れます。安心してください。その著者が認めるかどうかは別として、そこには隠された自信喪失があるのです。ジョージ・オーウェルはいっています――「本を書くことはとても辛い骨折り作業である。それは長い闘病生活のようなものである」と。(28)

あなたの気持ちは別のことや新たな関心に向かうでしょう。学問において問題なのは、研究の完成はいつも自分の関心が過ぎ去った後にやってくるということなんです。その結果、研究をだれかに読んでもらわなければならない時には、自分はもうすでに完全にそれに飽きてしまっているということがよくあるのです。これは個人の問題ではなくて学問それ自体の問題なんですね。だから自分の論文が本当に嫌になってしまっても心配しないでください。なぜならそれは、あなたがもうすぐそれを完成させるというサインにほぼ間違いないからです。もう読めないぐらいまでそれに磨きがかかった時、どうぞそれを提出して審査員の厳しいまなざしに晒してください。

あなたの博士号は学問という世界への公式の通過儀礼が終わったことを意味します。是非このことを忘れないでほしいのですが、それはあなたの最初の研究であって、最後ではないということです。あなたはそれを終わらせなければなりません。自分がやっていることはつまらないのではないかという思いが重くのしかかってくるかもしれません。他の人々の優雅な意見に比べたら、自分の研究は平凡な脚注にすぎないように感じられるかもしれません。先程も述べましたが、個人的な判断はしないことです。正しくもニコラス・ローズは、学問の中心には一つの逆説があると指摘しています。博士号や教授職のようなものは個人的な達成であると考えられることが多いですよね。しかし、学問とは集合的な努力なんです。それはたくさんのヒントや手がかり、直観の交換によって生み出されるわけです。またつねに学術研究とは、他者のアイデアを読んだり、現在あるいは過去の学者と対話したり、そしてときにはそうしたアイデアが本当に正しいのかを疑ったりしながらなされるものなのです。[29] もし精神的に参ってしまったら、人は社会学を一人でやっているのではないと考えて心を休めてください。私たちは同じような問題に取り組んできた思想家や著者たちと仲間なのです。ジグムント・バウマンはこの大きなプロジェクトについてこうまとめています。「社会学をすること、社会学を書くこと。これは今とは異なるあり方で生きる可能性、つまり人々の苦難をできるだけ少なくしながら共に生きる可能性を見つけ出すためのものである。この可能性は日々保留され、見過ごされ、信じられなくなっている。この可能性を見ないこと、求めないこと、それゆえに抑圧してしまうことは、それ自体が人間の苦悩であるし、またそれを長引かせている一番の要因である」[30]。自分の持っている最大限の力で頑張ってください。そしてあなたの研究を、今とは別の生き方の可能性を探求するより大きな社会学的対話の中に位置づけてください。

レス・バックの「社会学的思考力」

小笠原 博毅

みずからをその時代に位置づけることによってのみ自己の経験を理解し、自己自身の運命をおしはかることができ、また周囲にいるすべての人びとの生活機会に気付くようになることよって、はじめて自分の生活機会をも知ることができるのだ。

——チャールズ・ライト・ミルズ『社会学的想像力』より

本書はイギリスの社会学者、ロンドン大学ゴールドスミス校社会学部の教授であるレス・バック二冊目の単著である *The Art of Listening* (London: Berg, 二〇〇七) の全訳であり、日本語で読める彼の著作としては初の本格的な紹介という意味もあるだろう。単著こそ、南ロンドンの若者が自らのエスニシティを受け止め、人種差別する主流社会と折衝している様態をエスノグラフィーによって克明に描き出した博士論文を下地にした *New Ethnicity and Urban Culture* (UCL Press, 一九九六) に続く二冊目だが、共著や編著を含めれば、書籍だけでもゆうに二〇冊を超える仕事を生み出してきたレス(ファーストネームで呼ばせていただく)の研究テーマはきわめて多岐にわたる。多岐には渡るが、人種と人種差別、都市文化、サッカーの社会学、若者文化、身体論、音楽と聴覚文化などのテーマを貫く彼のまなざしは、コスモポリス・ロンドンの労働者階級の日常に向けられている。

これらに加えて、本書の執筆に取り組んでいた二〇〇五年あたりからは、"Live Sociology"（「生」社会学とでも訳そうか）というテーマのもとで、録画や音声録音した記録を用いて活字論文とは異なる表現方法で社会学的作業に取り組んだり、インタヴューや参与観察の様子をライヴ映像で配信して相互方向の討論空間を創出するなど、グローバル世界での社会学の方法について思考を巡らせてきた。

『ガーディアン』紙などのマス・メディアだけではなく、*Open Democracy* や *Eurozine* といったウェブ・ジャーナルへも頻繁に寄稿するジャーナリスティックな活動も積極的に行う一方で、レスの研究姿勢や執筆態度は、"Live Sociology" の試みからわかるように、常に社会学教育を念頭に置いたものであり続けている。ゴールドスミス校の公式ページからアクセスできる「アカデミック・ダイアリー」と題された彼のブログのような、研究ノートのような、頻繁に更新されるモノローグは、常に指導している学生や授業で接する学部生とのやり取りの中で、飾りや衒いのない率直で具体的な思考の現在が惜しげもなく表現されているものだ。

このように表現スタイルも多種多様なレスの仕事のうち、本書以外に現在邦訳されているものは以下のとおりである。

「ユニオン・ジャックの下の黒——アイデンティティの見世物、W杯、そしてなぜサッカーを真剣に考える必要があるのか」（有元健訳、有元健・小笠原博毅編著『サッカーの詩学と政治学』人文書院、

二〇〇六年）
「グリンゴズ、レゲエギャイルズ、そして〝黒と白と青〟？　ディアスポラ、アイデンティティ、コスモポリタニズム」（ティム・クラップとジョン・ソロモスとの共著、有元健訳、小笠原博毅解説、「現代思想」四月号、二〇〇二年、青土社）
また本年二月に亡くなったスチュアート・ホール(1)へのインタヴューも訳されている。これはレスの聴き手としての技術がいかんなく発揮されたインタヴューとなっており、生前にホールが受けたいくつものインタヴューの中でも最も濃密かつ親密な言葉の交換が行われているものだろう。
「ホームの居心地、場違いな心地」（栢木清吾訳、「現代思想　増補新版総特集スチュアート・ホール」四月臨時増刊号、二〇一四年）
近刊予定に次のものがある。
「二一世紀の人種差別主義を概念化する――社会学の諸議論を振り返って」（杉田真理子訳「年報カルチュラル・スタディーズ」第二号、カルチュラル・スタディーズ学会、近刊）
また、未邦訳ではあるが本書にも関連する重要な仕事として、以下の共著と編著を挙げておこう。
Out of Whiteness: Colour, Politics, Culture（ヴロン・ウェアとの共著）, University of Chicago Press, 2003.
The Auditory Cultures Reader（マイケル・ブルとの共編著）, Routledge, 2002.
Theories of Race and Racism: A Reader（ジョン・ソロモスとの共編著）, Routledge, 2000.
The Changing Face of Football: Racism, Identity and Multiculture in the English Game（ティム・クラッ

ブとジョン・ソロモスとの共著), Routledge, 2001.(邦訳されている「グリンゴズ、レゲエギャイルズ、そして〝黒と白と青〟? ディアスポラ、アイデンティティ、コスモポリタニズム」はこの本の部分訳である)

1 社会学的技術の職人

レスは一九六二年、ロンドン南方郊外の街クロイドンに生まれた。幼いころから所謂スポーツ万能というやつで、フットボール、バスケットボール、クリケット、何をやっても学校の代表に選ばれる実力を発揮してきた。クリケットでは一七歳以下のイングランド代表にも選出されたことがあるほどである。ロンドンにおけるカリブ文化の中心であるブリクストンの体育館で、ソーシャル・ワーカーとして夜間にバスケットボールのコーチをしていた経験も持つ。遡れば先祖は船乗りだったという父方からも、母方の親族からも、それまで大学に進学したものは一人もいなかった。もちろん、家族の中でも彼一人が高等教育を受けた唯一の人間だった。ところが南ロンドンの白人労働者階級に生まれた読書好きの少年が大学に行って覚えた興味は、輝かしい発見を期待される自然科学でも、富をもって世の中の動力とする華々しい経済金融の世界でも、伝統と格式を重んじる法曹界でもなく、「近所のバス停で何が起こっているか(2)」ということであり、それを察知する「技術」であり、それを書きとめることによって自分を世界へと開く研究だった。

それは「ありふれたものをエキゾチックなものにしようとする」都市人類学的発想とも違っていた。それは、レスが自分のヒーローだと公言する先達の一人(あとはマーシャル・バーマン(3)とジョン・

バージャー[4]で、若くして交通事故で命を落としたアメリカの社会学者チャールズ・ライト・ミルズの名著『社会学的想像力』を参照しながら言うように、「私たちの最も身近で個人的な関心事を構成する、より大きな社会的諸力を明らかにすること、すなわち、人々の伝記の中の〝個人的な問題〟を、歴史や社会のはらむ〝公的な問題〟へと描き直すこと」[5]だったのである。ミルズは、このような社会学が表現され、公に世に問われ、人々がそれを目の当たりにしたとき、人々は「なじみ深いと思っていたはずの家で突然目を覚まされるような感じがするだろう。……かつては正しく見えていた決断が、今では奇妙なほど愚かな精神の産物に見えるのだ。彼らの驚きの能力は再び活性化される」[6]ことを期待していた。

このミルズの社会学観を、「さあ、己の生活を見直しなさい！」とでもいうある種の啓蒙のプロジェクトとして読んではならないだろう。ミルズと、そしてレスにとって社会学とは、教え諭すよりはむしろ導くものである。「それに関心を向けることによってなじみ深かったものが不思議なものとなること、あるいは自明のものを根拠づけること」という社会学の「ありふれた美徳」[7]は、むしろ導きであり、生きるための術のトレーニングを始動させる伴走者なのである。

本書の訳者である有元健は主指導として、私は副指導として、かつてレスから博士論文の研究指導を受けていた。一九九二年にゴールドスミス校に赴任してからこの間、レスは二〇名に届く数の博士論文を指導してきたのだが、その指導方法を特徴づける言葉として、この「伴走者」という言葉ほどしっくりくるものはない。本書の最終章に見られるように、レスは社会学の研究のみならず、何らかの研究をもとに博士論文を書く作業も「技能（craft）」だと考えており、それはトレーニングを通じてのみ身に付くものだと説いている。自身がかつて博士論文を書いていた時の経験も振り返りながら、一つの作品を創り上げる／書き上げることは、適切な指導の下で、才能や偶然や既定路線や予定調和ではなく、ただ試行錯誤を繰り返す、トライアル&エラーを繰り返す、その度に立ち止まり、ペースを計り、時には我慢し、時には流れに任せ、トレーニングして初めて成し遂げられるものだと、レスは言う。

その過程でレスは、いつも傍らで一緒に走る。比喩でも修辞でもなく、文字通りレスはいつもそこにいる。それは指導教員としての立場からだけとは限らない。書籍に限らず論文でも共著が多いことも、伴走者としてのレスの姿勢を如実に表すものだと言えるだろう。それも駆け出しの若い研究者や院生を指導しつつある種のパトロナイゼーションに陥りがちな共著形態ではなく、文字通り対等な立場での書き手とのコラボレーションに進んで取り組んでいる。パキスタン系の移民第二世代であるアヌープ・ナヤク[8]とは都市における若者と人種差別との緊張関係を、かつてのゴールドスミスの同僚であり都市コミュニティ研究センター長であったマイケル・キース[9]とは、南ロンドンの貧困地区の社会的流動性に関する最も多くの共同研究をしている。ジョン・ソロモス[10]とは、英語圏では人種差別に関するもはやスタンダードとも言われている論集を二冊も編んでいる。先に紹介したヴロン・ウェア[11]はナショナリズムと人種差別の相関性を人の移動という観点から研究してきた著者であり、最近ではイギリス軍に所属する旧植民地諸国からの兵士の帰属感についての著書を世に問うたばかりである。すべてが、それぞれの得意分野を縫合してというものでも、イニシアティヴをとる人間と補佐的担当者という組み合わせでもなく、研究計画の段階から文字どおりの意味でのフラットな共同作業に基づいている。

2 そこにいるレス・バック

いずれにせよ、伴走者はもう一方の伴走者が必要とするときにいつでもそこにいなければならない。レスを探せ、レスはどこだ。もう走り始めてしまったのにレスがそこにいないとき、私たち学生はどこに行けばよいのかを知っていた。近年ゴールドスミス校の大学院組織全体の統括責任者としての地位を経てオフィスを移してしまったが、かつて彼の根城は、大学としてはとても不思議な場所にあったのだ。

今でこそ斬新なデザインで南ロンドンの景観を一新してしまった(!?)通称「スパゲッティ・ビルディング」や、カルチュラル・スタディーズの先駆者で先ごろ亡くなったリチャード・ホガート(12)の名を冠した、蔦のからまる赤レンガの建物が象徴的ランドマークとなってはいるが、かつてこの大学の教員たちの研究室や学部ごとの事務所は、周辺の住宅を借り上げて改造したりして、キャンパスの外に点在していたのである。私の主指導教員だったポール・ギルロイ(13)の研究室は、ゴールドスミスの正門から見て往来の激しいルイシャム通りを挟んだ真向いの、古びたフラット群の一角にある半地下の薄暗い狭い部屋だったし、社会学部の事務所はそこから徒歩三分ぐらい歩いた裏通りの小路に沿った、これまた古いフラットの一階にあった。他の教員たちの研究室や、会計係、留学生関連の事務方、成績照会などの教務関係の事務所など全てが点在していたし、ギルロイに至っては天気のいい日のセミナーは中庭にある芝生の上でやる始末だったので、「大学にいるんだなぁ」

という感覚は学食か図書館以外からはあまり感じることはできなかった。おまけにここはまずもってアート・スクールでもあり、創作現場と他の学部の授業を行うところが分けられていなかったので、セミナーに行く途中の廊下で制作途上の巨大なオブジェに出くわしたり、描きかけの抽象画の脇をすり抜けて先生を訪ねて行ったりと、何かと不思議な感覚に陥る機会に恵まれていた。

そしてレスは、大学本部から少し西に歩いたローリー・グローヴという通りにある、ヴィクトリア時代に作られた公衆浴場を改修した建物の、その屋上に近いアチック（屋根裏部屋）にいた。すぐ近くにあるデットフォード・タウンホールにかつて東インド会社の本社が置かれていたことからわかるように、ゴールドスミス校のあるニュー・クロスの街はテムズの歴史と大きな関わりがある。巨大な植民地帝国の隅々へと船出していく、または世界の四つ角から帰ってくる船舶の運行・停泊やその積荷の収集は、多くの河川労働者たちの労働力に支えられていた。公衆衛生という観念が現れ始めた一九世紀後半、テムズ南岸のドック・ワーカーたちの身体を清潔に保ち、また同時に管理するために、この地に公衆浴場が作られた。ゴールドスミスの一部としてのこの建物は、一階部分の広大な浴場がアート学部の学生たちのためのアトリエや共同スタジオになっており、中二階にはカルチュラル・スタディーズ・センター、二階には都市共同体研究センター、三階にあたる部分にレスともう一人の研究員のための小さな研究室が入っていた。

その古い建物の玄関にある木の扉を開け、少し豪勢なホールを抜けて階段を昇り、さらに右に曲がって細い細いらせん状になった階段をさらに昇ったその先の、屋根の形そのものの天井に沿うように微妙に傾いた本棚から零れ落ちる数々の本や写真集やカタログに囲まれたその部屋の、窓際に置かれたくの字型の机に向かって入口に背を向けて座るレス。ここを訪れた学生は、部屋に入ってすぐ左側になぜか置かれたデッキチェアに腰かけて座る。カーペットの床にはプリントや書類や、書きかけの草稿や本やテープやマクヴィティのビスケットや、いろんなものが乱雑に散らばっている。机の上には紅茶を飲むマグカップが二つ三つ置かれ、学生が来るたびに、「よし、お茶一杯どうだ？（a cup of tea, mate?）」と言い終るか終らないうちにそれらのカップを手に取って階下の小さなキッチンに行き、ティー・バッグ（大体「テトリー」という安いブランドだった）を入れたままなみなみ注がれたミルク・ティーを、二滴三滴たらしながら部屋に戻ってくる。十分のタンニンとカフェインを出し切ったティー・バッグをボールペンで掬い出し、ゴミ箱へポン。いったい彼は一日に何杯のミルク・ティーを飲まなくちゃいけないんだろう。多い時には三〜四人もの博士課程の学生の指導をする日もあるレスは、学生が来るたびにお茶を入れていては、朝と寝る前の一杯を入れれば、きっと七〜八杯のお茶を飲んでいるに違いない。いずれにせよこうして準備を整え、「ちょっと問題があるんだ」と切り出す私に向かって、「わかるよ、おまえにはいつも問題がある」などというテンポ良い切り返しから、指導が始まるのだ。

確かにそこはレスの研究室であり、彼が城主であり、そこにいることに違和感のまったくない空間だ。しかし、レスに関して言うならば、その違和感のなさはゴールドスミス界隈のどの街路であってもそうだというところに、彼がその街の一部となっていることの証左がある。一日学校にいると、実によく彼に出会うのだ。大学の空間が町から独立しているのではなく、むしろ町の一部であり、南ロンドンのよくある景観との境界線がほとんどないゴールドスミス校の、門のところで、廊下で、カフェで、図書館に向かう小さな階段で、裏庭の芝生に向かいながら通る舗装の行き届いていない裏道で。ニュー・クロス通りに面したカフェで、ケバブの店で、カリブ料理のテイク・アウェーの店で、もちろん図書館の目の前にあるパブで。とにかく、そこら辺りを歩いているレスに遭遇するその頻度は、半端なく高い。

遭遇頻度の最も高い場所は、レスの研究室がある元公衆浴場が面している一方通行の通り、ローリー・グローヴだ。彼はスーッと現れる。誰かと立ち話をしている。こちらが立ち話をしている時に行き過ぎることもある。街に組み込まれた大学の中の通りを、まるでその景観の一部であるかのように歩くその姿は、見る人が見れば一九世紀末のパリでシャルル・ボードレールがふらふらさ迷い歩いているように見えるだろうし、ヴァルター・ベンヤミンが第一次世界大戦前夜のベルリンを陶酔しきった姿で彷徨しているように見えるだろう。それだけレスがゴールドスミスにいるという現実は当たり前なのだ。私がここで「解説」めいたことを書いているのは、この自明性、まったく特別なことでも奇跡でもなさそうな、南ロンドンのストリートを知り尽くした年若い碩学のその人懐っこい表情の自明性を通じてこそ、彼の社会学的思考を垣間見ることができるということを伝えたいがためである。

3　死んだネズミの声を「聴く技術」

ある日の論文指導の後、珍しく研究室でお茶も飲まずにしゃべり倒した後で、たまにはカフェに行ってコーヒーでも飲まんかということになり、くだんのローリー・グローヴを歩いていた。すると彼はこんな話を始めたのだ。

先日社会学部に入学したばかりの一年生の女子生徒が、車に轢かれてペチャンコになった鼠の死骸を見つけた。それがこの場所、まさにここ、ローリー・グローヴのこの場所だったと。そして彼はアスファルトに薄く残るシミを指さして見せ、「これがその哀れな生き物の血の痕だなぁ」と言いながら、「おまえ見たか?」と聞く。「いいや、気が付かなかった」と答えると、「ミステリーさ」と言いながら続きを聞かせてくれた。その学生は、研究室に来るや否やその話をして、早く死骸を取り除いてくれと言う。そこでレスは、大学の各建物の入り口で警備をすることになっているポーターたちが集う部屋に行って、シャベルを借りてきた。これは結構大事な話だ。ポーターやしかるべき部署に電話して除去を頼むのではなく、彼は自分で行ったのである。自分でペチャンコになったネズミの死骸を取り除きに行ったのだ。まさにそのことを疑問に思って訊ねたら返って来た答えは、「自分で視たかったんだよ、ペチャンコってどんだけペチャンコなのか」というものだった。ポーターもポーターである。社会学部の教授が死んだネズミを片付けに行くという。ならば「いいよ先生、それはおれたちの仕事だ」とは言わない。ネズミの死骸があるんだというレスに向かって、普段から仲良くしているミックというポーターがこう言ったという。

「あ、そう、どうしようもないね」

だからレスは自分でシャベルを持って現場に戻った。途中、幾人かの学生とすれ違い、シャベルを担いでのしのし歩く教授を奇異な目で見る彼らに「教室がいっぱいだから新しく作りに行くんだよ」などと言いながら。むろんこれはジョークといえど、レスなりの風刺が効いている。高等教育への政府予算が大幅にカットされている中で、講師や非常勤講師を雇うことができずに、満員の大教室で講義することを余儀なくされているのは、日本とたいして変わらない事情だからだ。レスはペチャンコのネズミを見つけ、シャベルで掬い、近くのごみ収集場所に持って行って、大きな鉄製のごみ箱に放り入れた。それだけのことだ。それだけのことなのだけれど、シャベルを返しに再びポーター部屋に行くと、今度はダレンという別のポーターが話しかけてきた。

「レス、何してきたんだ?」

レスは事情をすべて話す。するとダレンの答えは、

「なんてことしたんだ！　あれはアート学部の学生が何時間もかけてペチャンコにしたインスタレーションだったんだよ！」

これがこの話のオチである。それが本当のことだったのかどうかはわからないとレスは言う。しかし、この出来事はゴールドスミスが当時（二〇〇二年だったはずだ）イギリス社会の高等教育界で置かれていた状況に関して、レスが「社会学的に」考察を及ぼすきっかけとなる。イギリス美術界で権威あるターナー賞を受賞したアーティストであるダミアン・ハーストはゴールドスミス出身だ。[14]彼の名を一躍有名にしたのは、「ナチュラル・ヒストリー」と題された連作で、それはホルマリン漬けの牛やシマウマやサメの死体を巨大なオブジェとして展示するものだった。あのアイロンで押されたようにペチャンコになっていたのは、ハーストの真似をしたアート学生の実験的作品ではなかったか。まずレスはこう考えた。

ハーストの名声に加え、アート界ではルシアン・フロイドや後にアカデミー賞にノミネートされ

ることになるスティーヴ・マクィーン、ファッション界ではメアリー・クァントやマーガレット・ハウエル、音楽界ではかつてのジョン・ケールやリントン・クウェシ・ジョンスンから九〇年代の「ブリット・ポップ」の立役者であるブラーのメンバーにいたる同窓生名簿に載る「セレブ」のおかげで、ゴールドスミス校は『ガーディアン』紙による「イギリスで最もクールなブランド五〇選」に選ばれたばかりだった。だから「クール」だというブランド・イメージは高まるだろう。実際入学希望者は増えている。しかしその一方で予算は削減され、大学施設の補修改修も思うように進まず、教員の負担は増えるばかり。ブランド・イメージは学費収入の増加をもたらすかもしれないが、多くの留学生を含め期待して入ってきた学生の要求に応えられるだけの教育を提供できるだろうか。名と実の巨大なギャップの中で、この大学はにっちもさっちもいかなくなっているんじゃないか。どうするんだと、あのペチャンコのネズミは警告してくれていたのではないか。幾ばくかのシチュアシオニスト的趣きでもって、レスは大学教育というスペクタクルのただ中でうろつく自分を再発見する。

「なんかやばい気がしたんだ（I felt like, something was going wrong）」

レスがしてくれたこの話のメはこの言葉だった。

死んだネズミは自ら言葉を発することはできない。むしろ、「ロンドンでは誰もがネズミから一二フィート以内の範囲で暮らしている」(15)と言われるほどネズミの死骸など当たり前すぎて、目に留めたとしても気持ち悪がって通り過ぎるくらいのものだろう。だがレスは通り過ぎず、引っかかり、シャベルを手にそこに戻りさえして、物言わぬかつての生命体が物言わぬゆえに教えてくれる己の置かれた環境の変容を読み取っている。「ライト・ミルズ主義者」レス・バックの面目躍如たる瞬間ではないだろうか。

同時にこれは、「耳を傾けることの技術」が試されている現場でもある。物言わぬ死骸の声を、レスは聴こうとしたのだから。本書第四章は写真という音声を発さぬ視覚材料をテーマにしての「聴くこと」に関する議論だが、ペチャンコなネズミの死骸もまるで写真のように、写真を前にして対話と省察が展開され、言葉を介して互酬関係が成立するように、レスと世界との対話を導くことになったのだ。瞬時の気づきと察知は知覚の一時的停止により可能となるだろう。しかしその次の瞬間には、より時間の長い特定の行動が導かれ、その行動のさ中でさらに広がりのある思考を生み出してゆく道程が現れる。思考の広がりとは対象と別の対象とのつながりや相関関係を見出すということだけではなく、現在と過去、現在と未来、現在を媒介にして過去と未来を行ったり来たりする時間の移動を伴うのであり、そこでこそ「社会学的想像力」が発揮されるのである。移動は空間のみならず、時間においても可能であり、必要なことなのだ。

おそらく、少なくともこの国の現代社会学はこのような道程を十全に、真剣に受け止めてはいない。「問題解決」や「実践的」や「グローバル人材育成」という名目が氾濫し、日々起こるメディア的な現象の「解説」を請け負い、結局日本のことを日本語で日本人にだけわかりやすく、状況や環境を単純な因果関係に狭めて「説明」する「社会学者」を、レスは「同業者」だとは思うまい。気づきや察知を再帰的に思考する時間をかけることは許されず、複雑なものを複雑なのだと言える語彙を奪われ、国民という解釈共同体を前提としながらニュースの裏側を物語化して語ることでしか役割を全うできないならば、おそらくそれは、レス・バックの考える社会学とは似て非なるものなのだろう。
　かつてそこにその意思とは全く関係なくあったネズミの死骸の残影を見下ろしながら、耳に入るのはすぐ脇にあるエアコンの室外機のファンの音、ニュー・クロス通りを通るバスや車のクラクション、信号機のシグナル音、どこかの工事現場で重機が響く音。さらに耳を澄ませば、すぐそこのフラットの一室でのお茶飲み話、裏庭でサッカーに興じているらしい歓声、学食のキッチンで仕込みをする音、音楽学部の練習室で響くピアノの音、風が木々を揺らし、建物の間をすり抜ける音。ジョン・マグレガーは『奇跡も語るものがいなければ』の冒頭でこう書いている。

「街は、それ自体が歌う（The city, it sings）」(16)

　それはもちろん、楽しい歌とは限るまい。朗らかなリズムとも限るまい。むしろ街の歌は、悲しく陰影のあるブルーズであることのほうが多いのだ。街は時に、言葉としてアーティキュレート（発声）できないものを、唄う。レスの生まれた街クロイドンにある移民局（Home Office）の前にできる、滞在許可証を求めて列を作る人々の静かなざわめき。テムズ川沿いの古いタワー・アパートの一室で、外界との交わりを拒否してできるだけひっそりと暮らす移民家族の溜息。貧困と麻薬に支配された、地下鉄のどの駅からも遠い公団住宅の階段を上がる、学校帰りの子供の重い足音。飛行機の車輪につかまって、命と引き換えにアフリカからヨーロッパに対して貧困の窮状を訴えようと試みた少年が発見されたガトウィック空港を覆う飛行機のエンジン音。[17] バビロンの歌は、そう簡単に救いを唄わない。

再開発が進みバブルの様相を呈していた二〇〇〇年代のロンドンのパラレル・ワールドとしてこうした南ロンドンの現実に耳を傾け、聴き出し、私たち読者に突きつけるとき、レスはしばしば彼が敬愛するイタロ・カルヴィーノの『見えない都市』の一節に立ち返る。帝国の版図を拡大することは結局、「地獄の都市」に行き着くことでしかないのかと問うフビライに対し、マルコ・ポーロはこう答えるのだ。

もしも地獄が一つでも存在するものでございますなら、それはすでに今ここに存在しているもの、われわれが毎日そこに住んでおり、またわれわれがともにいることによって形づくっているこの地獄でございます。これに苦しまずにいる方法は二つございます。第一のものは多くの人々には容易いものでございます。すなわち地獄を受け入れその一部となってそれが目に入らなくなるようになることでございます。第二は危険なものであり不断の注意と明敏さを要求いたします。すなわち地獄のただ中にあってなおだれが、また何が地獄ではないか努めて見分けられるようになり、それを永続させ、それに拡がりを与えることができるようになることでございます。[18]

埋没するでもなく鳥瞰するでもなく、ミルズが「社会学的想像力」に期待した「精神の資質」とは、まさにこの第二の方法である。時代と社会に自らを位置づけることなしに、つまり「地獄のただ中」にあることなしに、その地獄も地獄ではない何かも、わからない。ミルズを理論上の伴走者とするレスにとっては、この困難な第二の道こそ、華やかな専門用語を操るでもなく、目のくらむような理論的跳躍を遂げるでもなく、ただ社会学的思考を坦々と練り上げるための身構えなのである。その基礎トレーニングが「耳を傾ける技術」を鍛えることなのは、言うまでもない。

注

(1) **Stuart Hall**(一九三二―二〇一四)。ジャマイカ生まれのイギリスの知識人。「ニュー・レフト・レヴュー」初代編集長。バーミンガム大学現代文化研究センター所長、オープン・ユニヴァーシティ社会学教授を歴任。

(2) 本書三〇頁。

(3) **Marshall Berman**(一九四〇―二〇一三)。アメリカのマルクス主義哲学者。長年ニューヨーク市立大学の政治学教授を務めた。主著に *All That is Solid Melts into the Air. The Experience of Modernity*, Verso, 1982.

(4) **John Berger**(一九二六―)。イギリスの美術批評家、小説家。主著に *Ways of Seeing*, Penguin Books, 1972.(伊藤俊治訳『イメージ――視覚とメディア』ちくま学芸文庫、二〇一三年)。

(5) 本書三三頁。

(6) 本書三三頁。

(7) 本書六〇頁。

(8) **Anoop Nayak.** ニューカッスル大学社会・文化地理学教授。

(9) **Michael Keith.** オクスフォード大学移民・政策・社会研究所(COMPAS)所長。

（10）John Solomos. ウォリック大学社会学部教授。
（11）Vron Ware. オープン・ユニヴァーシティ専任研究員。地理学、ジェンダー研究。
（12）Richard Hoggart（一九一八―二〇一四）。バーミンガム大学現代文化研究所初代所長。主著に『読み書き能力の効用』香内三朗訳、晶文社、一九八六年。
（13）Paul Gilroy. ロンドン大学キングス校英米文学教授。
（14）Damian Hurst（一九六五―）。イギリスを代表する現代美術家。ターナー賞受賞（一九九五年）。
（15）約三メートル七〇センチ。
（16）『奇跡も語るものがいなければ』真野泰訳、新潮社クレストブックス、二〇〇四年。訳文は変えてあります。
（17）本書第一章を参照。
（18）イタロ・カルヴィーノ『見えない都市』、米川良夫訳、河出文庫、二〇〇三年、一一四―一一五頁。

注

●日本語版への序文

（1）Sanjay Sharma 'Review of Les Back The Art of Listening,' *The British Journal of Sociology*, Volume 59, Issue 3, 2008: 586–588, 二〇〇八年八月号には出版の詳細が掲載されています。

（2）Philip Gould, *The Unfinished Revolution: how Modernisers saved the Labour Party* (London: Abacus, 1999) を参照。

（3）Simone Weil, 'Human Personality' in George A. Panichas ed. *The Simone Weil Reader* (New York: David McKay Company , INC, 1977) p. 313.

（4）Primo Levi, *The Wrench* (London: Abacus, 1987) p. 35.

（5）Levi, *The Wrench*, p. 35.

（6）二〇〇四年一二月三日、現代アート研究所において、ジョン・バージャーはリサ・アピニャネジとともに行ったネラ・ビールスキの小説『'42年』の翻訳についてこう述べている。

●プロローグ　キルケゴールの策略

（1）John Urry, *Global Complexity* (Cambridge: Polity Press, 2003), p. 38.（邦訳＝ジョン・アーリ『グローバルな複雑性』吉原直樹監訳、伊藤嘉高・板倉有紀訳、法政大学出版局、二〇一四年）。

（2）Paul Rabinow, *Anthropos Today: Reflections on Modern Equipment* (Prrinceton, New Jersey: Princeton University Press, 2003), p. 103.

（3）Dave Harper, 'Psychology and the "War on Terror"', *Journal of Critical Psychology, Counselling and Psychotherapy*, 4 (2004): 1-10.

（4）Following Zygmunt Bauman, *Legislators and Interpreters* (Cambridge: Polity, 1987).（邦訳＝ジグムント・バウマン『立法者と解釈者――モダニティ・ポストモダニティ・知識人』向山恭一ほか訳、昭和堂、一九九四年）。

（5）C. Wright Mills, *The Sociological Imagination* (London: Oxford University Press, 1959), p. 219（邦訳＝チャールズ・ライト・ミルズ『社会学的想像力』鈴木広訳、紀伊國屋書店、一九六五年）。

（6）C. Wright Mills, *White Collar* (New York and Oxford: Oxford University Press, 1956).（邦訳＝C・ライト・ミルズ『ホワイト・カラー――中流階級の生活探究』杉政孝訳、東京創元社、一九七一年）。

（7）Kathrun Mills and Pamela Mills (eds), C. Wright Mills: *Letters and Autobiographical Writings*. (Berkeley, Los Angeles and London: University of California Press, 2000), p. 136.

（8）Vron Ware and Les Back, *Out of Whiteness: Color, Politics and Culture* (Chicago: University of Chicago Press, 2002).　本書が重々しい文体をとるという意味ではない。むしろ本書はミルズの述べるような希望のもとに書かれたものである。

（9）George Orwell, 'How the poor die' in Sonia Orwell and Ian Angus (eds), *George Orwell: The Collected Essays, ournalism and Letters: Volume 4* (London: Penguin Books, 1970 [1941]), pp. 261-72.

（10）Soren Kierkegaard, *Philosophical Fragments* (Princeton, NJ: Princeton University Press, 1936), p. 7（邦訳＝セーレン・キルケゴール『哲学的断片』矢内原伊作訳、角川書店、一九九八年）。また、Adam Phillips, *Darwin's Worms* (London: Faber and Faber, 1999), p. 65 を参照。

（11）See also discussion of Kiekegaard's formulation in Phillips, *Darwin's Worms*, p. 65.

（12）César Vallejo, *The Complete Posthumous Poetry* (Berkeley, Los Angeles and London: University of California Press, 1978), p. 15.

(13) Michael Young and Lesley Cullen, *A Good Death: Conversations with East Enders* (London: Routledge, 1996), p. 198.

(14) Jacques Derrida, 'Circumfession', in Geoffrey Benninton and Jacques Derrida, *Jacques Derrida*, trans. Geoffrey Bennington (Chicago: University of Chicago Press, 1993), p. 36.

(15) Derrida, 'Circumfession', p. 37.

(16) Jacques Derrida, *The Work of Mourning*, eds Pascale-Anne Brault and Michael Naas (Chicago: University fo Chicago Press, 2001) を参照（邦訳＝『そのたびごとにただ一つ、世界の終焉Ⅰ・Ⅱ』土田知則ほか訳、岩波書店、二〇〇六年）。Phillip Roth's memoir *Patrimony: A True Story* (London: Vintage, 1999) は、同様のダブルバインドに取りつかれている。ロスは実のところ彼の父が脳腫瘍でなくなる前にその病を文学的な思想に変えてしまったのである。この美しい哀歌は、そうした事実との妥協の産物であることをロスは認めている――「自分の職業の醜さを抱えながら、私は父が病に苦しみ死にゆくあいだ中ずっとそれを書いていたのだ」(Roth, *Patrimony*, p. 237)。

(17) Terry Eagleton, *After Theory* (London: Penguin Books, 2004), p. 210.（邦訳＝テリー・イーグルトン『アフター・セオリー』小林章夫訳、筑摩書房、二〇〇五年）。

(18) ベローのコメントはマーティン・エイミスの本、*Experience* のライトモチーフとなっている（Martin Amis, *Experience*, London: Vintage, 2001, p. 202.）。エイミスは決して引用元を示さない。彼が二〇〇三年にゴールドスミス校を訪れた時、私は彼にベローがどこでそう述べたのかを尋ねた。彼はベローとさも仲が良かったかのように、「ああ、それは会話の中でのことだったと思うよ」と素っ気なく答えた。

(19) Elizabeth Ford Pitorak, 'Care at the Time of Death', *American Journal of Nursing* 103, no. 7 (July 2003): 42-52.

（1）Theodor W. Adorno 'On the Fetish Character in Music and the Regression in Listening', in J. M. Bernstein (ed.), *The Culture Industry: Selected Essays on Mass Culture* (London: Routledge, 1991), p. 49.（邦訳＝Th・W・アドルノ「音楽における物神的性格と聴取の退行について」、『不協和音』所収、三光長治・高辻知義訳、平凡社ライブラリー、二〇〇四年）。

（2）Eudora Welty, *One Writer's Beginnings* (Cambridge, MA: Harvard University Press, 1984).

（3）Alvin Gouldner, 'The Sociologist as Partisan: Sociology and the Welfare State', *American Sociologist* 3, no. 2 (May 1968): 103-16を参照。また最近では、Michael Burawoy, 'For Public Sociology', *American Sociological Review*, 70, no. 1 (February 2005): 4-28.

（4）Eric Fromm, *The Art of Listening* (New York: Continuun, 1994), p. 169.（邦訳＝エーリッヒ・フロム『聴くということ——精神分析に関する最後のセミナー講義』堀江宗正・松宮克昌訳、第三文明社、二〇一二年）。

（5）Emmanuel Levinas, *Totality and Infinity: Essays in Exteriority* (Boston: M. Nijhoff Publishers, 1979), p. 29.（邦訳＝エマニュエル・レヴィナス『全体性と無限——外部性についての試論』合田正人訳、国文社、一九八九年）。

（6）Following Joachim-Ernst Berendt, *The Third Ear: On Listening to the World* (New York: Henry Holt, 1985), p. 32.

（7）Jon McGregor, *If Nobody Speaks of Remarkable Things* (London: Bloomsbury, 2003), p. 239.（邦訳＝ジョン・マグレガー『奇跡も語る者がいなければ』真野泰訳、新潮社、二〇〇四年）。

（8）Walter Benjamin, 'Surrealism: The Last Snapshot of the European Intelligentsia', in Michael W. Jennings (ed.), *Walter Benjamin Selected Writings: Volume 2 (1927-1934)* (Cambridge, MA and London: Belknap Press, 1999), pp. 207-21.（邦訳＝ヴァルター・ベンヤミン「シュルレアリスム」、『シュルレアリスム　ヴァルター・

ベンヤミン著作集 8』所収、針生一郎訳、晶文社、一九八一年)。
(9) Marc Auge, *Non-Places: Introduction to an Anthropology of Supermodernity* (London: Verso, 1995).
(10) C. Wright Mills, *The Sociological Imagination* (New York: Oxford University Press, 1959), p. 3.(前出『社会学的想像力』)。
(11) Mills, *The Sociological Imagination*, p. 8.
(12) この後、二〇〇五年五月以来ジョナサンは国外退去となっている。
(13) Ulrich Beck, *The Risk Society: Towards a New Modernity* (London: Sage Publications, 1992), p. 60.(邦訳=ウルリヒ・ベック『危険社会——新しい近代への道』東廉・伊藤美登里、法政大学出版局、一九九八年)。
(14) Beck, *The Risk Society*, p. 60.
(15) 詳しくは http://viaproject.org/
(16) Jenifer Patashnick 'Understanding Illness from the Patient's Perspective: Video Intervention/Prevention Assessment (VIA)', Redesigning the Observer: Live Sociology Seminar, University of Manchester, 30 April 2006.
(17) Following Hans-Georg Gadamer, *Truth and Method* (London: Sheed Ward, 1975).
(18) Monica Greco, 'On the Vitality of Vitalism', *Theory, Culture and Society* 22, no. 1 (2005): 15-27.
(19) Michel Foucault, *Discipline and Punish: The Birth of the Prison* (Harmondsworth: Penguin, 1991).(邦訳=ミシェル・フーコー『監獄の誕生——監視と処罰』田村俶訳、新潮社、一九七七年)。
(20) Thomas Mathiesen, 'The Viewer Society: Michel Foucault's "Panopticon" Revisited', *Theoretical Criminology*, 1-2 (1997): 231.
(21) http://www.beonscreen.com/uk/user/all-reality-tv-shows-documentaries.asp を参照。
(22) 'Galloway gives his reasons for taking on Big Brother', *Respect: The Unity Coalition*, http://www.respectcoalition.org/?ite=960
(23) Laurie Taylor 'Culture's Revenge: interview with Stuart Hall', *New Humanist*, March/April (2006): 16.

（24）Martin Amis, 'Reading from "Yellow Dog"', Richard Hoggart Lecture, Goldsmiths College, University of London, 9 December 2003.

（25）Barry Smart, 'Sociology, Ethics and The Present', *Thesis Eleven*, Number 30 (1991): 143.

（26）Zygmunt Bauman, *Liquid Modernity* (London: Polity Press, 2000).（邦訳＝ジークムント・バウマン『リキッド・モダニティ――液状化する社会』森田典正訳、大月書店、二〇〇一年）。

（27）William Hazlitt, 'On the Pleasure of Hating', in Geoffrey Keynes (ed.), *Selected Essay of William Hazlitt* (London: The Nonesuch Press, 1944), p. 244.（邦訳＝ウィリアム・ハズリット『ハズリット箴言集――人さまざま』中川誠、彩流社、一九九〇年）。

（28）'Guantanamo suicides as "PR move"', BBC News On-Line http://news.bbc.co.uk/2/hi/americas/5069230.stm

（29）'Guantanamo suicides as "PR move"'.

（30）Mills, *The Sociological Imagination*, p. 75.

（31）Anthony Giddens, *The Consequences of Modernity* (Palo Alto, CA: Stanford University Press, 1990), p. 43.（邦訳＝アンソニー・ギデンズ『近代とはいかなる時代か？――モダニティの帰結』松尾精文・小幡正敏訳、而立書房、一九九三年）。

（32）Pierre Bourdieu, *Pascalian Meditations* (Cambridge: Polity Press, 2000), p. 2.（邦訳＝ピエール・ブルデュー『パスカル的省察（Meditations Pascaliennes）』加藤晴久訳、藤原書店、二〇〇九年）。

（33）Les Back and Mitch Duneier, 'Voices from the Sidewalk: Ethnography and Writing Race', *Ethnic and Racial Studies* 29, no. 3 (2006): 543-65.

（34）Sara Lawrence-Lightfoot and Jessica Hoffman Davis, *The Art and Science of Portraiture* (San Francisco, CA: Jossey-Bass, 1997) を参照。

（35）Mitch Duneier, *Sidewalk* (New York: Farrar Strauss and Giroux, 1999)、とりわけカメラマンのオビー・カーターと参加者で執筆者のハキーム・ハサンとの共同作品を参照。

(36) Clifford Geertz, *Available Light: Anthropological Reflections on Philosophical Topics* (Princeton, NJ: Princeton University Press, 2000), p. 30.（邦訳＝クリフォード・ギアツ『現代を照らす光』鏡味治也ほか訳、青木書店、二〇〇七年)。

(37) Edward Said, *Humanism and Democratic Criticism* (Houndsmills, Basingstoke: Palgrave Macmillan, 2004), p. 72.（邦訳＝エドワード・サイード『人文学と批判の使命——デモクラシーのために』村山敏勝・三宅敦子訳、岩波書店、二〇〇六年)。

(38) Walter Benjamin, ‘Goethe’s Elective Affinities’, in Marcus Bullock and Michael W. Jennings (eds), *Walter Benjamin: Selected Writing Volume 1 1913-1926* (Cambridge, MA: Harvard University Press, 1996), p. 298.（邦訳＝ヴァルター・ベンヤミン「ゲーテの『親和力』」、『ベンヤミン・コレクション1　近代の意味』所収、浅井健二郎・久保哲司訳、ちくま学芸文庫、一九九五年)。

(39) Clive Seale, Giampietro Gobo, Jaber Gubrium and David Silverman (eds), *Qualitative Research Practice* (London: Sage, 2004), part 1. を参照。

(40) Hannah Arendt, ‘Introduction: Walter Benjamin: 1892-1940’ in Hannah arendt (ed.), *Illuminations* (London: Fontana Press, 1992), p. 54.（邦訳＝ハンナ・アレント「ヴァルター・ベンヤミン　1892-1940」、『暗い時代の人々』所収、阿部斉訳、ちくま学芸文庫、二〇〇五年)。

(41) Clifford Geertz, *The Interpretation of Cultures: Selected Essays* (New York: Basic Books, 1973), p. 6.（邦訳＝クリフォード・ギアツ『文化の解釈学1』吉田禎吾訳、岩波書店、一九八七年)。

(42) Geertz, *The Interpretation of Cultures*, p. 20.

(43) W. G. Runciman, *A Treatise on Social Theory Volume 1: The Methodology of Social Theory* (Cambridge: Cambridge University Press, 1983), p. 265.（邦訳＝W・G・ランシマン『社会理論の方法』川上源太郎訳、木鐸社、一九九一年)。

(44) Donna J. Haraway, *Modest Witness@Second_Millennium. FemaleMan©_Meets_OncoMouse : Feminism and*

Technoscience (New York and London: Routledge, 1997), p. 24.

（45）Mills, *The Sociological Imagination*, p. 8.

（46）Michael Keith, *After the Cosmopolitan: Multicultural Cities and the Future of Racism* (London: Routledge, 2005), p. 187.

（47）Anthony Giddens, *Runaway World: How Globalisation is Shaping Our Lives* (London: Vintage, 1999).（邦訳＝アンソニー・ギデンズ『暴走する世界――グローバリゼーションは何をどう変えるのか』佐和隆光訳、ダイヤモンド社、二〇〇一年）。

（48）Michael Hardt and Antonio Negri, *Empire* (Cambridge, MA: Harvard University Press, 2000) and Paul Gilroy, *After Empire: Melancholia or Convivial Culture* (Abingdon: Routledge, 2004).（邦訳＝マイケル・ハート、アントニオ・ネグリ『〈帝国〉――グローバル化の世界秩序とマルチチュードの可能性』水嶋一憲ほか訳、以文社、二〇〇三年）。

（49）John Berger, 'What the Hand is Holding: Writing Now', *Here is Here We Meet season,* Queen Elizabeth Hall, South Bank Centre, London, 11 April 2005.

（50）Walter Benjamin, *The Arcades Project* (Cambridge, MA: Belknap Press of Harvard University, 1999), p. 463.（邦訳＝ヴァルター・ベンヤミン『パサージュ論』今村仁司ほか訳、岩波書店、二〇〇三年）。

（51）Georg Simmel, 'The Stranger' [1908] in Charles Lemert (ed.), *Social Theory: The Multicultural and Classic Readings* (Boulder, San Francisco and Oxford: Westview Press, 1993), p. 200.

（52）Hannah Arendt, *Essays in Understanding 1930-1954* (New York and London: Harcourt Brace and Company, 1994), p. 323.（邦訳＝ハンナ・アーレント『アーレント政治思想集成2　理解と政治』斎藤純一ほか訳、みすず書房、二〇〇二年）。

（53）Nirmal Puwar, 'What is an Inaugural', *Goldsmiths Sociology Research Newsletter*, Issue 21 (2006): 10.

（54）Jean Améry, *Radical Humanism: Selected Essays* (Bloomington: Indiana University Press, 1984), p. 141.

（55）Améry, *Radical Humanism*, p. 141.

（56）Paul Rabinow, *Anthropos Today: Reflections on Modern Equipment* (Princeton, NJ: Princeton University Press, 2003), p. 94.

（57）Jonathan Crary, *Suspension of Perception: Attention, Spectacle, and Modern Culture* (Cambridge, MA: MIT Press, 1999), p. 10.（ジョナサン・クレーリー『知覚の宙吊り――注意・スペクタクル・近代文化』岡田温司監訳、平凡社、二〇〇五年）

（58）Margaret Mead, 'Visual anthropology in a dicipline of words', in Paul Hocking (ed.), *Priciples of Visual Anthropology,* 2nd ed. (Berlin and New York: Mouton de Gruyter, 1995), pp. 3-10.

（59）Joachim-Ernst Berendt, *The Third Ear: On Listening to the World* (New York: Henry Holt, 1985), p. 32.

（60）Saul Bellow, *The Adventures of Augie March* (London: Penguin Books, 2001), p. 536.（邦訳＝ソール・ベロー『オーギー・マーチの冒険』渋谷雄三郎訳、早川書房、一九八一年）

●第一章　空から落ちる

（1）本章は *Patterns of Prejudice*, Vol. 37 (1993) に掲載された原稿をもとに、修正・展開されたものである。

（2）George Orwell, *Homage to Catalonia* (Harmondsworth: Penguin Books, 1980), p. 220.（邦訳＝ジョージ・オーウェル『カタロニア讃歌』都築忠七訳、岩波文庫、一九九二年）。

（3）Orwell, *Homage to Catalonia*, p. 221.

（4）Jamie Reid and Jon Savage, *Up They Rise: The Incomplete Work of Jamie Reid* (London: Faber, 1987), p. 5.

（5）Michael Walzer, 'Pleasures and Costs of Urbanity', *Dissent* (Fall 1986): 470-475.

（6）*Suburban Press*, Number 5, p. 2.

（7）Father Ian Knowles, Interview, 30 June 2005

（8）William Edward Burghardt Du Bois, *The Souls of Black Folk.* (New York: Bantam Books, 1989), p. 29.（邦訳＝W・E・B・デュボイス『黒人のたましい』木島始ほか訳、岩波書店、一九九二年）。

（9）Stuart Hall, 'Culture, Community, Nation', *Cultural Studies* 7 (1993): 361

（10）Robert Wohl, *The Spectacle of Flight: Aviation in the Western Imagination, 1920-1950* (New Haven and London: Yale University Press, 2005).

（11）Slavoj Žižek, *The Ticklish Subject: The Absent Centre of Political Ontology* (London and New York: Verso, 1999), p. 230.（邦訳＝スラヴォイ・ジジェク『厄介なる主体1――政治的存在論の空虚な中心』鈴木俊弘・増田久美子訳、青土社、二〇〇五年）。

（12）Žižek, *The Ticklish Subject*, p. 229.

（13）David Blunkett, 'Intergration with Diversity: Clobalisation and the Renewal of Democracy and Civil Society', in Foreigh Policy Centre (ed.), *Reclaining Britishness: Living together after 11 September and the Rise of the Right* (London: Foreigh Policy Centre, 2002), p. 77.

（14）George Orwell, 'The Art of Donald McGill', in Sonia Orwell and Ian Angus (eds), *George Orwell: The Collected Essays, Journalism and Letters: Volume 2* (London: Penguin Books, 1970 [1941]), pp. 183-94.

（15）British Broadcasting Corporation News, 'Cockling Death Toll 24', Sunday 15 February 2004, http://news.bbc.co.uk/1/hi/england/lancashire/3488109.stm

（16）Home Office, *Secure Borders, Safe Heaven: Integration with Diversity in Modern Britain* (London: The Stationery Office, 20022001), p. 1.

（17）Giorgio Agamben, *Homo Sacer: Soveign Power and Bare Life* (StamfordStanford, CA: Stamford Stanford University Press, 1998), p. 1.（邦訳＝ジョルジョ・アガンベン『ホモ・サケル――主権権力と剥き出しの生』高桑和巳訳、以文社、二〇〇三年）。

（18）Agamben, *Homo Sacer*, p. 8.

(19) Walter Benjamin, 'Paralipomena to "On the Concept of History"', in Howard Eiland and Michael W. Jennings (eds), *Walter Benjamin Selected Writings Volume 4: 1938-1940* (Cambridge, MA and London: Belknap Press, 2003), p. 406.（邦訳＝ヴァルター・ベンヤミン「歴史の概念について」浅井健二郎・久保哲司訳、『ベンヤミン・コレクション１』所収、ちくま学芸文庫、二〇一三年）

(20) Paul Lewis 'Stowaway suspect found dead by road', *The Guardian*, Tuesday 13 June 2006, http://www.guardian.co.kr/immigration/story/0,,1796252,00html

(21) 'Immigration: the facts', *The Independent*, 30 August 2006, p. 2.

(22) Organization for Economic Co-operation and Development *International Mobility of the Highly Skilled: Policy Brief* (2002), http://www.oecd.org/dataoecd/9/20/1950028.pdf

(23) Greater London Authority, *The London Plan: Spatial Developmet Strategy for Greater London* (London: Greater London Authority, 2004), p.25.

(24) 'The Longest Journey: A Survey of Migration', *The Economist*, 2 November 2002: 3.

(25) Philip Thornton, 'British leader seek "unlimited immigration" from new EU states', *The Independent*, 30 August 2006, p. 2.

(26) Philip Thornton, 'British leaders seek "unlimited immigration" from new EU states', p. 15.

(27) Janet Dobson and Gail Mclaughlan, 'International migration to and from the United Kingdom, 1975-1999: consistency, change and implications for the labour market', in *Population Trends 106 Winter* (London: National Statistics, 2001), http://www.statistics.gov.uk/downloads/theme_population/PT106/v1. pdf

(28) Refugee Council, *The Truth About Asylum* (London: The Refugee Council, 2005).

(29) Maeve Sherlock, 'Closing the door: the UK's erosion of the right to asylum', speech given at British Institute of Human Rights, Courtauld Institute, London, 8 December 2005, p. 6.

(30) David Goodhart, 'Too Diverse', *Prospect* 95 (2004): 30. からの引用。

(31) Goodhart, 'Too Diverse', p. 30.
(32) Goodhart, 'Too Diverse', pp. 30-1.
(33) Paul Gilroy, *After Empire: Melancholia or Convivial Culture* (London: Routledge, 2004), pp. 165-6.
(34) Zygmunt Bauman, *Globalisation: The Human Consequences* (Cambridge: Polity, 1998), p. 74.（邦訳＝ジグムント・バウマン『グローバリゼーション――人間への影響』澤田眞治・中井愛子訳、法政大学出版局、二〇一〇年）。
(35) Robert Hunter Wade, 'Inequality of world incomes: what should be done?' *Opendemocracy* (2001), http://www.opendemocracy.net/themes/article.jsp?id=7&articleId=257
(36) Wade, 'Inequlity of world incomes', p. 2.
(37) The World Bank Committee on the Payment and Settlement Systems, *General priciples for International Remittance Service* (Basel, Switzerland: Bank of International Settlements, 2006), p. 1.
(38) 'The Longest Journey', p. 3.
(39) Paul Gilroy, 'Raise Your Eyes', *Opendemocracyi*, 11 September 2002, http://www.opendemocracy.net/conflict-911/article_249.jsp
(40) Wystan Hugh Auden, *Selected Poems* (London: Faber and Faber, 2000), p. 29.（邦訳＝W・H・オーデン『オーデン詩集』深瀬基寛訳、せりか書房、一九七一年）。
(41) William Carlos Williams, *Selected Poems* (London: Penguin Books, 1972), p. 212.（邦訳＝『ウィリアム・カーロス・ウィリアムズ詩集』片桐ユズル・中山容訳、国文社、一九六五年）。
(42) 翻訳は http://en.wikipedia.org/wiki/Yaguine_Koita_and_Fode_Tounkara による。
(43) Richard Sennett, *Respect: The Formation of Character in an Age of Inequality* (London: Allen Lane and Penguin, 2003).
(44) Hannah Arendt, *On Revolution* (London: Faber and Faber, 1963), p. 82.（邦訳＝ハンナ・アレント『革命に

ついて』志水速雄訳、筑摩書房、一九九五年）。

（45）Gilroy, *After Empire*, p. 165.

（46）'The Longest Journey', p. 14.

（47）C. Wright Mills, *The Sociological Imagination* (Oxford and New York: Oxford University Press, 1959).（前出『社会学的想像力』）。

（48）Edward Said, *Humanism and Democratic Criticism* (London: Palgrave Macmillan, 2004), p. 80.（邦訳＝エドワード・サイード『人文学と批評の使命――デモクラシーのために』村山敏勝・三宅敦子訳、岩波書店、二〇〇六年）。

（49）Les Back, Bernadette Farrell and Erin Vandermass, *A Humane Service for Global Citizens: Enquiry into Service Provision by the Immigration and Nationality Directorate at Lunar House* (London: South London Citizens, 2006), p. 130.

（50）Jamie Doward and Mark Townsend, 'Recealed: "sex-for-asylum" scandal at immigration HQ', *Observer*, Sunday 21 May 2006, http://www.guardian.co.uk/immigration/story/0,,1779854,00.html

（51）Back et al., *A Humane Service for Global Citizens*, p. 21.

（52）'Illegal Immigrants Working at the Home Office', *Daily Mail*, Friday 19 May 2006, pp. 1 and 6.

（53）Hélène Mulholland and Matthew Tempest, 'System "not fit for purpose", says Reid', *The Guardian*, Tuesday 23 May 2006, http://www.guardian.co.uk/immigration/story/0,,1781315,00.html

（54）Zygmunt Bauman, *Liquid Love* (Cambridge: Polity Press, 2003), p. 148.

（55）Paul Gilroy, *Between Camps: Nations, Cultures and the Allure of Race* (London: Allen Lane The Penguin Press, 2000).

（56）Jean Améry, *On Aging: Revolt and Resignation* (Bloomington Indianapolis: Indiana University Press, 1994), p. 11.

（57）Primo Levi, 'News From the Sky', in *Other People's Trades* (London: Abacus Press, 1991), p. 12.

（1）本章のオリジナルは Claire Alexander and Caroline Knowles (eds), *Making Race Matter* (Basinstoke: Palgrave Macmillan, 2005) に収録されている。

（2）Gail Lewis, ‘From Deepest Kilburn’, in Liz Herson (ed.), *Truth, Dare of Promise: Girls Growing Up in the Fifties* (London: Virago, 1985), p. 219.

（3）Lewis, ‘From Deepest Kilburn’, p. 220.

（4）Michael Keith, ‘Postcolonial London and the Allure of the Cosmopolitan City’ *AA files - London: Postcolonial City*, 49 (2003): 57-67; Michael Keith, *Race, Riots and Policing: Lore and Disorder in a Multi-racist Society* (London: UCL Press, 1993).

（5）Franco Moretti, *Atlas of the European Novel 1800-1900* (London: Verso, 1998), p. 100.

（6）Italo Calvino, *Invisible Cities* (London: Vintage, 1997), p. 165.（邦訳＝イタロ・カルヴィーノ『見えない都市』米川良夫訳、河出書房、二〇〇三年）

（7）Colin MacCabe and Hanif Kureishi, ‘Hanif Kureishi and London’, *AA files - London: Postcolonial City*, 49 (2003): 40.

（8）Anne Phoenix, ‘“Multicultures”, “Multiracisms” and Young People’, *Soundings* 10 (1998): 96.

（9）James Clifford and George Marcus (eds), *Writing Culture: The Poetics and Politics of Ethnography* (Berkeley: University of California Press, 1986).

（10）George Marcus, ‘After the Critique of Ethnography’, in Robert Borofsky (ed.), *Assessing Cultural Anthropology* (New York, McGraw-Hill, 1994), p. 46.

（11）Deptford City Challenge Evaluation Project, *City Challenge in Deptford* (London: Centre for Urban and Community

Research, Goldsmiths College, 1997).

(12) Phil Cohen, 'All White on the Night', in Michael Rustin (ed.), *Rising East* (London: Lawrence and Wishart, 1996).

(13) Chris T. Husbands, *Racial Exclusion and the City: the Urban Support for the National Front* (London and Boston: Allen and Unwin, 1983).

(14) Stanley Cohen, *Folk Devils and Moral Panics* (London: MacGibbon & Kee, 1972); Stuart Hall, Charles Critcher, Tony Jefferson, John Clark and Brian Roberts, *Policing the Crisis: Mugging, the State, and Law and Order* (London: Macmillan, 1978); Tony Jefferson, 'Race, Crime and Policing', *International Journal of the Sociology of Law* 16, no. 4 (1988): 521-39 を参照。

(15) Labour Party Conference Speech, Blackpool, 29 September 1998.

(16) Iris Marion Young, 'The Ideal of Community and the Politics of Difference', in Gary Bridge and Sophie Waston (eds), *The Blackwell City Reader* (Oxford: Blackwell Publishing, 2002), p. 432.

(17) Young, 'The Ideal of Community and the Politics of Difference', p. 437.

(18) Richard Sennett and Jonathan Cobb, *The Hidden Injuries of Class* (Cambridge: Cambridge University Press, 1977).

(19) Claire Alexander, '(Dis)Entangling the "Asian Gang": Ethnicity, Identity, Masculinity', in Barnor Hesse (ed.), *Un/settled Multiculturalisms: Diasporas, Entanglements, Transruptions* (London & New York: Zed Books, 2000), p. 127.

(20) Garry Robson, *'No One Likes Us We Don't Care': The Myth and Reality of Millwall Fandom* (Oxford: Berg, 2000); Philly Desai, 'Spaces of Identity, Cultures of Conflict: The Development of New British Asian Masculinities', PhD Thesis, Goldsmiths College, University of London, 1999 を参照。

(21) Roger Hewitt's, *Routes of Racism* (London: Trentham, 1997) and *White Backlash and the Politics of Multiculturalism*

(Cambridge: Cambridge University Press, 2005) を参照。
（22）Anthony Giddens, *The Third Way: The Renewal of Social Democracy* (Cambridge: Polity Press, 1998).（邦訳＝アンソニー・ギデンズ『第三の道——効率と公正の新たな同盟』佐和隆光訳、日本経済新聞社、一九九九年）。
（23）Neil Leach, 'Belonging', *AA files- London: Postcolonial City* 49 (2003): 76-82.
（24）Vikki Bell (ed.), *Performativity and Belonging* (London: Sage, 1999).
（25）Caroline Knowles, *Race and Social Analysis* (London: Sage, 2003), p. 105.
（26）Parminder Bhachu, 'Culture, ethnicity and class among Punjabi Sikh women in 1990s Britain', *New Community* 17, 3 (1991): 401-12.
（27）Avtar Brah, *The Cartography of Diaspora* (London: Routledge, 1996), p. 208.
（28）Nigel Thrift, *Spatial Formations* (London: Sage, 1996).
（29）Gillian Rose, *Feminism and Geography* (London: Polity, 1993).（邦訳＝ジリアン・ローズ『フェミニズムと地理学——地理学的知の限界』吉田容子訳、地人書房、二〇〇一年）。
（30）Tracey Skelton and Gill Valentine (eds), *Cool Places* (London: Routledge, 1998).
（31）Jean-Paul Sartre, *Sketch for a Theory of the Emotions* (London, Methuen, 1962), p. 62. 私の強調。（邦訳＝ジャン＝ポール・サルトル『自我の超越——情動論素描』竹内芳郎訳、人文書院、二〇〇〇年）。
（32）John Berger, *And Our Faces, My Heart, Brief as Photos* (New York: Vintage International, 1991), p. 55.
（33）Berger, *And Our Faces*, pp. 55-6.
（34）Sartre, *Sketch for a Theory of th Emotions* p. 62.
（35）Fran Tonkiss, *Space, The City and Social Theory* (Cambridge: Polity, 2005), p. 130.

（1）　本章のオリジナルは Helen Thomas and Jamilah Ahmed (eds), *Cultural Bodies: Ethnography and Theory* (Oxford: Blackwell, 2003) に収録された。

（2）デビー・バックは二〇〇〇年の冬にこの患者を看護した。彼の話を伝えてくれた彼女に感謝したい。

（3）C. P. Jones, ‘Stigma and Tattoo’, in Jane Caplan (ed.), *Written on the Body: the Tattoo in European and American History* (London: Reaktion Books, 2000), p. 1.

（4）Jane Caplan, ‘Introduction’, in Jane Caplan (ed.), ibid.

（5）Harriet Guest, ‘Curiously Marked: Tattooing and Gender Difference in Eighteenth-century British Perceptions of the South Pacific’, in Jane Caplan (ed.), ibid.

（6）Mark Gustafson, ‘The Tattoo in the Later Roman Empire and Beyond’, in Jane Caplan (ed.), ibid.

（7）Charles W. MacQuarrie, ‘Insular Celtic Tattooing: History, Myth and Metaphor’, in Jane Caplan (ed.), ibid.

（8）Alfred Gell, *Wrapping in Images: Tattooing in Polynesia* (Oxford: Clarendon Press, 1993), p. 10.

（9）Marcus Rediker, *Between the Devil and the Deep Blue Sea: Merchant Seamen, Pirates, and the Anglo-American Maritime World* (Cambridge: Cambridge University Press, 1987).

（10）Patrick Modiano, *The Search Warrant* (London: The Harvill Press, 2000), p. 23.

（11）Hamish Maxwell-Stewart and Ian Duffield, ‘Skin deep devotions: religious tattoos and convict transportation to Austrailia’, in Jane Caplan (ed.), ibid, p. 133.

（12）Mick Harris, Personal Communication, 15 December 2000.

（13）Gell, *Wrapping in Images*, p. 37.

（14）Michel Foucault, *Discipline and Punish: The Birth of the Prison* (London: Allen Lane, 1977), p. 25.（邦訳＝

前掲『監獄の誕生――監視と処罰』)。

(15) Michel Foucault, *Aesthetics, Method, and Epistemology* (London: Allen Lane, 1994), p. 375.

(16) Foucault, *Aesthetics, Method, and Epistemology*, p. 376.

(17) Nahum Norbet Glatzer (ed.), *The Collected Stories of Franz Kafka* (London: Penguin Books, 1988), p. 144.(邦訳=フランツ・カフカ『流刑地にて』池内紀訳、白水社、二〇〇六年)。

(18) *The Collected Stories of Franz Kafka*, p. 145.

(19) Primo Levi, *If This is a Man/The Truce* (London: Abacus, 1987), p. 76.(邦訳=『アウシュビッツは終わらない――あるイタリア人生存者の考察』竹山博英訳、朝日新聞社、一九八〇年)。

(20) Susan A. Phillips, 'Gallo's Body: decoration and Damnation in the Life of a Chicano Gang Member', *Ethnography* 2, no. 3 (2001): 369-70.

(21) Phillips, 'Gallo's Body', p. 384.

(22) BBC Radio 4, *The Sunday Papers*, Sunday 4 August 2001.

(23) 'True Hair to the Chav Throne', *The Croydon Guardian*, Wednesday 26 January 2005, http://www.croydonguardian.co.uk/misc/print.php?artid=564189

(24) Julie Burchill, 'Yeah but, No But, Why I am Proud to Be A Chav', *The Times*, 15 February 2005, http://www.timesonline.co.uk/article/0,,7-1488120,00.html.

(25) http://www.chavscum.co.uk/ と http://www.chavtowns.co.uk/ を参照。

(26) Mia Wallace and Clint Spanner, *Chav!: A User's Guide to Briattain's New Ruling Class* (London: Bantam Books, 2004), p. 211.

(27) See Basil Bernstein, 'Social Class, Language and Socialisation', in Jerome Karabel and A. H. Halsey (eds), *Power and Ideology in Education* (New York: Oxford University Press, 1979) and Bernstein, *The Structuring of Pedagogic Discourse* (London: Routledge, 1990).(邦訳=バジル・バーンステイン「社会階級、言語、社会化」カ

ラベルとハルゼー編『教育と社会変動』所収、潮木守一訳、東京大学出版会、一九八〇年)。

(28) Simone Weil, 'Human Personality', in George A. Panichas (ed.), *The Simone Weil Reader* (New York: David McKay Company, Inc, 1977), pp. 332-3.

(29) Zygmunt Bauman, *Liquid Love: On the Frailty of Human Bonds* (Cambridge: Polity, 2003), p. 2.

(30) John Tagg, *The Burden of Representation* (Basingstoke: Macmillan, 1987).

(31) John Berger and Simon McBurney, *The Vertical Line* (London: Artangel, 1999).

(32) Maurice Merleau-Ponty, *The Phenomenology of Perception* (London: Routledge & Kegan Paul, 1962), p. 206. (邦訳＝モーリス・メルロ＝ポンティ『知覚の現象学』中島盛夫訳、法政大学出版局、二〇〇九年)。

(33) Maurice Merleau-Ponty, *The Visible and the Irruisible* (Evanston, USA: Northwestern University Press, 1968), p. 146. (邦訳＝モーリス・メルロ＝ポンティ『見えるものと見えざるもの』伊藤泰雄訳、法政大学出版局、一九九四年)。

(34) Garry Robson, *'No One Likes Us, We Don't Care'*, p. 19.

(35) Interview with author, 11 April 1996.

(36) Interview with author, 11 April 1996.

(37) Interview with author, 11 April 1996.

(38) Interview with author, 11 April 1996.

(39) Jane Caplan, 'Introduction' in *Written on the Body*.

(40) John Bale, *Landscapes of Modern Sport* (Leicester: Leicester University Press, 1994).

(41) Yi-Fu Tuan, 'Geopiety', in David Lowenthal and Martyn Bowden (eds), *Geographies of the Mind: Essays in Historical Geosophy in Honor of john Kirtland Wright* (New York: Oxford University Press, 1975).

(42) *The Sun*, 8 November 2001, p. 27.

(43) Housk Randall and Ted Polhemus, *The Customized Body* (London: Serpent's Tail, 1996).

(44) bell hooks, *All About Loving: New Visions* (London: The \Vomen's Press, 2000), p. 3.
(45) hooks, *All About Loving*, p. 5.
(46) *Nil By Mouth*, 1997, Twentieth Century Fox Film Corporation, written and directed by Gary Oldman.（邦題『ニル・バイ・マウス』）。
(47) Julie Burchill, *The Guardian Columns 1998-2000* (London: Orion Publishing Group, 2001).
(48) Michael Collins, *The Like of Us: A Biography of the Ll7hite Working Class* (London: Granta Boooks, 2004) を参照。
(49) Toby Young, 'Action Man', *The Guardian*, G2, 16 January 2002, p. 3.
(50) Michael Young, 'Christmas Day Remembrance', *The Independent*, Tuesday 27 December 1988, p. 15.
(51) Beverley Skeggs, *Formations of Class and Gender* (London: Sage Publications, 1997), p. 83.
(52) Skeggs, *Formations of Class and Gender*, p. 83.
(53) Skeggs, *Formations of Class and Gender*, p. 83.
(54) 'The Ugliness of New Addington', *Croydon Advertiser*, 22 June 1956, p. 1.
(55) 'The Politics of Housing', *The Suburban Press* 4 (1972): 2.
(56) Fieldnote, 22 July 2001.
(57) Pierre Bourdieu, *Distinction: A Social Critique of the judgment of Taste* (London: Routledge, 1986).（邦訳＝ピエール・ブルデュー『ディスタンクシオン――社会的判断力批判（1・2）』石井洋二郎訳、藤原書店、一九九〇年）。
(58) James Bradley, 'Body Commodifieation? Class and Tattoos in Victorian Britain', in Jane Caplan (ed.), *Written on the Body: the Tattoo in European and American History* (London: Reaktion Books, 2000).
(59) Raymond Williams, *Marxism and Literature* (Oxford: Oxford University Press, 1977).
(60) Jacque Lacan, *Écrits: A Selection* (London: Tavistock Publications, 1977).（邦訳＝ジャック・ラカン『エクリ』

宮本忠雄ほか訳、弘文堂、一九七二年）。

(61) Les Back, 'Out of the Shadows', in Daryl Bravenboer (ed.), *Contagious* (London: Croindene Press, 2001).

(62) Paul Connerton, *How Societies Remember* (Cambridge: Cambridge University Press, 1989).（邦訳＝ポール・コナトン『社会はいかに記憶するか——個人と社会の関係』芦刈美紀子訳、新曜社、二〇一一年）。

(63) London Development Agency, *Production Industries in London: Strategy anal Action Plan 2005-2008* (London: London Development Agency, 2006), p. 4.

(64) Fran Tonkiss, 'Between Markets, Forms and Networks: Constituting the Cultural Economy', in Alan Warde and Stan Metealfe (eds), *Market Relations anal the Competitive Process* (Manchester: Manchester University Press, 2002) and Andy Pratt, 'New Media, the New Economy and New Spaces', *Geoforum* 31 (2000): 425-36を参照。

(65) Prime Minister's Strategy Unit, *London Project Report* (London: Cabinet Office, 2004), p. 7.

(66) Bourdieu, *Distinction*, p. 474.

(67) Daniel R Schwarz (ed.), *James Joyce's 'The Dead': A Case Study of Contemporary Criticism* (New York: Bedford Division of St. Martin's Press, 1994), p. 94.

(68) Clifford Geertz, 'From the Native's Point of View: On the Nature of Anthropological Understanding', in Paul Rabinow and William M. Sullivan (eds), *Interpretive Social Science: A Reader* (Berkeley, Los Angeles: University of California Press, 1979).

(69) Kirsten Campbell, 'The Slide in the Sign: Lacan's Glissement and the Registers of Meaning', *Angelaki: fottrnal of the Theoretical Hzmzanities* 4, no. 3 (1999): 135.

(70) Williams, *Marxism and Literature*, pp. 129-130.

(71) Clifford Geertz, *Available Light: Anthropological Reflections on Philosophical Topics* (Princeton, NJ: Princeton University Press, 2001), p. 21.（邦訳＝クリフォード・ギアツ『現代社会を照らす光——人類学的な考察』鏡味治也ほか訳、青木書店、二〇〇七年）。

（72）Pierre Bourdieu, 'Understanding', in Pierre Bourdieu et al. (eds), *The Weight of the World: Social Suffering in Contemporary Society* (Cambridge: Polity Press, 1999), p. 614.

（73）Sue Benson, 'Inscriptions of the Self: Reflections on Tattooing and Piercing in Contemporary Euro-America', in Jane Caplan (ed.), ibid, p. 25.

（74）Jacques Derrida, *Specters of Marx: the state of the debt, the work of rnourrzirtg, and the New International* (London: Routledge, 1994), p. 175.（邦訳＝ジャック・デリダ『マルクスの亡霊たち――負債状況＝国家、喪の作業、新しいインターナショナル』増田一夫訳、藤原書店、二〇〇七年）。

◉第四章　目によって聞く

（1）本章のオリジナルは Caroline Knowles and Paul Sweetman (eds), *Picturing the Social Landscape: Visual Methods and the Sociological Imagination* (London: Routledge, 2004) に掲載された。

（2）イギリス社会学学会倫理ガイドラインから全文を読むことができる。http://www.britsoc.org.uk/about.htm

（3）Charles Lemert, 'Can the Worlds be Changed? On Ethics and the Multicultural Dream', *Thesis Eleven* 78 (2004): 46.

（4）Paul Rabinow, *Anthropos Today: Reflections on Modern Equipment* (Princeton, NJ: Princeton University Press, 2003), p. 115.

（5）Walter Benjamin, 'Theses on the Philosophy of History', in *Illuminations* (London: Fontana, 1992).（邦訳＝ヴァルター・ベンヤミン「歴史哲学テーゼ」、『暴力批判論』所収、野村修訳、晶文社、一九六九年）。

（6）Interview, 15 April 2003.

（7）John Berger, *The Shape of a Pocket* (London: Bloomsbury, 2001), p. 248.

（8）Interview, 9 April 2003.

（9）Interview, 9 April 2003.
（10）特に John Tagg, *The Burden of Representation* (Basinstoke: Macmillan 1987) を参照。
（11）Anastassios Kavassos, plenary contribution to the *Street Signs Conference*, Parfitt Gallery, Croydon College, Croydon, 20 November 2001.
（12）Monica Ali, *Brick Lane* (London: Doubleday, 2003).
（13）Interview, 9 April 2003.
（14）Halima Begum, 'Commodifying Multieultures: Urban Regeneration and the Politics of Space in Spitalfields', PhD dissertation, Queen Mary College, University of London, 2004, p. 179.
（15）Begum, 'Commodifying Multicultures', p. 187.
（16）Fran Tonkiss, *Space, the City and Social Theory* (Cambridge: Polity, 2005), p. 111.
（17）'Salgado: The Spectre of Hope', *Arena*, BBC2, 30 May 2001 からの引用。
（18）Interview, 15 April 2003.
（19）Interview, 15 April 2003.
（20）Erving Golfman, *The Presentation of Self in Everyday Life* (London: Allen Lane, 1960).（邦訳＝E・ゴッフマン『行為と演技——日常生活における自己呈示』石黒毅訳、誠信書房、一九七四年）。
（21）Interview, 9 April 2003.
（22）Roland Barthes, *Camera Lucida* (London: Verso, 2000), p. 13.（邦訳＝ロラン・バルト『明るい部屋——写真についての覚書』花輪光訳、みすず書房、一九九八年）。
（23）César Vallejo, *The Complete Posthumous Poetry*, translated by Clayton Eshleman and Jose Rubia Barcia (Berkeley, Los Angeles and London: University of California Press, 1978), p. 219.
（24）Interview, 9 April 2003.
（25）John Berger, *And Our Faces, My Heart, Brief As Photos* (New York: Vintage International, 1991), p. 55.

(26) Interview, 15 April 2003.
(27) Interview, 9 April 2003.
(28) Interview, 15 April 2003.
(29) Walter Benjamin, *The Arcades Project* (Cambridge, MA: Belknap Press, 1999), p. 6 を参照。
(30) Marshall Berman, *Adventures in Marxism* (London: Verso, 1999), pp. 168-9.
(31) Berman, *Adventures* in Marxism, p. 260.
(32) James Clifford, 'Introduction: Partial Truths', in James Clifford and George Marcus (eds), *Writing Culture: The Poetics and Politics of Ethnography* (Berkeley, Los Angeles and London: University of California Press, 1986), p. 25.（邦訳＝ジェイムズ・クリフォード「序論　部分的真実」、ジェイムズ・クリフォード、ジョージ・マーカス編『文化を書く』所収、春日直樹・足羽与志子ほか訳、紀伊國屋書店、一九八九年）。
(33) ベンヤミンは自身の作品や特にモンタージュの使用について、「私には何も言うことはない。ただ見せるだけである」という。Quoted in Susan Buck-Morss, *The Dialectic of Seeing: Walter Benjamin and the Arcades Project* (Cambridge, MA: MIT Press, 1991), p. 73.
(34) Sarah Pink, *Doing Visual Ethnography* (London: Sage Publications, 2001).
(35) Jean Rouch, 'The Camera and Man', in Paul Hocking (ed.), *Principles of Visual Anthropology*, 2nd ed. (Berlin & New York: Mouton de Gruyter, 2003), p. 89.
(36) Pierre Bourdieu, *Pascalian Meditations* (Cambridge: Polity Press, 2000), p. 2.
(37) Michael Burawoy, 'For Public Sociology', *American Sociological Review*, 70 (2005): 7.

●第五章　ロンドンコーリング

(1) Lawrence Grossberg, 'History, Imagination and the Politics of Belonging', in Paul Gilroy, Lawrence Grossberg

and Angela McRobbie (eds), *Without Guarantees: In Honour of Stuart Hall* (London and New York: Verso, 2000), p. 160.

（2）Michel de Certeau, *The Practice of Everyday Life* (Berkeley: University of California Press, 1984), p. 93.（邦訳＝ミシェル・ド・セルトー『日常的実践のポイエティーク』山田登世子訳、国文社、一九八七年）。

（3）Jacques Attali, *Noise: The Political Economy of Music* (Minnesota: University of Minnesota Press, 1985), p. 3.（邦訳＝ジャック・アタリ『ノイズ――音楽／貨幣／雑音』金塚貞文訳、みすず書房、二〇一二年）。

（4）http://www.roadalert.org.uk/index.php

（5）Jon McGregor, *If Nobody Speaks of Remarkable Things* (London: Bloomsbury, 2002), pp. 1-2.（邦訳＝前出『奇跡も語るものがいなければ』）。

（6）Albert Camus, *Summer in Algiers* (London: Penguin, 2005), p. 1.

（7）Murray Shaffer, *The Soundscape: Our Sonic Environment and Tuning the World* (Richmond, Vermont: Destiny Books, 1994), p. 58.（邦訳＝R・マリー・シェーファー『世界の調律――サウンドスケープとは何か』鳥越けい子ほか訳、平凡社ライブラリー、二〇〇六年）。

（8）The recording made on 28 September 2005 can be heard at http://www.goldsmiths.ac.ul</csisp/

（9）Martin Amis, *Visiting Mrs Nabokov and Other Essays* (London: Vintage, 2005), p. 146.

（10）Simon Freeman, ‘Maximum Security as London Bomb Suspects Appear in Court’, http://www.timesonline.co.uk/article/0,,22989~1726498i 1,00.html

（11）Associated Press, ‘London Bombing Suspects Appear in Court, via Video’, http://www.msnbc.msn.com/id/6448213/did/10384766

（12）Jane Oiferman, personal communication, email, Monday 15 May 2006.

（13）音は拷問や尋問に用いられた。独房の囚人たちは音楽を大音量で聞かされ続け、強い光の点滅が浴びせられた。その時の音楽は、メタリカの「エンター・サンドマン」といったヘビーメタルから、テレビの恐竜人形劇『バーニーと仲間たち』で歌われる「あなたが好きよ」までにわたるものだった(Jon Ronson, *The Men Who Goats* (Basingstoke and Oxford: Picador, 2004), pp. 130-1を参照)。さらに恐ろしいことに、キューバのグアンタナモ基地に拘留されたイギリス人モアザム・ベッグは彼の伝記の中で、女性の叫び声をずっと聞かされ続けたことを書いている。Moazzam Begg, *Enemy Combatant: A British Muslim's journey to Guantanamo and Back* (London: The Free Press, 2006), p. 161を参照。

(14) Mohammed Abdul Kahar, 'I Just Thought: One by One They are Going to Kill Us', *The Independent*, 14 June 2006. p. 2.

(15) Vikram Dodd, 'Asian Men Targeted in Stop and Search', *The Guardian*, 17 August 2005.

(16) Amy Gutmann (ed.), *Multiculturalism and the Politics of Recognition* (Princeton, NJ: Princeton University Press, 1994).

(17) Field notebook, 27 July 2005.

(18) Clifford Geertz, 'An Inconsistent Profession: The Anthropological Life in Interesting Times', *Annual Review of Anthropology, 31* (2002): 13.

(19) Karl Marx and Frederick Engels, *The Communist Manifesto: A Modern Edition* (London: Verso, 1998), pp. 38-9.(邦訳＝マルクス、エンゲルス『共産党宣言』大内兵衛・向坂逸郎訳、岩波文庫、一九七一年)。

(20) John Berger, *And Our Faces, My Heart, Brief as Photos* (New York: Vintage International, 1991), p. 89.

(21) Susan Sontag, *Regarding the Pain of Others* (London: Hamish Hamilton, 2003), p.19.(邦訳＝スーザン・ソンタグ『他者の苦痛へのまなざし』北条文緒訳、みすず書房、二〇〇三年)。

(22) Frank Schwere, 'New York Sept 13th 2001', *Baby* 6 (2002): 89.

(23) Schwere, 'New York Sept 13th 2001', p. 91.

(24) St Paul's website time line http://www.saint- pau1schapel.org/pyv/ からの抜粋。

(25) http://www.saintpaulschapel.org/pyv/

（26）de Ccrteau, *The Practice of Everyday Life*, p. 91.
（27）Kevin Bubriski, Pilgrimage: *Looking at Ground Zero* (New York: Powerhouse Books, 2002) を参照。
（28）Michael Billig, *Banal Nationalism* (London: Sage, 1995).
（29）聖ラウル教会のウェブサイトでダイジェストを見ることができる。 http://www.saintpaulschapel.org/inidepth/videos.shtml
（30）Field notebook, 19 December 2004.
（31）Judith Butler, *Precarious Life: The Powers of Mourning and Violence* (London and New York: Verso, 2004), p. xii.（邦訳＝ジュディス・バトラー『生のあやうさ——哀悼と暴力の政治学』本橋哲也訳、以文社、二〇〇七年）
（32）Butler, *Precanous Life*, p. xxi.
（33）William Pfafl", 'A Monster of Our Own Making', *The Observer*, 21 August 2005, http://observer.guardian.co.uk/comment/story/0,6903,l553394,00.html; また、Martin Wolf, 'When Multiculturalism is a Nonsense', Financial Times, 31 August 2005, http://www.ft.com/ems/s/4c75lacc-l9bc-1lda-804e-00000e2511c8.html を参照。また、Melanie Phillips, *Londonistan: How Britain is Creating a Terror State Within* (London: Gibson Square, 2006) を参照。
（34）*The Sun*, 9 July 2005 を参照。
（35）*The Sun*, 9 July 2005, p. 8.
（36）*Report of the Official Account of the Bombings in London on 7 July, 2005*, London: The Stationary Office, 11 May 2006, p. 21.
（37）Milan Rai, *7/7: The London Bombings, Islam and The Iraq War* (London and Ann Arbor, MI: Pluto Press, 2006), pp. 51956 を参照。
（38）Intelligence and Security Committee, *Report on the London Terrorist Attacks on 7 July 2005*, London: Houses of Parliament, May 2006, p. 26.

（39）Bhikhu Parekh, 'British Commitments', *Prospect*, September 2005, p. 40.

（40）Tariq Modood, 'Rethinking Multiculturalism after *7/7', Opendemocracy*, 29 September 2005, http://www.opendemocracy.net/debates/article.jsp?id= 2&debateId=124&articleId=2879, p. 7.

（41）*Daily Mail*, 2 September 2005, p. 3.

（42）*Daily Mail*, 2 September 2005, p. 2.

（43）Paul Gilroy, *After Empire: Melanchoila or Convivial Culture* (Iulture (Abingdon, Oxfordshire: Routledge, 2004).

（44）Chetan Bhatt, 'Fundamentalism and the Seductions of Virtue: Politics, Absolutism and South Asia', Centre of South Asian Studies Annual Lecture, School of African and Oriental Studies, London, 14 March 2005.

（45）Peter Oborne, *The Uses and Abuses of Terror: the construction of afalse narrative on the domestic terror threat* (London: Centre for Policy Studies, 2006).

（46）Intelligence and Security Committee, *Report on the London Terrorist Attacks on 7 July 2005*, London, Houses of Parliament, May 2006.

（47）The United Kingdom Parliament, *Hansard*, see http://wwwpublications. parliament.uk/pa/cm200506/cmhansrd/cm050707/debtext/50707-26.htm

（48）Suresh Grover, 'After 7/7', Xenos Conference, Goldsmiths College, 15 February 2006.

（49）二年間の任期を終えて、イクバル・サクラニーは二〇〇六年六月に事務局長を辞任した。

（50）Salman Rushdie, 'Muslims unite! A New Reformation will Bring Your Faith into the Modern Era', *The Times*, 11 August 2005, http://www.timesonline.co.uk/article/0,,l072~1729998,00.html

（51）Rushdie, 'Muslims unite!'

（52）'Obituary: Shahara Islam', *BBC News On-Line*, http://news.bbc.co.uk/1/hi/england/london/4738141.stm

（53）See 'Security Services Identify 700 Potential al-Qa'ida Terrorists at Large in Britain', *The Independent*, 10 May 2006, http://newsindependent.co.uk/uk/crime/article363121.ece and Frank Gardner, 'One Year on: Is Britain Any

Safer', *BBC News*, http://news.bbc.co.uk/1/hi/uk/5140958.stm

(54) Audrey Gillan, Richard Norton-Taylor and Vikram Dodd, 'Raided, Arrested, Released: The Price of Wrong Intelligence', *The Guardian*, Monday 12 June 2006, http://www.guardian.co.uk/terrorism/story/0,,l795482,00.html

(55) Oborne, *The Uses and Abuses of Terror*, p. 17.

(56) Niccolo Machiavelli, *The Prince* (London: M. Dent and Sons, 1958), p. 93.

(57) Benjamin Barber, *Fear's Empire: War, Terrorism, and Democracy* (New York: W. W. Norton and Company Inc, 2003), p. 32.（邦訳＝ベンジャミン・R・バーバー『予防戦争という論理――アメリカはなぜテロとの戦いで苦戦するのか』鈴木主税・浅岡政子訳、阪急コミュニケーションズ、二〇〇四年)。

(58) Franklin D. Roosevelt, 'Inaugural Address, 4th March, 1933', in Samuel Roseman (ed.), *The Public Papers of Franklin D. Roosevelt, Volume Two:* The Year of Crisis, 1933 (New York: Random House, 1938), pp. 11-16.

(59) Roosevelt, 'Inaugural Address', p. 11.

(60) Sarah O'Neill and Daniel McGrory, 'I Blame War in Iraq and Afghanistan, 7/7 Bomber says in Video', *The Times*, 7 July 2006, p. 4.

(61) Personal communication, email, 12 July 2006.

(62) 'Man Taken off Plane', *Hartlepool Mail*, 3 April 2006; 'Man Held as Terrorism Suspect Over Punk Song', *Reuters*, Wednesday 5 April 2006; 'Clash Fan Taken Off Plane', *The Sun*, 5 April 2006; 'Air Terror Alert Over Clash Hit', *The Mirrror*, 5 April 2006.

(63) 'myspace' at http://blog.myspace.com/index.cfm?fuseaction= blog.ListAll&friendID=63403172&MyToken=c898b5c2-ef25-41a8-9e7a-c56062822c78ML.

(64) Interview, 9 May 2006.

(65) 二〇〇六年夏に空港のテロが厳重に警戒されたとき、マンチェスター大学の学生二人（ソハイル・アシュラフとクラム・ゼブ）はスペイン・マラガ発のモナーク航空機から強制的に降ろされた。白人の乗客の被害妄想と誤認の雰囲気があまりにも激しかったため、彼らは飛行機から降ろされることになったのである。太陽のもとで遊ぶという「典型的なイギリスの伝統」を楽しんでいた二人のアジア人学生は、危険なテロリストかもしれないと思われたのである。

(66) Interview, 9 May 2006.

(67) Oborne, *The Uses and Abuses of Terror*, p. 28.

(68) Oborne, *The Uses and Abuses of Terror*, p. 26.

(69) Gilroy, *After Entpire*, p. 137.

(70) Modood, 'Rethinking Multiculturalism after 7/7', p. 7.

(71) Modood, 'Rethinking Multiculturalism after 7/7', p. 7.

(72) Paul Gilroy, *After Empire*; 'Multiculture in Times of War', Inaugural Lecture, London School of Economics, Wednesday 10 May 2006.

(73) George Orwell, 'Notes on Nationalism', in Sonia Orwell and Ian Angus (eds), *George Orwell: The Collected Essays, Jounalism and Letters:* Volume 3 (London: Penguin Books, 1970 [1945]), p. 420.

(74)「メルティングポット」の概念の系譜については、Werner Sollors, *Beyond Ethnicity: Consent and Descent in American Culture* (New York and Oxford: Oxford University Press, 1986), pp. 66-101 を参照。

(75) George Orwell, 'The Lion and the Unicorn: Socialism and the English Genius', in Sonia Orwell and Ian Angus (eds), *George Orwell: The Collected Essays, Jounalism and Letters: Volume 2* (London: Penguin Books, 1970 [1941]), p. 75.

(76) George Orwell, 'In Defence of English cooking' and 'A Nice Cup of Tea', Sonia Orwell and Ian Angus (eds), *George Orwell: The Collected Essays, Journalism and Letters: Volume 3* (London: Penguin Books, 1970), pp. 56-8 and pp. 58-6l.

(77) Gilroy, 'Multiculture in Times of War', p. 28.

（78）Georges Perec, *Species of Spaces and Other Pieces* (London: Penguin Books, 1997), p. 209.

●結論　生きた社会学

（1）Michael Taussig, *Walter Benjamin 's Grave* (Chicago and London: University of Chicago Press, 2006), p. 199. を参照。

（2）Edward Said, 'The Public Role of Writers and Intellectuals', *The Nation*, 17 September 2001, p. 35.

（3）C. Wright Mills, *The Marxists* (Harmondsworth, Pelican bookshop, 1963), pp. 30-1.（邦訳＝C・ライト・ミルズ『マルクス主義者たち（上・下）』陸井四郎訳、青木書店、一九六四年）。

（4）Fran Tonkiss, *Space, the City and Social Theory* (Cambridge: Polity, 2005), pp. 10-14.

（5）Chetan Bhatt, 'Geopolitics and "Alterity" Research', in Martin Bulmer and John Solomos (eds), *Researching Race and Racism* (London and New York: Routledge, 2004), p. 34.

（6）Awaaz, *In Bad Faith?: Brltish Charity and Hindu Extremism* (London: Awaaz South Asia Watch Ltd, 2004).

（7）Renato Rosaldo, *Culture and Truth: The Remaking of Social Analysis* (London: Routledge, 1989).（邦訳＝レナート・ロザルド『文化と真実——社会分析の再構築』椎名美智訳、日本エディタースクール出版部、一九九八年）。

（8）Roland Barthes, 'To Write - an Intransitive Verb', in Richard Macksey and Eugenio Donato (eds), *The Languages of Criticism and the Sciences of Man* (Baltimore and London: Johns Hopkins Press, 1966), p. 142.

（9）James Clifford and George E. Marcus (eds), *Writing Culture: The Poetics and Politics of Ethnography* (Berkeley and London: University of California Press, 1986).（邦訳＝前出『文化を書く』）。

（10）Joyce J. Ladner (ed.), *The Death of White Sociology* (Baltimore: Black Classics Press, 1998 [1973]).

（11）Errol Lawrence, 'In the Abundance of Water the Fool is Thirsty: Sociology and "Black" Pathology', in Centre for Contemporary Cultural Studies (ed.), *The Empire Strikes Back: Race and Racism in 19705 Britain* (London: Hutchinson, 1982).

(12) Martin Bulmer and John Solomos, 'Introduction: Researching Race and Racism', in Bulmer and Solomos (eds), *Researching Race and Racism* (London and New York: Routledge, 2004), p. 10.

(13) John Bright-Holmes (ed.), *Like it Was: The Diaries of Malcolm Muggeridge* (Collins: London, 1981), p. 374.

(14) D. J. Taylor, *Orwell: The Life* (London: Chatto and Windus, 2003); Gordon Bowker, *George Orwell* (London: Little, Brown and Company, 2003); Scott Lucas, *Orwell: Life and Times* (London: Haus, 2003) を参照。

(15) D. J. Taylor, 'Orwell's Dirty Secret', *The Guardian G2*, 13 August 2002, pp. 4-5.

(16) George Orwell, 'Anti-Semitism in Britain', in Sonia Orwell and Ian Angus (eds), *George Orwell: The Collected Essays, Journalism and Letters: Volume 3* (London: Penguin Books, 1970 [1941]), p. 387.

(17) Orwell, 'Anti-Semitism in Britain', p. 388.

(18) George Orwell, 'As I Please - 11th February, 1944', in Sonia Orwell and Ian Angus (eds), *George Orwell: The Collected Essays, Journalism and Letters: Volume 3* (London: Penguin Books, 1970 [l94l]), pp. 112-13.

(19) George Orwell, 'Wells, Hitler and the World State', in Sonia Orwell and Ian Angus (eds), *George Orwell: The Collected Essays, Journalism and Letters: Volume 2* (London: Penguin Books, 1970 [l94l]), p. 172.

(20) ルイジアナ州アンゴラのルイジアナ刑務所で開かれた「死刑囚を理解するセミナー」では、触れること、抱擁することの倫理学は、囚人が自らの尊厳と価値を保つ努力の一つだとされる。囚人たちはお互いを抱きしめ、「私は一人の人間である」ということ、自分たちは生きているということを思い出すのである。『デッド・マン・ウォーキング』の著者であり修道女のシスター・プレジャンは一九九四年のセミナーで以下のように言った。「私たちは今日ここで触れ合っています。それは、人間がお互いに行う行為であり、触れることによって私たちは人間になるのです」。Douglas Dennis, 'Religion in Prison', *The Angolite: The Prisoner Magazine*, May/June 1994. p. 69.

（21）Martin Heidegger, *What is Called Thinking?* (New York: Harper Torchbooks, 1968), p. 16.（邦訳＝マルティン・ハイデッガー『思惟とは何の謂いか』四日谷敬子ほか訳、創文社、二〇〇六年）

（22）Jacques Derrida, 'Geschlecht II: Heidegger's Hand', in John Sallis (ed.), *Deconstruction and Philosophy* (Chicago: University of Chicago Press, 1987).

（23）Avery F. Gordon, *Ghostly Matters: Haunting and the Sociological Imagination* (London and Minneapolis: University of Minnesota Press, 1996).

（24）Vikki Bell, 'Taking Her Hand: Becoming, Time and the Cultural Politics of the White Wedding', *Cultural Values* 2, no. 4 (1998): 463-84.

（25）bell hooks, *Remembered Rapture: The Writer at Work* (London: The Women's Press, 1999), p. 11.

（26）Theodor W. Adorno, *Critical Models: Interventions and Catch Worlds* (New York: Columbia University Press, 1998), p. 191.

（27）Michael Burawoy, 'For Public Sociology', *American Sociological Review*, 70 (2005): 4-28.

（28）Burawoy, 'For Public Sociology', p. 7.

（29）Burawoy, 'For Public Sociology', p. 8.

（30）Burawoy, 'For Public Sociology', p. 7.

（31）Les Back, Bernadette Farrell and Erin Vandermaas, *A Humane Service for Global Citizens: Enquiry into Service Provision by the Immigration and Nanality Directorate at Lunar House* (London: South London Citizens, 2006).

（32）'Reid Reveals Home Office Shake-up', BBC News, 19 July 2006, http://news.bbc.co.uk/1/hi/ukwpolitics/5l93340.stm

（33）'Reid plans Border-Control Force', BBC News, 23 _July 2006, http://news.bbc.co.uk/1/hi/uk_po1itics/520711l2.stm

（34）Primo Levi, *Other People's Trades* (London: Abacus, 1991), p. 157.

（35）Max Weber, 'Science as a Vocation', in Hans H. Gerth and C. W. Mills (eds), *From Max Weber: Essays in Sociology* (London: Routledge and Kegan Paul, 1948), pp. 129-56.（邦訳＝マックス・ウェーバー『職業としての学問』尾高邦雄訳、岩波書店、一九八〇年）。

（36）Chris Rojek and Brian Turner, 'Decorative Sociology: Towards A Critique of the Cultural Turn', *Sociological Review*, 48, no. 4 (2000): 629447.

（37）John Berger, *And Our Faces, My Heart, Brief as Photos* (New York: Vintage Books, 1991), p. 31

（38）Ruth Behar, 'Ethnography and the Book that was Lost', *Ethnography* 4, no. 1 (2003): 37.

（39）Kathryn Mills and Pamela Mills (eds), *C. Wright Mills: Letters and Auzobiograplzical Writings* (Berkeley, Los Angeles and London: University of California Press, 2000), p. 276. ミルズのキャリアについてのグラハム・クロウの考察を参照。Graham Crow, *The Art of Sociological Argument* (Houndmills and New York: Palgrave Macmillan, 2005), chapter 6.

（40）Jean Améry, *On Aging: Revolt and Resignation* (Bloomington and Indianapolis: Indiana University Press, 1994), pp. 4-5.

（41）David Silverman, 'Towards an Aesthetic of Research', in *Qualitative Research: Theory, Method and Practice*, ed. David Silverman (London: Sage, 1997), p. 240.

（42）John Law and John Urry, 'Enacting the Social', published by the Department of Sociology and the Centre for Science Studies, Lancaster University, 2003 at http://www.comp.lancs.ac.uk/sociology/papers/I,.aw-Urry-Enacting-the-Social.pdf, p. 11.

（43）Law and Urry, 'Enacting the Social', p. 11.

（44）例えば Monica Greco and Mariam Fraser, *The Body: A Reader* (London and New York: Routledge, 2005) では広範なレヴューがなされている。

（45）このサイトは http://www.people.virginia.cdu/%7Emlw5k/. で閲覧可能。

(46) See Bruce Mason and Bella Dicks, 'Going Beyond the Code: The Production of Hypermedia Ethnography', *Social Science Computer Review* 19 (2001): 445-57.

(47) Paul Rabinow, *Anthropos Today: Reflections on Modern Equipment* (Princeton and Oxford: Princeton University Press, 2003), p. 99.

(48) この定式化についてはアンドリュー・バリーの助言を受けた。

(49) Pierre Bourdieu and Loic J. D. Wacquant, *An Invitation to Reflexive Sociology* (Chicago: University of Chicago Press, 1992), p. 235.（邦訳＝ブルデュー、ヴァカン『リフレクシヴ・ソシオロジーへの招待——ブルデュー、社会学を語る』水島和則訳、藤原書店、二〇〇七年）。

(50) Les Back, 'Politics, Research, Understanding', in Clive Seale et al. (eds), *Qualitative Research Practice* (London: Sage, 2004).

(51) Walter Benjamin, 'Paralipomcna to "On the Concept of History"', in Howard Eiland and Michael W. Jennings (eds), *Walter Benjamin Selected Writings Volume 4: 1938-1940* (Cambridge, MA and London: Belknap Press, 2003), p. 407.（邦訳＝ヴァルター・ベンヤミン「歴史の概念について」浅井健二郎・久保哲司訳、『ベンヤミン・コレクション1』所収、ちくま学芸文庫、二〇一三年）

(52) Hannah Arendt, *Men in Dark Times* (San Diego and New York and London: A Harvest Book, 1995), p. 11.（邦訳＝ハンナ・アレント『暗い時代の人々』阿部斉訳、ちくま学芸文庫、二〇〇五年）。

(53) Arendt, *Men in Dark Times*, p. 11.

(54) Arendt, *Men in Dark Times*, p. 23.

(55) Said, 'The Public Role of Writers and Intellectuals', p. 35.

(56) Albert Camus, *Summer in Algiers* (London: Penguin Books, 2005), p. 14.

(57) Raymond Williams, 'The Practice of Possibility', in Robin Gable (ed.), *Resources of Hope: Culture, Democracy, Socialism* (London and New York: Verso), p. 322.

●エピローグ　技能《クラフト》

（1）John Berger, *And Our Faces, My Heart, Brief as Photos* (New York: Vintage International, 1984), pp. 30-1.

（2）Michael Burawoy, 'For Public Sociology', *American Sociological Review*, 70 (2005): 14.

（3）この洞察について、レイチェル・ダンクリー・ジョーンズに感謝している。

（4）*Little Big Man*, 20th Century Fox 1970. Directed by Arthur Penn.

（5）C. Wright Mills, *The Sociological Imagination* (New York: Oxford University Press, 1959), p. 197.（邦訳＝前出『社会学的想像力』）。

（6）Jorge Luis Borges, 'The Library of Babel', *in Fictions* (London: Penguin Books, 2000), pp. 65-74.（邦訳＝ホルヘ・ルイス・ボルヘス「バベルの図書館」、『伝奇集』所収、鼓直訳、岩波文庫、一九九三年）。

（7）Raymond Williams, 'Culture is Ordinary', in Robin Gable (ed.), *Resources of Hope: Culture, Democracy, Socialism* (London and New York: Verso, 1989), p. 18.

（8）Mills, *The Sociological Imagination*, p. 8.

（9）Brian Morris, 'Being Human does not Make You a Person: Animals, Humans and Personhood in Malawi', Inaugural Lecture, Goldsmiths College, University of London, 9 March 1999, p. 2.

（10）Russell Jacoby, 'Journalists, Cynics and Cheerleaders', *Telos* 97 (1993): 62.

（11）Theodor W. Adorno, *Minima Moralia* (London: Verso, 1978), p. 101.（邦訳＝テオドール・W・アドルノ『ミニマ・モラリア――傷ついた生活裡の省察』三光長治訳、法政大学出版局、二〇〇九年）。

（12）Judith Butler, 'A "Bad Writer" Bites Back', *New York Times*, op-ed, 20 March 1999.

（13）George Orwell, 'Politics and the English Language', in Sonia Orwell and Ian Angus (eds), *George Orwell: The Collected Essays, Journalism and Letters: Volume 3* (London: Penguin Books, 1970 [1947]).

(14) James Miller, 'Is Bad Writing Necessary: George Orwell, Theodor W. Adorno, and The Politics of Language', *Lingua Franca*, January/February 2000: 43.

(15) Russell Jacoby, *The Last Intellectuals: American Culture in the Age of Academe* (New York: Basic Books, 2000), p. 18.

(16) Stephen King, *On Writing: A Memoir of the Craft* (London: New English Library, 2001).（邦訳＝スティーブン・キング『書くことについて』田村義進訳、小学館、二〇一三年）。

(17) Howard S. Becker, *Writing for Social Scientists* (Chicago: University of Chicago Press, 1986).（邦訳＝ハワード・W・ベッカー『論文の技法』佐野敏行、講談社、一九九六年）

(18) Eudora Welty, *One Writer's Beginnings* (Cambridge, MA: Harvard University Press, 1984) を参照。

(19) Primo Levi, 'On Obscure Writing', in *Other People's Trades* (London: Abacus, 1991), p.162.

(20) C. Wright Mills, 'Letter to William Miller, January 1952', in Kathryn Mills and Pamela Mills (eds), *C. Wright Mills: Letters and Autobiographical Writings* (Berkeley, CA and London: University of California Press, 2000), p. 163.

(21) C. Wright Mills, 'Letter to Dwight Macdonald January 17, 1952', in Kathryn Mills and Pamela Mills (eds), *C. Wright Mills: Letters and Autobiographical Writings* (Berkeley, CA and London: University of California Press, 2000), p. 164.

(22) Mills, 'Letter to Dwight Macdonald January 17, 1952', p. 165.

(23) Jonathan Swift, *A Tale of a Tub* (London: Penguin Books, 2004), p. 31.（邦訳＝ジョナサン・スイフト『桶物語』深町弘三訳、岩波書店、一九六八年）。

(24) Brian Morris, 'How to Publish a Book and Gain Recognition as an Academic', *Anthropology Today* 11, no. I (1995): 15-17.

(25) *Pierre Bourdieu: La Sociologie est in: sport de combat*, C-P Productions et VF Films 2002 からの引用。 Pierre

Carles 監督。

（26）Emma Nugent, 'Building a Creative Person', PhD dissertation, Goldsmiths College, University of London, 2004.

（27）Quoted from *Pierre Bourdieu.: La Sociologie est un sport de combat* C-P Productions ct VF Films 2002.

（28）George Orwell, 'Why I Write', in Sonia Orwell and Ian Angus (eds), *George Orwell: The Collected Exsays, Journalism and Letters: Volume 1* (London: Penguin Books, 1970 [1946]), p. 29.

（29）Nikolas Rose, 'Towards A Critical Sociology of Freedom', inaugural lecture, Goldsmiths College, University of London, 5 May 1992.

（30）Zygmunt Bauman, *Liquid Modernity* (Cambridge: Polity, 2000), p. 215.（邦訳＝前出『リキッド・モダニティー：液状化する社会』）

訳者あとがき

一仕事終えたとはこのことです。この数年間、レスの著作を翻訳したいと心から願っていました。勤務する国際基督教大学（ＩＣＵ）の「カルチュラル・スタディーズ入門」の授業で、僕はレスの研究をたびたび紹介し、それに対する学生たちの「食いつき」は驚くほどでした。本文を読んでもらうと分かりますが、レスの研究は身近なものに寄り添いながら思索を深めていきます。そして人々（僕ら自身を含む）の中に宿った偏見や思い込みを強く咎めたり抑え込んだりするのではなく、それに耳を傾け、理解し、丹念にほどいていくのです。学生たちはこう言います――「レス・バックさんの研究を読んで、私がいままでタトゥーに抱いていた悪いイメージは思い込みだったんだと分かりました」「カルスタって希望がある学問なんですね！」。この邦訳書を通じてこのような経験を日本語の読者に、特に若い読者の皆さんに伝えることができることを、非常にうれしく思います。

翻訳のきっかけは、二〇一四年度の「カルチュラル・タイフーン」がＩＣＵで開催される運びとなったことです。開催が決まって、僕はすぐにレスに連絡を取りました。二〇一三年の日本社会には、路上やネット上でのあからさまな人種差別だけでなく、もっと身近な草の根のレベルで大きな排外主義のうねりが見受けられました。そのような状況を前にして、人種主義や多文化社会についてこれまで重要な研究を数多く発表してきた彼を招き、「差異と共に生きる技法」を伝えてほしいと思ったのです。レスは基調講演の依頼を快諾してくれ、そしてその日から来日に合わせた出版をめざし、『耳を傾ける技術』の翻訳作業が始まりました。僕は翻訳を進める一方で、本書を解説するのにもっともふさわしい人物は神戸大学の小笠原博毅さんだと確信していました。解説にもありますが、レスともっとも長く家族ぐるみの親密な時間を過ごしたのは小笠原さんだからです。小笠原さんもまた僕の依頼を快諾してくれ、そして（もう読まれたと思いますが）感動的な解説を書いてくれました。

本書には著者レス・バック氏の家族や友人が調査対象として多数登場します。レスはそうした個人的な関係を果たして学問的な作品に変換してよいのか悩んだといいます。そして最後にはあえてそうすることを選びました。実はこの翻訳のプロジェクトもまた、訳者である僕の個人的な動機に導かれています。僕もまたレスに伴走してもらった博士課程の学生の一人でした（「解説」参照）。しかし走るべき当のランナーの足は全くといっていいほど動きませんでした。僕は日本に戻り、生まれた子どもたちを育てる日々が五年ほど続きました。そんなある日、レスからメールが届きました——「タケシ、どうするんだ？　そろそろ決断する時だと思うよ」。日々の生活に追われていた僕は、二〇〇七年八月、そのメールにすがるようにしてロンドンの彼のもとを訪れました。「最後までやり遂げようと思う」と伝えた僕に、「わかった。じゃあ、僕もサポートするから！」と言って手渡してくれたのが本書でした。その後レスは、月に一度のチュートリアルを国際電話で行ってくれました（しばらくして僕がスカイプを使えるようになるまで）。妻と子どもが眠った後の深夜一時から、僕は電話口で毎回一時間近くロンドンのレスと話し合いました。書き上げたチャプターについてのコメントをもらい、また次のチャプターの構想を伝えました。僕が博士論文を提出したのはそれからおよそ三年後です。その間ずっと、国境を越えた伴走は続いたのです。

レスの伴走は、おそらく大学職員が行うべき職務の範囲を大きく超えていたのだと思います。それはもはや論文指導といったレベルを超え、一人のイングランド人の社会学者から一人の日本人学生への、「耳を傾ける技術」の（パフォーマティブな）贈与だったのだと思うのです。本書の翻訳はこのような経験に導かれたものです。つまりこの翻訳には、社会学やカルチュラル・スタディーズの手法を刷新する可能性を示した重要な学問的著作を紹介するという動機と、著者から与えられた贈り物に対してそのわずかな一部でも返礼をしたいという個人的な動機が混ざり合っているのです。僕にとってこの翻訳は、「横のものを縦にしてポイントを稼ぐ」というアカデミズムの慣習とは無縁です。むしろこれは、国境を越えた「いまだ達成されない」対抗贈与の試みであり、同時に、社会学やカルチュラル・スタディーズにおける「教育」がもたらした一つの結果を（パフォーマティブに）示すものなのです。

さて、僕にとって幸せなことに、この個人的な「贈与交換」に何人もの方が喜んで巻き込まれてくれました。まず、見事な解説を書いてくれた小笠原博毅さん。ロンドン時代の僕の先輩で、レスも交えた水曜日の夜のサッカーは宝石のような思い出です。あ、でもおがさんは僕以上にレスに負債を抱えていましたっけ？　次に装幀を担当してくれたＩＣＵ三年生の若きデザイナー松田千広さん。飲み会での「私も贈与しまーす！」という言葉は忘れません。次に注や文献の検索を手伝ってくれた崔日善くんと藤田琴子さん。夜遅くまで催促してごめんなさい。もちろん、訳文や注、文献などの責任はすべて訳者の有元にあります。また本文中の引用文については邦訳をできる限り参考にさせていただきましたが、文脈に合わせた訳出を優先しました。もししっくりこなければそれも僕の責任です。最後に、この贈与交換を実現させてくれた、せりか書房の船橋純一郎さんには心から感謝いたします。みなさん、本当にありがとうございました。

二〇一四年六月五日

有元　健

●人名索引

[マ行]

●事項索引

訳者

有元　健（ありもと　たけし）

一九六九年、北九州市生まれ。国際基督教大学上級准教授。ロンドン大学ゴールドスミス校社会学部博士課程修了。社会学 Ph.D。現代社会の身体文化、特にスポーツをテーマにして、人々のアイデンティティの構築を研究している。小笠原博毅との共編書に『サッカーの詩学と政治学』（人文書院 2005 年）、山本敦久との共編書に『日本代表論』（せりか書房 2020 年）。論文に「「夢の力」に抗する：2020 年東京オリンピック・パラリンピックと都市のヘゲモニー」（『スポーツ社会学研究』2015 年）など。

解説

小笠原 博毅（おがさわら　ひろき）

一九六八年、八王子市生まれ。神戸大学大学院国際文化学研究科教授。ロンドン大学ゴールドスミス校社会学部博士課程修了。社会学 Ph.D。近現代の人種的思考にどのように対峙するかをテーマに研究を進めている。レス・バックは、サッカー・ファンダムにおけるセクト主義と人種差別をテーマとした博士論文の副指導教員だった。有元健との共編著に『サッカーの詩学と政治学』（人文書院、2005 年）。著書に『セルティック・ファンダム―グラスゴーにおけるサッカー文化と人種』（せりか書房、2017 年）、『真実を語れ、そのまったき複雑性において―スチュアート・ホールの思考』（新泉社、2019 年）など。

著者

レス・バック（Les Back）

一九六二年、ロンドン生まれ。ロンドン大学ゴールドスミス校社会学部教授。都市論、人種論、エスノグラフィーの視点からロンドンの若者文化における多文化状況を鋭く分析してきた。本書のほか代表的な著作として *Out of Whiteness: Color, Politics, and Culture*（2002年、University of Chicago Press、Vron Wareとの共著）、*New Ethnicities and Urban Culture: Racisms and multiculture in young lives*（1996年、UCL Press、のちRoutledgeより再版）など。また2009年 *Cultural Studies* 誌上でスチュアート・ホール氏と対談を行っている。

耳を傾ける技術

2014年　7月 1日　第1刷発行
2020年　10月15日　第2刷発行

著　者　レス・バック
訳　者　有元 健
発行者　船橋 純一郎
発行所　株式会社　せりか書房
〒112-0011　東京都文京区千石1-29-12　深沢ビル2F
電話 03-5940-4700　振替 00150-6-143601
http://www.serica.co.jp
印　刷　信毎書籍印刷株式会社
装　幀　松田 千広

ISBN978-4-7967-0334-5